全国教育科学"十二五"规划 2014 年度
课题批准号：DEA140333

U0619918

区域推进 生命教育

大中小学衔接的实践研究

区域推进"生命教育"大中小学
衔接的实践研究项目组 著

上海教育出版社
SHANGHAI EDUCATIONAL
PUBLISHING HOUSE

项目主持人　邵志勇

核心组成员　冯　芸　　窦忠霞　　张海森　　徐佑翔　　戴耀红

王白云　　安桂清　　杨　岚　　庞维成　　胡昊然

倪京凤　　徐　群　　王　芳　　宁道夫　　李晓茹

徐向东　　史　昱　　薛为群　　方向红　　徐　晶

葛琛静　　赵静菡　　李　萍　　陈冉苒　　于　屹

缪　姝

序

以"一体化"理念开展生命教育的探索

近些年,上海学校德育工作始终聚焦立德树人根本任务,关注学生生命成长,我们确立了"一体化"的改革理念和思路,整体推进上海学校德育体系创新。

2014年,上海市教委和杨浦区人民政府签订"学校生命教育区域试点"框架协议,共同开展生命教育"一体化"研究。在落实《上海市中小学生生命教育指导纲要》的同时,我们不断把学校生命教育工作引向深入,引导广大青少年认识生命、珍惜生命、尊重生命、热爱生命,树立积极、健康的生命观,提高生存技能和生命质量,为每一个学生的终生发展奠基。

杨浦区把"生命教育"推进融入区域教育综合改革,把"构建大中小学一体化的生命教育体系"作为核心项目予以推进,在生命教育的机制建设、队伍培养、课程架构、资源整合等方面开展了积极的探索和实践。

一是提升生命教育的科学性。2005年,上海市教委颁布《上海市中小学生生命教育指导纲要》,至今已经过去了10多年,学校生命教育的实施现状究竟如何,下一步深化生命教育究竟应该怎么做?杨浦区开展"杨浦区生命教育的实施现状与课程建设需求调研",通过采集、分析数据揭示了区域各学段学生、学校生命教育的发展现状,厘清了当前的问题和需求,总结了已有的经验和成果,为学校生命教育区域试点工作有序、有效的推进奠定了实证基础,真正体现了生命教育的科学性和针对性。

二是提升生命教育的系统性。杨浦区通过实证调研,聚焦生命教育深入推进的难点和关键点——课程一体化建设,将之作为突破口进行了潜心实践,在华东师范大学课程与教学研究所协作下,根据不同年龄段学生生命成长、发展的基本特点、内在需求和一般规律,以"道德教育理论""核心素养理论""生命教育理论"为依据,编写完成了《杨浦区生命教育课程指导纲要(修订稿)》,形成学生生涯、性别、生态、情绪、健康、家庭、生存等区域跨学段生命教育特色课程群。《纲要》和课程群,使原本零散的生命教育课程具有了系统性,初步形成了大中小学段目标衔接、内容螺旋上升、实施有序推进、评价恰当有效的生命教育课程形态。

三是提升生命教育的协同性。生命教育是一项系统工程,不能仅仅依靠某一类科目、某一个环节、某一支队伍,必须坚持全科育人、全程育人、全员育人。杨浦区在生命教育试点工作推进过程中尝试突破职责边界和校际壁垒,通过市区上下联动、区域横向联动、区校跨段联动、校内外联动,建立起了各方通力合作、协同创新的机制,既做好资源整合的"加法",也做好协同创新的"乘法",充分整合了区域内各类专业力量,实现了生命教育工作质的突破。同时区域创造性地建立了"三三制"或"三三加一制"的生命教育联合研训基地,61 所学校、6所高等教育院系、7 个跨学段联合研训基地,构建了杨浦区域生命教育实践、研究、培训一体化的运行机制。

本书向我们全面展示了杨浦区生命教育"一体化"的研究成果,初步形成的符合教育教学规律、满足学生实际需要的生命教育工作新机制、新方法、新途径,它将为全面提升本市中小学生生命教育的质量提供很好的借鉴和启迪。

上海市教卫工作党委副书记
上海市教委副主任

CONTENTS | 目录

第五章

生命教育发展空间：关于衔接悬而待议的问题

附　件

第一章　生命教育衔接：

一个亟须重新审视的课题

　　世界各国、各地区对生命教育的重视已经成为教育改革的重要趋势之一，而生命教育衔接亦成为当前亟待重新审视和关注的话题，这不仅是顺应国际生命教育发展趋势的需要，直面学校生命教育点状发展态势这一现实瓶颈的应有行动，还是落实上海市生命教育指导纲要的政策诉求，更是杨浦区教育综合改革的重心所系。基于此，杨浦区教育局开展了《区域推进"生命教育"大中小学衔接的实践研究》并成功立项为 2014 年度教育部重点课题（课题编号：DEA140333）。过去四年中，在充分认识教育变革复杂性的基础上，为改变过往区域更多依赖行政力量推动教育变革的"运动化"倾向，杨浦区以课题研究为契机，凝聚专业力量协同设计研究方案，在过程中以扎实的实践和大兵团作战的方式推进项目纵深发展，本章则重点围绕核心概念界定、国内外和区域研究现状、研究设计及研究历程等展开论述。

第一节　研究背景

一、国际生命教育的发展昭示着生命教育需要进一步关注衔接

纵观世界各国的教育内容,将生命教育纳入课程体系已经成为世界各国和各地区教育改革的一个重要趋势。重视生命教育,开发和建设生命教育课程是顺应国际教育改革整体趋势的一个重要举措。

英国早在 1765 年就出现了生命教育思想,Joseph Priestly 发表了《论一种旨在文明而积极生活的自由教育课程》即是标志。而到了 1990 年,英国政府把经济和工业的认识、健康教育、公民教育、环境教育、生涯教育等学科规定为跨领域课程,跨领域课程的实质就是生命教育课程。① 到了 1997 年,在英国工党上台执政后,教育部长 David Blunkett 增订公民教育与个人、社会和健康教育为新课程,公民教育课程从 2002 年 8 月开始,成为中等学校的正式课程和必修课程,而个人社会和健康教育是对公民教育的补充。通过国家干预、政府积极参与生命教育的推行运作,加强对生命教育的管理,英国建立了以促进学生灵性、道德、社会与文化发展为主的公民教育以及以增进个人身心健全、人际关系与民主社会之角色扮演的个人社会和健康教育为辅的生命教育课程体系。这标志着生命教育被纳入国家和学校的正规教

① 徐秉国.英国的生命教育及启示[J].教育科学,2006(8):84－87.

育课程,在国家正式课程中占有重要的一席之地,成为英国重要的教育改革政策。

至于美国,J. Donald Walters 在 1968 年就创办了阿南达智慧生活学校(Ananda Living Wisdom School),开始倡导并践行生命教育(Education For Life)。他还在 1986 年出版了《生命教育:与孩子一同迎向人生挑战》,通过这本书拓展了学校教育的含义,认为教育是融书本学习和人生体验于一体的过程,应该让身、心、灵兼备的生命态度成为未来教育的新元素。

澳大利亚的 Rev. TedNoffs 牧师针对当时青少年吸毒致死的问题,在 1974 年提出了生命教育(Life Education)。1979 年,悉尼成立了旨在预防药物滥用、暴力和艾滋病的生命教育中心,这一组织目前已经成为一个正式的国际性机构,属于联合国非政府组织的成员之一。

日本在面对学生自杀、杀人、浪费、破坏环境等严峻的现实情况下,1989 年开始对《教学大纲》进行修订。在新修订的《教学大纲》中提出了"尊重人的精神""对生命的敬畏",用来对道德教育目标进行定位。其中作为生命教育的重要内容之一的"余裕教育",其目的就是让学生更好地认识生命的美好和重要性,从而使他们更加热爱生命和珍惜生命。并且还开展了包括寒冷教育在内的多种形式的教育活动来推动生命教育的开展。

在我国香港,天水围十八乡乡事委员会公益中学率先开展了生命教育课程的探索与实践。1999 年,香港"天主教教育委员会"推出了"爱与生命教育系列",试图为家庭生活教育提供素材与方法,并且鼓励教师将这些内容融入相关科目的教学。在 2002 年,香港教育学院公民教育中心主张以生命教育整合公民教育以及价值教育,在多所学校推广生命教育课程。

在我国台湾,陈英豪于 1997 年提出了生命教育的概念与愿景。台湾由此启动了生命教育的实施计划,并且委托多年实施伦理教育且卓有成效的台中市晓明女中设计生命教育课程,推动办理研习、训练师资等。到 1998 年,生命教育在台湾地区的中学全面展开。2000 年,台湾教育主管部门成立了"生命教育推动委员会"，并将 2001 年定为"生命教育年"。① 台湾的生命教育在许多高校以及教育研究机构开展了理论研究与实践研究，推动了台湾生命教育的发展。

所以说，将生命教育纳入课程体系中已经成为世界各国和各地区教育改革的一个重要趋势。英国、美国、澳大利亚、日本、中国香港、中国台湾等国家和地区开展生命教育的历史比较久，虽然各国和各地区对于生命教育有着不同的理解，在具体的议题上也有着不同的侧重点，这些国家和地区所开展的生命教育实践包含了许多富有启发意义的经验，具体体现在生命教育内容的整体性和全面性、生命教育实施方式的多样化、生命教育支持力量的多方参与与协同联动等。

首先，生命教育内容呈整体性和全面性。这些国家和地区的生命教育内容，大体是围绕着认知目标、情意目标、行为目标而设置，具有整体性和全面性。例如，美国中小学生命教育内容以死亡教育、挫折教育、品格教育、生计教育、个性化教育等为主，而大学生的生命教育内容则是根据学校实际情况进行设置。英国 COLLIONS 出版社的《YOUR LIFE 教师手册》中，针对三个年级，在"了解自己、保持健康、人际关系的发展、成为一个公民"等维度对生命教育的内容进行了设置。这些国家和地区生命教育内容的设置特点，启示我们在设置生命教育的内容时，需要做到：(1)围绕着指向学生整体发展的目标，即知、情、意、行等方面的目标来设置生命教育课程内容；(2)每个学段的课程内容要根据学生年龄特征有所不同，并且各个学段之间应该有一定的连续性。

其次，生命教育实施方式呈多样化。例如，通过学科渗透生命教育，开设专门的生命教育课程，以及学生的实践调查、亲身体验等方式来实施生命教育。通过这些多样化的方式，提高生命教育的质量与效果。因此，我国生命教育的实施方式也应该注重多样化，在实施生命教育的过程中增加学生的体验、实现知识的创造。

同时，生命教育呈多方参与与协同联动趋势。这些国家和地区的生命教育

---

① 李高峰.国内生命教育研究述评[J].河北师范大学学报(教育科学版),2009(6):18-22.

获得了学校、国家、社会、社区、家庭、大学研究机构等的重视和积极参与。例如,英国政府颁布相应的法律和法规来保证生命教育的建设与实施;英国许多地区建立了专门的生命教育中心;社区为支持生命教育的开展设立教育行动区;家长配合学校带领学生参观医院、消防等机构,并参与志愿服务等;英国有许多学术性咨询团体,如个人社会与健康教育全国咨询顾问团为生命教育的开展提供理论资源;我国台湾等地区有高等教育机构参与生命教育的理论研究与实践研究。这些力量都推动了生命教育课程的开发与建设。我国生命教育课程的开发与建设,也需要汇聚和协调多方力量。

但是,尽管国际生命教育课程在课程内容、实施和保障等方面给了我们较大启发,我们也必须清楚地认识到:国际上各国家和地区对生命教育的"衔接"关注仍显不够,尤其是大学与中小学的衔接。而生命教育作为在小学、中学、大学教育阶段有目的、有计划、有组织进行的一项课程,旨在帮助受教育者认识与了解生命、珍爱与享受生命、提升与完善生命的教育系统,具有全人性、综合性、渗透性和实践性的特征。因此,我们期望通过本课题"区域推进'生命教育'大中小学衔接的实践研究"的研究与推进,在一定程度上引发国内外生命教育研究者能够进一步关注"衔接",开展相关理论和实践研究,为后续生命教育的开展提供研究基础和进一步拓展的空间。

二、上海市生命教育指导纲要的落实亟须区域层面的衔接样态

2005 年,为贯彻实施《中共中央国务院关于进一步加强和改进未成年人思想道德建设的若干意见》(中发〔2004〕8 号)和《中共上海市委、上海市人民政府关于加强和改进未成年人思想道德建设实施意见》(沪委〔2004〕11 号),牢固树立和落实科学发展观,帮助学生认识生命、珍惜生命、尊重生命、热爱生命,促进中小学生身心健康发展,迫切需要系统科学地开展生命教育,上海市教委结合上海市中小学实际,制定并颁布了《上海市中小学生生命教育指导纲要》。

《上海市中小学生生命教育指导纲要》将生命教育纳入国民教育的总体规划之中,为上海市开展和实施生命教育提供了一个纲领性的文件。《上海市中小学生生命教育指导纲要》建构了一个小学、初中、高中十二年一体化的、各个学段有机衔接的、循序渐进的、全面系统的生命教育内容体系。但由于学校生命教育的开展缺乏区域层面的统一要求、协调和布局，生命教育在许多学校仍处于自发的随意开设状态，得不到有效的重视。为此，如何在区域层面统一布局，提供强有力的专业支持，这成为上海市生命教育指导纲要落实的重中之重。正是为了贯彻和落实《上海市中小学生生命教育指导纲要》建构"系统的、一体化的生命教育内容体系"的核心精神，杨浦区力图超越仅仅从学校层面推进纲要落实的做法，积极融合区域内复旦大学、同济大学等大学的力量，建构"大中小学一体化相衔接"的生命教育体系，尝试建构区域整体推进生命教育的实践样态，进而为《上海市生命教育指导纲要》的落实提供参考借鉴。

再者，从经济的快速发展以及社会的快速变迁来看，上海市在新时期推进生命教育也面临着一系列新问题和新挑战，这对于杨浦区在尝试建构"大中小学一体化相衔接"的生命教育体系时也能提供内容参考和视角引导。

从全国来看，21世纪由于互联网技术的发展，学生每日面对的是电脑、手机等电子设备。因此，学生的身体健康问题如视力问题等日益突出，而诸如"网瘾""网络综合征"等心理健康问题也大量涌现。而由于经济的快速发展，人们的物质生活水平获得了极大的提高，在饮食上获得了更大的自由选择权和支配权。与此同时，在西方饮食文化的影响下，儿童和青少年对于肯德基、麦当劳等西式快餐有着特别的青睐。因此，儿童和青少年肥胖率显著增高，身体协调性以及力量都有显著的下降。此外，由于生育方面的政策以及人们思想观念的影响，独生子女越来越多，使得儿童缺少了一些与同伴的社会性交往，甚至有可能因为家长的溺爱而产生"自我的膨胀与骄纵"。由此导致了在进入新环境、与人交往时，产生了各种各样的心理问题和情绪波动，如嫉妒、悲观、抑郁等问题。

上海作为全国发展的领先地区，儿童和青少年所面临的问题同样严重。除了全国儿童和青少年所面临的共性问题之外，上海作为一个包容的国际性大都市，还面临着一些独特的问题。例如，外来人口不断增多，儿童与青少年不能适应多元文化的挑战，或者不能协调多元文化下的人际关系；由于市场经济的盛行,儿童与青少年与其他人的关系多呈现出冷漠和竞争的关系;由于西方不良文化渗透,儿童与青少年的行为中产生了许多不健康的行为。与此同时,上海的学生家长由于具有良好的教育背景、优越的经济条件以及开阔的视野,因此对于学生的发展也有一些新的期望和要求。例如,家长希望孩子能够获得身心健康、思想品德、学业成绩方面的均衡发展,希望孩子能够有良好的沟通能力以及丰富的想象力和创造力。这些都使得上海市生命教育面临一系列新的问题和挑战。

三、生命教育衔接建设是杨浦区教育综合改革的重心所系

2009 年 4 月,上海市教委批准杨浦区作为"上海市基础教育创新试验区"。自此,杨浦区便以课程资源建设为重点,以创新服务平台建设为载体,以培育创新型师资队伍为关键,以评价改革为突破口,坚持面向全体,聚焦培养学生创新素养,扎扎实实地推进基础教育创新试验区建设,迈出了基础教育转型发展的第一步。目前杨浦区已先后开展了两轮创新试验,现正处在第三轮创新试验区建设的过程中,力图全面建成基础教育创新区。之后,2010 年初杨浦区又被科技部命名为"国家创新型试点城区",2015 年杨浦区成为上海市科创中心重要承载区和万众创新示范区,奠定了杨浦"创新中谋发展求突破"的区域基本定位,同时也对区域培养学生健全人格,促进生命成长的教育意义提出了新任务。而杨浦教育亦需要把区域的重大战略转化成杨浦服务创新型国家建设的主动担当,主动对接区域发展重大战略,探索区域教育改革的可能路径。

在创新发展的进程中,不仅需要培养有创新思维、创新素养的人才,更需要培养有关爱之心、有健全人格的全面发展的接班人,这与生命教育对培养全人的价值诉求不谋而合。2014 年 4 月,上海市教委与杨浦区签订"学校生命教育区域试点"框架协议。上海市教委苏明主任以及区文明办、区团委、复旦大学、同济大学等高校和区域部分中小学一起参加了启动仪式。基于此,为推进试点项目的扎实有序开展,同时也为支撑杨浦的基础教育创新试验区建设,我区从基于大学生的生命发展需求和高等教育中对生命教育关注的当前现状出发,根据不同年龄段中小学生生命成长、发展的基本特点、内在需求和一般规律，创建与之相衔接的基础教育中的生命教育一体化基地，初步形成了具有区域特色的生命教育课程群，从而践行"为了每一个学生的终生发展"教育理念，实现教育的价值追求，并于当年（2014年）尝试申报教育部重点课题且成功得以立项。换言之，生命教育一体化建设在杨浦可以算是行政工作与研究工作双轨并行的重点工作，而区域层面也一直以来都给予高度重视，将其作为区域整体教育综合改革的重要工作，并多次在区域规划的若干制度性文件中对生命教育的一体化建设做系统性总结与前瞻性思考。

一方面，杨浦区教育局、教师进修学院、部分中小学已先后与复旦大学、同济大学、上海理工大学、上海体育学院等高校合作，建立"区未成年人心理健康辅导中心"和"区学生体质健康监测中心"，研发区本教材《心灵体操》，校本教材《男孩女孩》，"青春期两性情感辅导的实践与研究"等多项课题获国家、上海市课程改革等奖项。区域资源的整合保障机制和深厚的生命教育研究成果，为开展区域大中小学生命教育课题研究奠定了扎实的基础。

另一方面，区域对生命教育一体化建设工作极为重视，从相关制度文本的出台可见端倪。例如，在《杨浦区教育发展"十三五"规划（2016—2020年）》中，充分肯定了"十二五"期间区域人格成长教育工程的成效，具体体现在：在全市率先完成区未成年人心理健康中心达标工作，率先建立中小学生社区社会实践指导站；启动上海市学校生命教育区域试点工作，建立了区校互动、学校家庭社区"三区"联动的学生生命教育工作机制等。在新时代背景下对区域的品德教育又提出了崭新要求，力求为学生提供具有理想信念、公民素质和健全人格的健康成长环境，坚持把德育贯穿到育人的各个环节，增强德育的针对性和实效性，积极探索实践德育内容的一体化、育人的全员化、队伍的专业化、资源的立体化和手段的多样化。其中，学校生命教育一体化研究与实践仍将继续成为本区德育工作的重要抓手，计划以《区域学校生命教育试点项目三年行动计划》为引领，推动区域大中小学校"生命教育一体化"体系项目，研发区域生命教育课程纲要，完善各学段生命教育课程内容，整体推进中小学校"生命教育"教师培训项目,在家校互动、医教结合、普高协调方面形成区域生命教育品牌特色;同时建设 5 个生命教育研训基地和 7 至 8 个生命教育实训基地,创建 3 至 4 所上海市心理健康教育示范校。所以说,生命教育一体化建设在杨浦是重要的使命,有着教育局局长亲自挂帅的组织保障及前期的丰厚研究基础,成为本区基础教育改革与实践研究试点工作的重要板块。

四、学校生命教育的点状发展态势亟待系统架构和衔接设计

目前,学校生命教育普遍处于零散化、无序性状态。近年来,随着改革开放的不断深入,经济日益发展,文化日益多元,观念日益开放,资源日益丰富,极大地改善了青少年学生的学习和生活条件,但也为他们的身心成长带来一定的消极影响,诸如身心发展不平衡、对生命现象和生命价值认知模糊、应对竞争压力的心理素质不强、"代际差异"日益加大、消极亚文化和网络虚拟生活的负面影响等;与此同时,学校、家庭、社会的生命教育意识都相对薄弱,而学校生命教育普遍处于零散化、无序性状态,在一定程度上造成青少年学生生命教育的缺位。各行政部门都从本部门要求出发关注学校生命教育,有安全教育、卫生教育、心理健康等多个要求,内容上单一重复、杂而繁多,缺乏系统的整体构架;基础教育的全人教育与高等教育所要培养的健康人格缺乏一体化架构。

具体来说,从教学内容上来看,原有的教学过程中所涉及生命教育的内容过于狭窄,较少涉及自然生物的生命现象以及人与自然的共同进化的意义,也很少涉及性别教育、美感教育和性心理、性道德、性法制教育等;生命教育覆盖对象也不全面,没有从儿童时期就循序渐进地开展生命教育,而是从青春期才开始;原有生命教育的内容体系也缺乏对青少年学生不同年龄阶段成长规律和接受能力程度差异的关照,缺乏整体架构;只注重传授有关生命教育的科学文化知识,鲜少挖掘其社会伦理内涵,更没有将其与培养学生健康人格有机衔接起来。从教学安排上来看,不同学段之间的生命教育内容有不同层次的重复与错位现象,相关课时也在具体操作中流于形式,得不到有效保证和具体落实。从教学方法上来看,生命教育多是教师"我讲你听"的讲授式教学为主,缺乏学

生的参与式体验实践，多停留在认知层面的科学文化知识授受，对于学生生存能力的训练缺乏。从执教教师的自身素养来看，不少教师仍受传统观念束缚，对青少年性生理、性心理、性道德发展等的指导上存在着"无师自通""诱发论"等观念误区，其实施生命教育的能力也无法跟上新时期下生命教育的发展趋势。

基于上述现实问题，我们认为：生命教育应以某种广泛的方式融入学校教育之中，区域层面需对学校生命教育做系统架构和衔接设计。因此，本课题试图整合相关教育内容，基于大学生生命成长需求，在基础教育阶段结合时代特点、学生心理和生理特点、教育学规律三大理论和实践基础进行研究，尝试构建区域内大中小学衔接的生命教育模块化课程体系，搭建社会、学校和家庭共同参与的学生实训、教师研训的区域生命教育一体化基地，并配备相应的督导评价机制、教师队伍建设机制、社会实践创新机制、家校互动机制等若干机制保障以确保其有序开展，旨在强化社会的生命教育意识，发现区域生命教育的优质素材和优秀案例，形成区域生命教育大中小学衔接课程框架和实施方案，保障区域内学生生命的良性发育；发现生命教育的规律和有效方式，为上海市乃至全国的生命教育大中小学衔接的可行性、操作性提供借鉴的经验。

第二节　核心概念界定与研究现状

一、核心概念界定

（一）生命教育

对于"生命教育"的概念内涵，不同的研究学者由于其所处社会环境、教育背景、价值追求、实践要求等的不同而有着不同的理解。例如，李高峰曾将国内学者对生命教育的概念内涵概括为以下四类[1]：(1)生命教育是一种生活教育。阎光才认为，个体对生命意义的把握主要来自日常生活世界中与他者间的互

---

[1]　李高峰.国内生命教育研究述评[J].教育科学论坛，2009(2)：74-77.

动。"生命教育"的内涵就是对个体生命存在及其绵延与生活世界之间关系的一种启发。① 郑晓江认为,"生命教育"的本质在于让人们处理好人生中"生命与生活的紧张",正确认识生命的可贵,建立生活的正确态度与目的,从而追求人生的更大价值与意义,终则获得对生命的超越。② (2)生命教育是一种全人教育。冯建军认为,全人的教育包括自然生命的教育、精神生命的教育和社会生命的教育。③ "生命教育"就是通过有目的、有计划、有组织地进行生命意识熏陶、生存能力培养和生命价值的提升教育,使学生认识生命、保护生命、珍爱生命、欣赏生命,探索生命的意义,实现生命的价值。④ (3)生命教育是一种道德教育。例如,王学风认为,学校"生命教育"就是培养中小学生对社会及他人,尤其是残疾人的爱心,使其在人格上获得全面发展。⑤ (4)生命教育是一种持续过程。例如,程红艳认为"生命教育"旨在使教育成为生命本质觉醒和显现的过程,成为个人向"人类"世界和自我不断开发的过程,从而改变教育的工具化和教育目标片面化的现象。⑥ 刘济良认为,"生命教育"就是对个体生命从出生到死亡的整个过程,进行完整性、人文性的生命意识的培养。⑦ 又如,吴增强、高国希等在梳理生命教育的概念内涵时,认为目前有些理解侧重于对生命伦理和生命价值的教育,但缺少对学生身体和心理健康的关照,有些理解能够兼顾学生生命成长的过程,但还不够概括精炼。⑧ 总的来说,无论研究者在概念界定时选择哪种切入点,国内对生命教育的研究基本可以分广义和狭义两个视角。广义的生命教育即把生命教育与教育画等号;狭义的生命教育即将其作为现有教育的补充,特指专门以生命教育为名而开展的课堂教学、专题实践活动等,可能囊括安全教育、环境教育、心理教育、卫生教育、生死教育等多个板块。

---

① 阎光才.走向日常生活的生命意义[J].教育科学研究,2005(5):13-15.
② 郑晓江.关于"生命教育"中几个问题的思考[J].福建论坛,2005(9):4-6.
③ 冯建军.生命与教育[M].北京:教育科学出版社,2004:208-245.
④ 冯建军.生命化教育[M].北京:教育科学出版社,2007:8.
⑤ 王学风.台湾中小学的生命教育[J].现代中小学教育,2002(7):5-7.
⑥ 程红艳.教育的起点是人的生命[J].教育理论与实践,2002(22):17-20.
⑦ 刘济良.生命教育论[M].北京:中国社会科学出版社,2004:8-9.
⑧ 吴增强,高国希.上海市中小学生生命教育研究[M].上海:上海教育出版社,2006:13.

《上海市中小学生生命教育指导纲要》指出"生命教育是帮助学生认识生命、珍惜生命、热爱生命，提高生存技能和生命质量的一种教育活动"[①]。而在本研究中，我们认为生命教育是小学、中学、大学教育阶段有目的、有计划、有组织进行的，旨在帮助受教育者认识与了解生命、珍爱与享受生命、提升与完善生命的系统教育活动，着眼于学生身体、心理、精神的全面和谐发展，力图实现人的完整成长的教育。

（二）大中小学衔接

学校是有计划、有组织地进行系统的教育活动的组织机构，按照教育程度来划分，主要分为幼儿园、小学、中学（初级中学和高级中学）和大学四类。因此，本研究中的"大中小学"，顾名思义，指代的便是因为不同年龄阶段学生身心发展规律、认知水平及其在学校教育中所应解决的主要问题不同而就读的不同学段不同层次的学校，包括小学、初中、高中、大学等。"衔接"则凸显了不同层次的学校教育如何在不同阶段学生的生命成长和个人发展中既能够做好各自分工，又能与其他阶段呼应配合。在本研究中，生命教育的大中小学衔接主要体现在区域层面能够基于大学生的生命发展需求和高等教育中对于生命教育的研究与实践现状，根据中小学生生命成长、发展的特点、需求和规律，规划设计与之相衔接的基础教育中的生命教育，能够使本区学生从小学到初中再到高中所接受到的生命教育从目标、内容、实施、评价等各方面都有其内在一致性，且能够与大学生的生命教育发展需要相匹配，从而实现衔接的可能。

（三）区域推进

"区域"一词的解释主要有两种：一是指"土地的界划、地区"，二是指"界限、范围"。通俗而言，"区域"主要指以省、直辖市、区为单位的地理区域。而在本研究中，"区域"概念则特指上海市杨浦区这一地区范围，强调区教育局、教师进修学院如何从行政科室和业务部门的角度将生命教育的大中小学衔接这样一项教育部重点课题和区域重点工作在区域层面进行统筹规划和系统思考，并在

① 吴增强,高国希.上海市中小学生生命教育研究[M].上海:上海教育出版社,2006:209.

课题研究和工作推进过程中使其在实践中得以落地。

（四）实践研究

教育实践研究关注的是对发生在真实教育实践中的具体教育现象、教育问题的解释与决断，以教育现象、教育问题为研究对象，目的在于解释教育现象，解决教育问题，在缄默知识的获得中提升教育智慧。其研究立足点是教育的生活世界而非概念、科学的世界。① 在本研究中的实践研究可以理解为项目组为贯彻落实《上海市中小学生生命教育指导纲要》的文件精神，立足杨浦教育综合改革、基础教育创新试验区、大学云集的区情定位，尝试建构大中小学一体化的生命教育体系，力图解决当前各校生命教育的零散化、无序性问题。

二、研究现状

（一）国外研究现状

1. 美国生命教育的开展与衔接实践

美国中小学生命教育始于 20 世纪 60 年代，美国学者杰·唐纳·华特士在 1968 年首次明确提出生命教育思想，并在加州阿南达社区创建了第一所生命教育学校。此后，生命教育的思想开始得以广泛传播。美国中小学生命教育也在探索和推行的过程中获得普及，并形成清晰的目标维度和完整、连续的内容体系。

在美国，无论是国家层面，还是州层面均没有明确的生命教育（Life Education）课程和指导纲要，但其与生命教育相关的内容非常丰富，且散见于健康教育、家庭生活教育、性教育以及生涯教育等多个方面。其中国家层面上有健康教育标准 K—12 以及性教育标准 K—12 等；州层面上有地方拟定的家庭生活教育标准 K—12，生涯教育标准 K—12 等。也就是说，美国有从幼儿园到高中 12 年级相衔接的主题化生命教育标准。

美国在国家层面成立相关教育委员会，制定国家教育标准；州公共教育部

---

① 刘燕楠.对教育研究的再认识——教育理论研究与教育实践研究之辨[J].教育理论与实践，2014,24(10):11-15.

(Department of Public Instruction)或州教育委员会根据国家教育标准的精神
与指示,参考州情,制定各州教育标准。以健康教育为例,在美国癌症协会的支
持下,成立国家健康教育标准联合委员会,共同制定美国国家健康教育标准
(National Health Education Standards)。基于此,各州通过立法或由州教育委
员会作出决议,规定要对中小学生进行一定时间的健康教育,其中有 36 个州将
其定位为必修课。① 威斯康星公共教育部在威斯康星模式学业标准(Wisconsin
Model Academic Standards)(1997)和国家健康教育标准(2006)的基础上,制定
《威斯康星健康教育标准》。除此之外,怀俄明州制定健康教育的内容及表现标
准,堪萨斯州制定健康教育的课程标准等,以此作为健康教育实施的指导性
文件。

　　生命教育标准的制定,直接指向学生生命素养的提升。同样以健康教育为
例,加利福尼亚州在其健康教育标准中指出,其首要目标是提高加州所有学生
的学业成绩和健康素养,并指出健康素养的四个基本要素,帮助确保所有学生
从幼儿园到高中接受高质量的健康教育指导,提供知识、技能,并帮助学生增强
信心,引领健康生活。同样,2011 年,怀俄明州以学生需要具备的健康素养为导
向,制定了健康教育内容及表现标准(见表 1)。

表 1　怀俄明州健康教育的内容及表现标准

学生健康素养	2011 健康教育标准
批判性思考者	学生批判性地检查与健康相关的问题,并使用系统的过程来做出决定,提高健康和减少或避免风险。
	学生获取、分析和评估健康信息、产品和资源。
有效的交流者	学生表现出使用人际沟通技巧对提高健康和减少或避免健康风险的能力。
自我引导学习者	学生利用个人和社会技能,采取负责任的行动来提高健康和减少或避免健康风险。
负责任且富有成效的公民	

---

① 王定功,路日亮.美国中小学生命教育探析及其启示[J].中国教育学刊,2011(1):72-75.

美国生命教育设有清晰的目标维度和完整、连续的内容体系，涵盖从幼儿园至高中各学段（甚至各年级）的教育标准及内容，并体现出明显的学段、年级上的衔接性，以及教育目标、内容在各学段、年级的螺旋上升性。以健康教育为例，美国国家健康教育标准设有八项标准（见表2），分为四个年段：第一年段为幼儿园至小学二年级，第二年段为三年级至五年级，第三年段为六年级至八年级，第四年段为九年级至高中三年级。每一标准在不同年段设有不同程度和水平的表现指标（见表3），四个年段的指标相互衔接，循序递进。

表 2　美国国家健康教育标准(1)①

核心概念	标准 1：学生将理解与促进健康和基本预防相关的概念以加强健康。
分析因素	标准 2：学生将分析家庭、同龄人、文化、媒体、技术及其他因素对健康行为的影响。
获得信息	标准 3：学生将展示获取合理信息、产品和服务的能力以加强健康。
个人沟通	标准 4：学生将展示使用个人沟通技术以促进健康并防止或减少健康危害的能力。
决策	标准 5：学生将展示通过决策以促进健康的能力。
制定目标	标准 6：学生将展示通过制定目标以促进健康的能力。
个人管理	标准 7：学生将展示练习健康促进行为以加强健康并防治或减少健康危害的能力。
推广	标准 8：学生将展示致力于提升个人、家庭及社区健康的能力。

以标准 1 为例，其依据和表现指标如下：

标准 1——学生将理解与促进健康和基本预防相关的概念以加强健康。

依据：掌握基本健康概念和功能性健康知识，为促进青少年的健康行为提供了基础。这个标准包括的基本概念，建立在健康行为理论和模型的基础之上。有关健康促进和风险减少的概念都包含在表现指标中。

表现指标：

---

① www.uwplatt.edu/～mccabec/nationalstandards.pdf

表3 美国国家健康教育标准(2)①

Pre—K—2	3—5	6—8	9—12
1.2.1 定义影响个人健康的健康行为	1.5.1 描述健康行为和个人健康之间的关系	1.8.1 分析健康行为和个人健康之间的关系	1.12.1 预测健康行为如何影响健康状况
1.2.2 了解健康的多种维度	1.5.2 明确有关情绪、智力、身体和社会健康的案例	1.8.2 描述在青春期，情绪、智力、身体和社会健康之间的内在联系	1.12.2 描述情绪、智力、身体和社会健康之间的内在联系
1.2.3 描述防止传染病的方式	1.5.3 描述一个安全和健康的学校和社区环境如何提高个人健康	1.8.3 分析环境如何影响个人健康	1.12.3 分析环境和个体健康是如何相关的

在州一级的层面，表现标准得到进一步细化和地方化。例如怀俄明州2011年出台的健康教育标准中，缩短了国家标准中的年段跨度，制定了幼儿园到二年级、三年级到四年级、五年级到六年级、七年级到八年级以及九年级到高三年级等五个年段的表现标准，认为较小的年级跨度将更加符合学生不同时期的发展需求。

美国的生命教育并不仅仅止步于基础教育阶段，美国高校普遍开设生命健康教育课程，生命教育同样具有内容丰富、形式多样的特征。在教育内容上，现代美国的生命教育课程内容大致分为品格教育、迎向生命挑战的教育、情绪教育三部分，包括两大类：一类是生命认知教育，另一类是死亡教育。② 生命教育不仅仅通过课程的形式展开，还通过讲座、社团活动、海报宣传等多种方式渗透在学生的生活和学习过程中。除此之外，美国高校普遍设有心理咨询机构，对学生开展心理健康咨询及心理追踪辅导，一方面防患于未然，另一方面对出现问题的学生提供积极有效的帮助。

从实施途径上看，政府立法干预、广泛的社会资源、多途径地实施并推进是美国生命教育实施的特色。在1993年克林顿签订的《2000目标：美国教育法》

---

① www.uwplatt.edu/～mccabec/nationalstandards.pdf
② 姬咏华，杜咏梅.美国大学生生命教育的特点及启示[J].前沿,2010(24):188-190.

中明确规定,各地教育单位应增设反毒品、酒精系列的课程,作为教育必修课。布什政府在《美国 2000 年教育规划》中提出:每一个学校都应该是安全的、没有毒品的。为更好推进生命教育,美国还成立各种专项协会,出版专业及普及性书籍和杂志。在 2004 年秋,美国国会拨款 1500 万美元的专项基金,帮助大学扩建心理健康项目。[①]

学生除了接受学校提供的正规生命教育外,其他社会组织、民间团体、新闻媒体、社区、医院、家庭以及各种政府机构和非政府组织也会通过多种途径和方式参与生命教育。[②] 例如,美国自杀预防基金会的成立,医院与大中小学合作设立开放日,社区与学校协作举办义卖、募捐或社区调查活动等。这些组织和机构已成为美国青少年生命教育中不可或缺的重要力量。

2. 英国生命教育的开展与衔接实践

英国的生命教育由泰德·诺夫斯(Ted Noffs)最先倡导,他是一名社会工作者,长期关注青少年的吸毒问题,他认为有必要在社会中开展生命教育,从而降低吸毒对社会造成的危害。1986 年,在威利特俱乐部的赞助下,英国第一个生命教育机构建立。此后,多个生命教育中心相继出现。在这些社会机构的影响下,英国政府开始关注并推进生命教育,出台了一系列促进生命教育的法律法规。

总的来说,英国虽然没有明确的以生命教育(Life Education)为名的课程或课程纲要,但是,英国建立了以公民教育(Citizenship Education)为主,个人、社会与健康教育(Personal Social and Health Education,简称 PSHE)为辅的以生命教育为主旨的课程体系,这标志着生命教育在英国被正式纳入国家和学校的正规教育课程。[③] 1997 年英国国会通过文凭与课程局(Qualifications and Curriculum Authority,简称 QCA)的设置,增订公民教育与个人、社会与健康教育为新课程。在此基础上,教育及就业部(Department for Education and Employment)于 1999 年正式宣布从 2002 年 8 月开始,以教育学生尊重生命、

① 姬咏华,杜咏梅.美国大学生生命教育的特点及启示[J].前沿,2010(24):188 - 190.
② 张鸿燕.美国开展生命教育的做法及启示[J].北京教育(德育),2011(6):82 - 84.
③ 徐秉国.英国的生命教育及启示[J].教育科学,2006(22):84 - 87.

关爱他人、热爱社会为主要目的的公民教育成为中等学校(Key Stage 3 and 4，即 7—11 年级)的正式课程、必修课程；而作为公民教育补充的个人、社会与健康教育仍为非法定课程。

从课程目标和内容上来看，英国的生命教育是培养幸福公民的全人教育，在保护学生自然生命健康的同时，致力于学生灵性、道德、社会及文化的全面发展。这一目标可以分为个人的社会化与个人的健康幸福两个维度。① 具体来说，个人的社会化目标，是指通过多方面的学习，不仅使学生能够在社会中适应良好，且能扮演民主社会中主动积极的角色，具有服务他人、奉献社会的精神，并能探讨国际事务与全球议题。个人的健康幸福目标，强调学生需要了解自我，以积极的精神状态去尽可能地保持身心健康，具有独立精神和责任感，将自己潜能最大限度地发挥出来。基于此，英国建立了促进个体生命、社会品质完善发展的个人、社会与健康教育内容，生命价值实现的公民教育内容。

从课程实施上来说，一方面是开设专门的公民教育课程和个人、社会、健康教育课程，规定其教学时数应占所有课程时数的 5%，鼓励多样化的教学形式，不限定教学内容、方式，强调以学生为中心，充分调动学生的积极性，注重学生的讨论、体验、思考、活动等；另一方面则采用学科渗透的方式，在英国最常见的是将生命教育渗透在历史、地理、英语、艺术等与生命教育课程内容、背景、教学和学习方式相近的科目中，此外也认为数学、物理、生物等学科能对生命教育作出独特的贡献。例如，在英语文学中，英国很多的文学作品，像莎士比亚的《哈姆雷特》《罗密欧与朱丽叶》《李尔王》，约翰顿的诗歌《死神别骄傲》等，涉及生命问题，教师在阐述时尽可能地用生命的观点以引发学生的思考和反应。在历史教学中，教师可以选择由于瘟疫、两次世界大战、原子弹等造成人类大量死亡的事件对社会的影响，也可选择包含参政权和政党政治的历史发展作为生命教育的议题。在宗教教育中，教师可以解释不同的宗教如何诠释生命的生与死，介绍不同宗教的葬礼仪式，承认信仰和文化的差异性。在伦理道德课程中，可以

① 韩晓赟,于铭汇.英国生命教育研究[J].淮北职业技术学院学报,2012(11):85-86.

引导学生探讨安乐死、器官移植、自杀、核武器威胁对全球和平道德责任等问题。在生物课程中,教师可以以生命为题解释动植物的生长、发育、死亡和人类的生、老、病、死,并可谈论生命的成长、衰老的过程。此外,英国中小学校还经常组织学生积极参加课外实践活动,使学生既增强生命体验,又为人类创造物质财富,从实践中认识到生命价值的存在。总之,英国的生命教育除了开设专门的公民教育与个人社会和健康教育课外,还把对学生的生命教育渗透在各种相关的学校课程和课外实践活动中,让学生多角度、多方面来提升对生命的认识。

在此以 PSHE 课程为例,展现不同学段生命教育的衔接和贯通。PSHE 课程其实是由纵向上四阶段、横向上三主题构成的双向细目表,四阶段是指关键阶段 1(1—2 年级)、关键阶段 2(3—6 年级)、关键阶段 3(7—9 年级)和关键阶段 4(10—11 年级);横向上三大主题则分别指代身心健康(Health and Wellbeing)、人际关系(Relationships)和生活在更广阔的世界(Living in the Wider World)。根据不同年段学生的身心发展特点,可以定位到表格中不同的区间。根据文献中对 PSHE 课程的目标及开发原则的描述,我们大致可以将其概括为如下三大特点:

• 课程即学习机会

根据英国个人、社会与健康教育研究项目的政策文件,我们可以看到尽管 PSHE 课程是非法定课程,但是其重要性在文件中尤为强调,诸如对学生自律能力、批判性思维能力、人际交往能力、问询与判断能力、分析与决策能力等的养成都有不可或缺的重要作用。具体到身心健康、人际关系和生活在更广阔的世界三大下位主题时,文件中又对不同主题下学生应该学习的具体内容作了阐述。以身心健康为例,建议的教授主题包括:什么是健康的生活方式,如何保持身体、心理和情绪健康,如何管理身心健康方面可能存在的风险,如何保持身心健康,如何处理变化,如何利用已有资源做出关于身心健康的合理决策,如何应对风险,如何识别身心健康的不同影响因素等。而在具体到四大不同关键阶段(1—11 年级)的学生在 PSHE 课程中所应该有机会学到的内容,又有更下位的描述,在此节选部分内容供参考(详见表 4)。

表 4　英国 PSHE 课程的学生学习机会内容(节选)①

核心主题　　学段	关键阶段 1 (1—2 年级)	关键阶段 2 (3—6 年级)	关键阶段 3 (7—9 年级)	关键阶段 4 (10—11 年级)
身心健康	学生应该有机会学到: 1. 健康生活方式的组成部分,包括体育活动、休息、健康饮食和牙齿健康等的好处; 2. 认识到自己喜欢什么、不喜欢什么,如何做出有益于个人身心健康的明智选择,认识到做出的决策可能会带来好的影响和不好的后果; 3. 思考自身,从经验中学习,认识到自己的长处并将之发扬光大,设立简单但具有挑战性的目标; 4. 好的感情和不好的感情是什么样子的,能够用合适的词汇向他人描绘自己的感情,能够掌握一些调控管理感情的基本策略; 5. 关于变化和损失以及相应的连带情感(包括搬家、丢失玩具、宠物或朋友等)……	在关键阶段 1 的基础上,学生应该有机会学到: 1. 什么会对他们的身体、心灵和情绪健康带来正面和负面的影响; 2. 在权衡自己所作出的选择会带来积极、中立和消极结果的基础上做出明智选择,开始理解何为"平衡的生活方式"这一概念; 3. 意识到自己选择食物的机会,所做选择的可能影响因素,均衡饮食的益处; 4. 认识到媒体中宣传的形象可能并不是现实,但它的确会影响人们对事物的看法; 5. 反思并庆祝自己取得的成就,辨明自己的优势、需要加强的地方,设立需要雄心壮志方可完成的高要求……	学生应该有机会学到: 1. 认识到自己的长处,它会影响个人的自信心和自尊心; 2. 意识到他人对个人素质、态度、技能和成就的评价方式会影响自信心和自尊心; 3. 能够接受他人给出的有帮助的反馈,同时拒绝那些不合理的非难; 4. 认识到个人自尊心会随着所涉及情境的改变而改变,比如在家庭关系和友谊、个人成就和就业等不同情境中; 5. 了解精神和情绪健康的基本特征以及管理策略,在前两阶段所学的关于青春期、人类繁衍、怀孕等知识的基础上进一步学会如何管理和应对随着年龄增长所带来的身心变化……	在关键阶段 3 的基础上,学生应该有机会学到: 1. 对自信心和自尊心的评估受到他人流言蜚语影响的程度; 2. 有效使用有建设性的反馈,区分有帮助的反馈和无帮助的批评; 3. 情绪和心理健康观念的基本特征,一些精神和情绪健康障碍(包括压力、焦虑、抑郁)的成因、症状和治疗方法; 4. 管理包括压力、焦虑、抑郁、自我伤害、自杀等精神健康疾病的基本策略,知道向谁寻求帮助和支持; 5. 在哪里、如何获取健康信息、建议和支持(包括性健康服务)……

① PSHE Education Programme of Study (Key Stages 1—4) October 2014,https://www.pshe-association.org.uk/uploads/media/27/8113.pdf

（续表）

学段 核心 主题	关键阶段 1 （1—2 年级）	关键阶段 2 （3—6 年级）	关键阶段 3 （7—9 年级）	关键阶段 4 （10—11 年级）
人际 关系	（略）	（略）	（略）	（略）
生活在 更广阔 的世界	（略）	（略）	（略）	（略）

• PSHE 课程开发模式采用过程开发模式

在英国官方的《个人、社会与健康课程开发指导纲要》中如是说："基于'身心健康''人际关系''生活在更广阔的世界'三大核心主题及其下位的各关键阶段学生应该有机会学习的内容,教师可以根据学校办学特色和文化氛围以及本班学生特点,适当评估学生真正之需要,进行适度调整。"①国家的个人、社会与健康课程研究项目文件中提供的表格仅供参考,并非固化的不变的内容目标。所以说,教师作为课程开发主体有充分的行为自主权,有点类似我国的国家课程校本化实施的概念,纲要只是提供参照,具体操作还应该是课程实施者根据市情、区情、校情、生情做灵活调整。

• 重视不同课程之间的课程联结,以"交互式文本"呈现

虽然说英国在性教育和职业生涯教育上没有法定的必修课程供其实现,但在一定程度上 PSHE 课程的实施有助于不同学段学生达成性教育和职业生涯教育的部分目标,毕竟个人社会和健康教育课程也并非孤立存在并对学生产生作用,具体参见表 5。

---

① Guidance on developing your PSHE curriculum：September 2014,http://mindful-teaching.co.

表 5　英国 PSHE 课程与性教育、职业生涯课程的交互式文本体现（节选）①

	性教育 （sex and relationship education）	职业生涯教育 （career education）
个人、社会和健康教育（PSHE）有助于不同学段学生达成性教育和职业生涯教育的部分目标	小学： 1. 培养谈论、倾听和思考感情和关系问题的信心； 2. 能够说出身体各部位的名称，同时描述身体是如何运作的； 3. 能够保护自己，也能向他人寻求帮助和支持； 4. 为青春期的到来做准备。 中学： 1. 发展形成一套积极的价值观和道德观念体系，这会引导他们做出决定、判断和行为； 2. 意识到自己的性别，理解人类的性行为； 3. 理解关于推迟性行为的言论； 4. 理解安全性行为的原因； 5. 理解性行为会带来的后果，同时为自己的行为负责任； 6. 拥有珍视自己和他人的自信及自尊，尊重个人良心，有能力判断自己想要什么样的关系； 7. 有效沟通； 8. 如果对方不想采取避孕措施，或者对方有性传播传染病时，要有足够的信息和能力去保护自己； 9. 避免被人利用，也要避免利用他人； 10. 避免被迫进行强迫性或未受保护的性行为； 11. 能够获得私密的性健康建议、支持，如有必要也能得到治疗的相关信息； 12. 知道法律在性关系问题上是如何运用的。	关键阶段 3（7—9 年级）： 1. 反思并评估个人在性格、工作和休闲娱乐三方面的优势； 2. 为未来可能遇到的变化做好准备； 3. 充满自信地与同伴和长辈沟通交流； 4. 为关键阶段 4 设置切合实际的目的，搜集相关信息并寻求他人帮助； 5. 将工作机会与个人素质和技能掌握相结合，意识到未来在关键阶段 4 做出的选择不仅仅要基于个人优势和能力，还要基于变动不居的工作世界。 关键阶段 4（10—11 年级）： 1. 保持乐观心态，相信自己； 2. 意识到个人素质、技能、成就和潜能所在，同时合理评估，从而设定个人职业生涯发展目标； 3. 保持对个人身份的认同感，面对一系列情境时仍能自信面对从而展现自己； 4. 了解对 16 岁以上学生所拥有的选择机会，包括就业、继续教育和培训等，还要了解不同机会的选择会带来的潜在财务影响； 5. 学会在生涯规划的变动面前辨别其影响因素、压力来源、可寻求的帮助来源，同时采取恰当的应对方式； 6. 学会如何使用 Connexions 公司提供的服务以帮助确定职业规划下一步如何走，与家长、监护人等商谈，计划 16 岁之后可能的职业规划选择。 大学： 注：英国 PSHE 课程的框架只包含了四大关键阶段，在大学部分没谈，所以暂不考虑。

---

① Sex and Relationship Education Guidance，https://www.gov.uk/government/uploads/system/uploads/attachment_data/file/283599/sex_and_relationship_education_guidance.pdf；Careers Education and Guidance in England：A National Framework 11—19，http://www.most.ie/webreport/Fatima%20reports/School/Careers_Education_11to19%20UK.pdf

英国于 2000 年 9 月确立的中小学国家课程中指出,公民教育是要教给学生成为合格社会成员的知识、技能、理解,让他们在社会上——本地、本国、国际担当起有效的角色,培养有理想、有知识、有责任的公民,使其能富有责任感,并自信地在学校、社区和更广泛的世界发挥积极作用,尊重不同的民族、宗教,了解经济和民主体制及其价值。2007 年 1 月 25 日,在英国教育与技能部发表的白皮书《课程检视:多样性与公民权利和义务》中要求,在公民教育中增加尊重多样性的教育内容,使具有不同背景的人能和睦相处,促进社会和谐。

此外,英国生命教育教材的编制注重立足现实生活、注重内容广度与深度有机结合,兼顾水平与垂直思考的启发。比如英国 COLLINS 出版社的《YOUR LIFE 教师手册》中,7、8、9 三个年级都包含了逐步推进的"了解自己""保持健康""人际关系的发展""发展成为一个公民"等四个单元,虽然每个年级包含的主题相同,但探讨问题的深浅程度逐步深化。

表 6　COLLINS 出版社的生命教育课程《YOUR LIFE 教师手册》
Key Stage 3 7—9 年级单元主题内容①

	个人、社会和健康教育				公民教育
	了解自己	保持健康	人际关系的发展		发展成为一个公民
Your Life 1	1. 你和你的感受:焦虑与不安 2. 你和你的时间:管理你的时间 3. 你和你的金钱:零用钱、预算与储蓄 4. 你和你的成绩:检视你的成绩	1. 你和你的身体:成长与改变 2. 你和你的身体:吸烟 3. 你和你的身体:饮食与运动 4. 你和你的身体:毒品与吸毒	1. 你和你的家庭:家人相处之道 2. 你和他人:欺凌 3. 你和你的责任:信仰、风俗习惯与节日 4. 你和他人:残障朋友	1. 你和法律:儿童权利 2. 你和社区:敦亲睦邻 3. 身为英国政府公民的你 4. 你和媒体:电视的影响力	1. 你和你的意见:如何表达你的想法 2. 你和你的价值观:对与错 3. 你和全球议题:资源浪费与回收 4. 你和社区:为慈善募款

① 张培.英国中小学校生命教育研究[D].开封:河南大学,2007.

（续表）

	个人、社会和健康教育				公民教育
Your Life 2	1. 你和你的感受：你的自尊 2. 你和你的时间：善用休闲时间 3. 你和你的金钱：赌博 4. 你和你的成绩：检视你的进度	1. 你和你的身体：喝酒 2. 你和你的身体：避孕与安全性行为 3. 你和你的安全：居家与街头巷尾 4. 你和你的身体：毒品与吸毒	1. 你和你的家庭：家庭关系破裂 2. 你和他人：朋友与相处之道 3. 你和你的责任：不同的文化与生活形态 4. 你和他人：老年关怀	1. 你和法律：警察 2. 你和社区：学校即社区 3. 身为欧盟公民的你 4. 你和媒体广告的影响力	1. 你和你的意见：说出你的想法 2. 你和你的价值观：你的观点为何 3. 你和全球议题：食物与水 4. 你和社区：为地方环境行动
Your Life 3	1. 你和你的感受：面对失落感 2. 你和你的决定：如何做决定 3. 你和你的金钱：银行业务与储蓄之道 4. 你和你的成绩：检视你的进度	1. 你和你的身体：青春期 2. 你和你的身体：安全性行为与艾滋病 3. 你和你的身体：不当饮食 4. 你和你的身体：毒品与吸毒	1. 你和你的家庭：成为成年人 2. 你和他人：自我肯定的态度 3. 你和你的责任：容忍偏见与种族歧视 4. 你和他人：精神疾病患者	1. 你和法律：犯罪与刑罚 2. 你和社区：地方政府与地方组织 3. 身为全球公民的你 4. 你和媒体：舆论的影响力	1. 你和你的意见：你支持哪个政党 2. 你和你的价值观：人权议题 3. 你和全球议题：贫穷 4. 你和社区：压力团体与阵营

当然，英国生命教育课程实施的共同体绝非局限在学校或教师层面，英国政府、民间机构、家庭、社区等都从各自角度提供应有支持。例如，从政府层面来说，英国政府制定了相关的法律法规，发表了一系列的报告文件来确保生命教育的有效实施。英国各个地方教育局成立专门的负责单位，各学校也成立教学研究会等共同推动公民教育和个人、社会及健康教育课程的实施。英国政府还很重视对生命教育的理论指导，成立了各种协会、团体，积极开展生命教育研究。其中于1997年成立的伯纳德·科瑞克主持的公民教育与学校民主教学咨询顾问团，在同年完成的科瑞克官方报告书（Crcik Report）对英国生命教育的

发展起到了非常重要的作用。再如,英国还成立了专门的生命教育中心(Life Education Centre)推进生命教育的发展,它是一个在学校和社区传递有效的禁毒和饮酒的健康教育,从而提升学生、家庭和社区的健康与幸福的非营利机构。生命教育工作者与学校提供基于证据的生命教育计划、干预学生生活方式和行为的生命选择,由接受专门训练的、熟悉学校健康教育规定和家长教育的教育工作者设计并参与生命教育活动,从而实现生命教育中心的生命教育目标。该中心注重与学校和社区合作,通过为学生提供生命教育中心研发的生命教育项目,与学生家长、教师等向学生传递健康的生活方式,帮助学生培养独立判断生命问题、进行生命问题决策的能力。表7呈现了历年生命教育中心的主要研究和实践内容列表:

表7　英国生命教育中心主要研究与实践列表(1985—2008)①

年份	主要研究和实践内容
1985	评估威尔士南部的禁毒和过度饮酒教育;协助小学进行禁毒意识教育;
1986	研究教师在生命教育中的表现;
1989	研究分析性别教育;
1990	流动教室的初步尝试;研究生命教育工作者的角色;
1991	进行防治艾滋病教育;开展流动教室活动;
1992	青少年怀孕问题教育;生命教育中心学校访问分析;
1993	学生、教师和生命教育工作者的生命教育评价;中学生吸烟的认知、态度和行为;学生决策能力教育;
1994	生命教育中心对学校的访问;生命教育的"友谊"主题活动;
1995	生命教育中心的学生决策能力教育;以"我是伟大的"为主题的自我认同教育;家长角色的作用研究;地区学校生命教育工作研究;生命教育的暑假活动项目;
1996	生命教育学校访问对师生的影响;禁止在学校吸烟活动;
1997	生命教育"防治过度饮酒"主题活动;健康教育政策和规则;

① 刘中华.生命教育中心在英国生命教育中的作用分析[D].长春:东北师范大学,2008.

（续表）

年份	主要研究和实践内容
1998	生命教育中心地区访问;教师反馈研究;师生对生命教育的评价;
1999	学校实施生命教育活动的行为研究;师生对生命教育的评价;
2000	教师对生命教育的评价;生命教育中心地区访问;生命教育流动教室项目;
2001	学校校长和生命教育访问者对生命教育的评价;地区学校教师对生命教育的评价;生命教育中心的地区访问;校长和教师对生命教育的看法研究;
2002	学生对生命教育中心活动的反应研究;校长对生命教育中心的看法研究;生命教育中心对小学影响的案例分析;
2003	校长和其他评估者对生命教育中心的评估;教育和发展服务的暑期课程;小学禁毒教育的外部支持体系;
2004	学校反馈研究;生命教育中心的生命教育家长课程;
2005	生命教育家长课程;生命教育家长培训的七门育儿课程;
2006	生命教育家长培训的七门育儿课程;
2007	生命教育辅助健康学校计划;
2008	禁毒教育;外部机构角色研究;肥胖症问题教育;防治家庭惩罚。

资料来源:根据英国生命教育中心 2006 年和 2008 年年度研究和评估(life education center life education: evaluation pack 2006; life education center life education: research and evaluation 2008.)资料编制成。

从生命教育中心的生命教育理论研究和实践进程中,我们可以看出:生命教育的学校和地区范围不断扩大;研究内容从最初的禁毒教育、性别教育、防治艾滋病教育,发展到自我认知、友谊等社会关系教育等,教育内容不断丰富;生命教育的需求分析从学生扩展到教师、校长、家长;生命教育的活动开发也从学校延伸到了家庭;生命教育中心的评价主体从学生、教师、校长到家长等的内部评估扩展到生命教育相关工作人员和社会研究机构的外部评估。

此外,英国还非常重视家庭、学校、社区三位一体的生命教育合力。具体来说,英国家长会努力为孩子提供一个温馨的家庭环境,帮助孩子面对学习、生活中的各种问题,且会为孩子提供大量有益于生命健康发展的实践机会,并给孩子足够的自主权,激励孩子成长,帮助他们树立自信心。英国学校会通过各种形式的联合会与家长加强沟通,经常就学生的各种问题进行交流探讨。而具体到社区层面,"教育行动区"(The Education Action)是英国社区配合学校开展生命教育的最有效形式。如果被判定为薄弱学校,它们将得到社区和优质学校的持续帮助,使需要帮助的学生在心理、身体、智力、情感、精神、道德和文化等各方面得到发展。

3. 日本生命教育的开展与衔接实践

日本是世界上较早开展生命教育的国家,虽然在教育体系中没有专门的"生命教育"用语,但其理念却鲜明地贯穿于国民教育和道德教育中,并通过各种方式实现,如专门课程、辅助课程、特殊活动、体验活动等。① 1989年,日本针对青少年浪费、破坏、自杀、杀人等日益严重的社会现实,在新《教学大纲》中明确提出定位于人的生命与尊重人的精神这一理念的教学目标。日本生命教育的内涵丰富,包括生死观教育、健康教育、安全教育、道德教育、职业教育、环境教育等内容。近些年针对学生课业负担重、生活能力差、自杀率居高不下的现状,形成以"余裕教育"为核心的生命教育体系,以热爱生命为主题,鼓励学生通过各种体验活动多与自然接触,如去牧场喂养未驯化的动物,学会与它们友好相处,开发孩子善良的天性。②

日本的生命教育主要围绕"人与自身、人与人、人与社会、人与自然"四个主题展开,在内容的衔接上从小学到初、高中直至大学具有很强的层次性。同一个教育主题,在不同学段设置相应的教育目标,分层次设置生命教育课程,呈螺旋上升的态势。以生命为主题的内容和目标设计上,不同年级各有侧重:小学低年级直接感受身体的温度和心脏的跳动,体验生命的存在,称为"触摸生命";中年级是通过周围人生病或病逝的事例,让学生理解死与生共存,称为"感受生命";高年级通过参观婴儿室,了解生命诞生,学会尊重生命,称为"热爱生命"。中学阶段则通过思考和讨论的形式,让学生认识生命的偶然性、有限性和连续性,意识到自己生命的重要性并且尊重他人生命,称为"思考生命"。在大学则

---

① 余伟芳.日本学校生命教育及其借鉴[D].北京:首都师范大学,2014.
② 侯金环.生命教育面面观[J].石油教育,2006(6):55.

上升为对生与死的研究，日本是亚洲最先在大学引入生命教育的国家，侧重于为死所做的准备教育。1983年，东京上智大学设立生死研究会，标志着生命教育渗透到高等院校。1983年，东京外国语大学开设"从生与死当中学习——死亡教育概论"等教育科目。2001年，东京大学建立了日本文部省的生命教育的重点基地，标志着生命教育作为一个教育学科成立。该基地的目标是从生命的文化与价值的角度理解生死学，构筑有关生死的深度和广度的知识体系，将生死学作为重构生命伦理学的基础。[1] 这种根据学生认知与心理发展的不同阶段设计相应的教学目标的做法，更有利于帮助学生理解生命的内涵。

日本在生命教育的教育途径上，坚持政府、学校、家庭和社会四位一体的生命教育体系，由政府牵头共同推进生命教育。

日本政府通过各种教育政策强调生命教育理念，2005年，日本文部省提出"活出生命力"的生命教育目标，认为"健康的身体""富有人性""确实的学力"是实现这一目标的三大要素。"活出生命力"的"心"与"身"紧密相连，"心"是基础，"身"是原动力，共同作用于"活出生命力"的目标。[2] 2008年，文部科学省在小学《学习指导要领》中再次突出道德教育所蕴含的根本精神是：培养具有尊重他人的精神和对生命的敬畏之念的具有主体性的日本人。针对网络、电视、游戏等大众媒体中出现的对青少年身心发展有害的现象，政府一方面在学校增设信息道德教育，一方面立法制定《青少年育成施政大纲》，要求公共团体严格遵守，为青少年成长创造良好的社会氛围。除此之外，政府还通过具体的措施，对生命教育进行直接指导，并在资金上支持各地成立生命教育的专门研究机构，编写生命教育教材，研究生命教育方法。如文部省斥资7亿日元（合4200万人民币）编制《心灵教育指导》等辅导材料，免费发放《家庭教育手册》，编写《危机管理和应对手册》《防灾教育指导材料》等；派防灾指导人员到学校进行防灾知识教育；针对青少年性教育缺乏，日本性教育协会编写了《性教育指导要项解说书》，涉及小学到高中性教育的全部内容。

---

① Alofnsdeeken.生与死的教育[M].王珍妮,译.台北:心理出版社,2002:52.
② 黄雅文.日本现行之道德教育与生命教育之探究[J].国民教育,2006(5):10.

在社会方面,利用公民馆、博物馆、图书馆、青少年之家和儿童中心等社会资源,开展混龄运动和各种文化活动;通过儿童放送台、电视科学节目,运用双向通信卫星设备宣传、渗透生命教育;运用社区资源在全国扩展生命教育场所,如社区儿童教室、综合型社区运动俱乐部等,通过一系列社区活动,培养身心健康的青少年。

家庭在日本的生命教育中同样发挥着不可替代的作用。日本在大学就开设家政课程,培养未来家长的教育能力;政府制作并免费分发《家庭教育手册》进行专业指导,举办各种家庭教育研讨会让家长学习交流;对学校教育的相关单元活动,家长给予配合和反馈;导入教育休假制度,家长可以陪同孩子参加生命教育活动;建立家长教师协会(Parents Teacher Association,简称 PTA)作为联结学校、家庭和社区的重要组织机构,配发"家庭教育手账"和"家庭教育记事本",成员大多来自各领域的专业人士,致力于学生的生命教育,提升教育效果。①

学校则主要是通过道德教育课程、各学科教学和其他一切学校活动开展生命教育。如在防灾教育上,学校会根据学生年龄特点编制防灾教育课程,在理科、社会科等课程中指导学生学习所在地区的自然环境及过去遭受自然灾害的特征;在道德课、综合学习课中讲解防灾注意事项以及采取的行动,提高学生防灾技能,并进行实战训练。

日本的生命教育开展整合了社会各方力量,通过政府重视、相关部委支持、学校主导、家庭和社区全力配合,形成全方位的生命教育体系,并且重视学校生命教育师资队伍建设,提升教师生命教育意识,实现生命教育的普及和发展。

综观上述,国家生命教育的开展状况,围绕大、中、小学生命教育的衔接,各国的主要做法有:确立中、小、幼相衔接的主题性生命教育标准;通过学科渗透的方式实现各学段生命教育的实施和贯通;通过系统的课程架构实现基础教育生命教育的衔接;通过家、校、社生命教育的一体化建设,促进大学与中小学在

---

① 刘婷婷.日本道德教育改革的核心——"心灵教育"探析[J].牡丹江大学学报,2011(8):126-128.

生命教育上的融合；通过政府推动和民间组织、社会团体的合作推进全社会对生命教育一致重视与全程贯通等。这些都为本土实践提供了宝贵经验，也成为本课题研究得以顺利开展的思想来源和行动指南。

（二）国内研究现状

1. 台湾生命教育的开展与衔接实践

20世纪末的台湾，经济社会繁荣发展，社会结构发生转变，青少年问题日益严重，自杀已经成为一个不容忽视的恶性问题，生命教育正是在这样的背景下起步的。台湾的生命教育始于晓明中学的伦理课程，1987年成立了生命教育中心。1997年底，台湾教育管理部门开始推动生命教育，制定中学推动生命教育实施计划，2000年7月"教育部"正式对外公布《推动生命教育中程计划（2001—2004）》，并成立推动生命教育委员会，2001年台湾教育部门宣布为"生命教育年"。至此生命教育作为一个完整的体系概念真正融合到了台湾大中小等各级教育系统中。

台湾地区于2001年9月正式实施九年一贯课程改革，将中小学原有的16个科目统整为"七大学习领域"：语文、数学、社会、自然与科技、艺术与人文、健康与体育及综合活动。并确立信息教育、环境教育、两性教育、人权教育、生涯发展教育、家政教育等"六大议题"教学。生命教育是九年一贯课程的愿景核心，也是课程目标的最高指导原则；而九年一贯课程则是实现生命教育理念内涵的主要途径。台湾将生命教育融渗在九年一贯课程的课程目标、课程理念和"七大学习领域"与"六大议题"中。其中小学九年一贯课程纲要总纲提出的"中小学之课程理念应以生活为中心"体现了对生命教育内涵两方向之一"生活"的重视；"尊重个性发展，激发个人潜能"体现了对另一方向"生命"的尊重。与课程理念相照应，课程目标中也渗入了生命教育的理念。在"七大学习领域"中，生命教育是综合活动学习领域的指定单元，指定单元所占时间不得少于综合活动学习领域总时数的10%。综合活动学习领域包含12项核心素养，其中包含"尊重生命"一项，即从观察与分享对生、老、病、死之感受的过程中，体会生命的意义及存在的价值，进而培养尊重和珍惜自己与他人生命的情怀。其他11

项内容也间接体现了生命教育主题。此外,"六大议题"与生命教育的五大取向(宗教教育取向、健康教育取向、生涯规划取向、伦理教育取向以及死亡教育取向)不谋而合。其中,两性教育、环境教育与生命教育的内涵更是重叠的。

生命教育课程和教学也考虑九年一贯课程的规定和要求,例如,生命教育教材设计,各版本在编辑教材时,多能注意生命教育与九年一贯教育目标和课程等的统整、协同。对于生命教育内涵与教育目标、学习领域的配合,多事先考虑其重点、内涵是否有重叠。为使生命教育融渗九年一贯学习领域取得好的效果,台湾教育部门针对各学习领域的基本能力指标作细致的解读、分解,易于教师转化为教学目标,易于教师编制或选择教材内容,并在每一阶段开展相应的生命教育教学活动。

目前,台湾小学与初中阶段尚未有正式的课程纲要出台,生命教育融入九年一贯制课程中。但在高中阶段,已经公布了普通高中生命教育类选修课课程纲要。台湾高中生命教育类选修课课程纲要建构是 2004 年由十数位相关领域的专家学者,以一年之时间通力合作而完成。课程的架构依循生命教育三大范畴——终极关怀与实践、伦理思考与抉择、人格统整与灵性发展为原则,并在考虑选修课之特殊性质与限制后,共规划了八科各两学分之课程。生命教育是最基础的入门课程,于高一上学期开设;而哲学与人生、宗教与人生、生死关怀、道德思考与抉择、性爱与婚姻伦理、生命与科技伦理及人格与灵性发展等则为七科进阶课程,而后每学期循序渐进开设。普通高级中学选修科目——生命教育概论课程欲培养之核心能力有八条:了解生命教育的意义、目的与内涵;认识哲学与人生的根本议题;探究宗教的本质并反省宗教与个人生命的关联;思考生死课题,并学习临终关怀与悲伤辅导的基本理念;掌握道德的本质,并初步发展道德判断的能力;了解与反省有关性与婚姻的基本伦理议题;探讨生命伦理与科技伦理的基本议题;认识知行合一的重要与困难,进而摸索人格统整与灵性发展的途径。纲要对这八大核心能力下的内容作了明确的界定。

台湾地区从20世纪90年代开始陆续在大学开设生命教育课程。南华大学是台湾地区校院第一所设立生死研究所的大学，并且还设立大学部生死管理系，招收生死所一般生、生死所在职生及生死所硕士先修班等不同层次的学生，课程设计以生死学为核心，包括生死学基本问题讨论、生死教育、心理生死学、社会生死学等课程。台湾辅仁大学成立"专业伦理课程委员会"，在各学系推动专业伦理课程，将人生哲学、大学入门与专业伦理三门课合称为全人教育的基础课程。

台湾的大学作为重要的社会力量积极参与中小学的生命教育课程，从生命教育的顶层设计到微观细节，专家学者不遗余力地支持与推进中小学的生命教育进程。台湾大学与中小学的生命教育课程是一以贯之的，但课程内容和范围有所拓宽，课程难度和深度上有所加强，课程设计更加专业化、体系化和多元化。与中小学相比，课程理解与实施有所差异，台湾大学以活动体验为主的生命教育主要强调通过师生、生生之间的讨论、交流、反思等过程，以达成对生命教育有关主题的认识与理解。台湾大学生命教育课程实施主体更加多元，与社会的合作互动也更加密切，除了一批正规培训的教师和研究人员外，一部分社会团体、基金组织、慈善机构、宗教文化团体也会以积极的姿态参与其中。如，台湾周大观文教基金会、莲花临终关怀基金会、彰化县生命线、台湾生命教育协会及世界宗教博物馆等，都曾积极参与台湾大学生命教育实践活动。

2. 香港生命教育的开展与衔接实践

香港的生命教育起始于20世纪90年代末期，最早是由宗教团体发起并开展的，后来逐渐被主流教育所认同。香港生命教育受众广泛，上至敬老院的老人，下至幼儿园的孩童；从宗教的角度出发，内容涉及宗教教育、德育、伦理、公民教育等20多个科目。到2002年12月，香港成立了"生命教育中心"，以社区和中小学为阵地开展生命教育。在课程设置方面，香港的生命教育并没有统一的课程安排，但香港生命教育除了开展单独的科目外还渗透进了德育及公民教育中，所以学校根据自身特点选择生命教育的课程或者德育及公民教育的课程,但两者都是以生命和生命教育为基础而设置的。

香港尚无专门的生命教育课程,生命教育的进行主要是依托已纳入学校课程的"德育及公民教育"这个项目来完成的,同时也渗透在其他科目中。如在社会教育科内,有青少年成长时如何寻求自立、如何与家庭和朋友相处的单元;在宗教科内,亦有处理个人及社会问题,包括生命及健康等的教育。无论用什么名称也好,生命教育的元素都已渗透在这些课程内。

在新修订的《德育及公民教育》课程架构中,建议学校采用"生活事件"作为学习情境,培养学生正面的价值观和积极的生活态度;"生活事件"被系统地分为六个范畴:"个人成长及健康生活""家庭生活""学校生活""社交生活""社会及国家生活"和"工作生活",每个范畴有不同的学习事件,以配合学生在不同学习阶段的需要。

中小学主要分为四个阶段,第一阶段为小一到小三;第二阶段为小四到小六;第三阶段为中一到中三;第四阶段为中四到中六。

下面通过"家庭生活"在四个阶段的学习期望(目标)及其相对应的"生活事件"的设计展现四个阶段在目标和内容上的衔接。

表 8 香港"德育与公民教育"课程中
"家庭生活"在中小学四大阶段的学习期望(目标)及相应的生活事件(内容)设计

四个阶段	学习期望	生活事件
第一阶段 (小一到小三)	(a) 关心和爱护家庭成员 (b) 乐于与兄弟姐妹分享物品 (c) 以关怀和体谅的态度,消解与家庭成员的冲突 (d) 当家庭面对挑战,懂得表达关心和支持	"亲亲'悦'读"(亲子伴读) "玩具乐分享" "家庭会议:周末好去处" "爸爸妈分开了"
第二阶段 (小四到小六)	(a) 主动关心家庭成员的感受和需要 (b) 以尊重的态度,向父母表达意愿和提出要求 (c) 分担家务,乐于承担家庭一分子的责任 (d) 常常与家人分享生活的经历和体会	"我是小护士"(照顾患病的家人) "爸妈,我想……"(向爸妈提出请求) "分担家务我有责" "爸妈,辛苦你们了"

（续表）

四个阶段	学习期望	生活事件
第三阶段 （中一到中三）	（a）当遇到困难和挫折,会寻求家人的意见 （b）以理性和诚恳的态度,与父母讨论问题和表达意见 （c）能以坚毅乐观的态度,面对家庭出现的转变或逆境 （d）常存孝道,慎终追远	"有商有量"（举行家庭会议） "争取自主事件簿" "家人失业了" "故乡拾趣"
第四阶段 （中四到中六）	（a）积极维系家庭成员良好的关系 （b）耐心聆听父母的心声和教诲,不会独断独行 （c）当家庭面临逆境,勇于承担舒缓和解决问题的责任 （d）重视家庭观念,尊重婚姻制度	"不怕啰唆,最怕生疏"（主动关心家人） "讲讲理"（开放坦诚的沟通） "没有零用钱的日子"（家人忽然失业） "婚姻不是儿戏"

　　香港的大学在生命教育推进的过程中,更多的是扮演整理生命教育知识、促进政府与学校协作的推动者的角色。香港生命教育的快速发展非常突出的一个方面,就是高等院校研究力量的积极参与和专业引领。从现有资料表明,目前发表的研究性文章基本都出自台湾和香港的高等院校。短短几年间,香港地区中小学生命教育开展得有声有色,这与他们积极开展生命教育的研究是分不开的。香港有着研究与实践并进的成功经验。

　　香港地区高等学校生命教育内容的一个重要特点,是在操作层面上具有较大的自主性。比如一个显著特点是高等学校生命教育都相当重视死亡教育。近几年,香港的大学逐渐增加了对大学生进行生命教育的力度。以香港中文大学为例,其已于 20 世纪 90 年代就开设了通识课"死亡与不朽",向学生正式而系统地讲解死亡问题,很多的大学生开始在这门课中去正视死亡与绝望,去思考生与死的意义。同时,很多的教育学者也开始尝试用不同的教育方法去讲授生死的意义,比如邀请佛教法师来课堂上讲讲宗教视角下的生死,还会组织体验工作坊,带着学生模拟面对死亡的感受。

　　香港生命教育在实施和保障上,主要得益于三个方面。

第一，政府层面的行政推动。推行生命教育、帮助青少年认识生命之道，规划人生、成就有意义的生命，是近年来香港教育统筹局的重要目标之一。统筹局作为全港课程规划的主导，对于生命教育课程的推展，从理念架构、内容制订及推行政策等层面，担当着十分重要的角色；教育署课程发展处德育及公民教育组为生命教育的基础建设制订政策，召开不同学科科务会议，商讨在学科内加入生命教育元素。此外，香港还成立了统筹生命教育的专责小组，负责发展及推行生命教育活动，为生命教育建立在人事编制和学科行政上的阵地；在其推行的《基础教育课程指导》关键项目中，提出"生活事件"这个教学策略的建议。

第二，宗教团体的积极参与。在香港，佛教、道教、基督教、天主教等信徒众多，这些宗教团体除了弘扬教义还兴办学校，香港一半以上的学校是教会学校，各类宗教学校是香港生命教育的先导者，在学校推行生命教育之外还建立教育中心，设置适合不同人群的生命教育课程。

第三，众多社会福利团体和民间组织的支持。例如，香港赛马会赞助成立了香港首间"生命教育中心"，明天更好基金和优质教育基金还为某些学校的生命教育计划或项目提供资助。港台地区生命教育得以良好持续拓展的一个主要原因，就是全社会的关注和投入，特别是香港地区的生命教育，得益于诸多社会团体持之以恒地召集和组织各种形式的生命教育活动。

在中小学生命教育的实施途径上，香港地区生命教育的开展得益于"家校社互动"，即各种社会团体积极倡导，并与学校、家长形成良好的教育互动。

与家长紧密联系：学校在制定政策和新措施时，征询家长意见。学校与家长之间透过通讯、会议和面谈等途径保持定期沟通。家长参与组织校内活动，以增进亲子关系；学校通过研讨会（即家长教师会）寻求家长的支持，帮助学生建立正面的价值观和态度。

学校的组织和管理：学校凝聚教师力量，推动跨学科课程以作个人及群性发展，学校委任一位教师负责统筹德育及公民教育的整体发展计划，学校灵活地调配职业人员和编排时间表。

社会的支持：通过学生辅导主任或学校社工寻求社会资源和支持，与学校附近的青少年中心或其他机构协作，提供社会服务的机会，以推动德育及公民教育。

例如，1999年天主教教育委员会推出"爱与生命教育系列"，该系列重在鼓励学生开展广泛的社会调查，为某一课题而广泛接触社会各阶层、群体，获取翔实的调查资料。在第二册第二单元《我的家庭》中，老师要学生向各种已婚、未婚的人士征询对婚姻家庭的看法，并对之进行归纳分析，得出结论，使学生自身受到触动。这本身也符合学校通过自己的教材设计让学生有机会走进家庭、走进社会建立联系，希望得到肯定的心理渴求。

3. 大陆生命教育的开展与衔接实践

2005年，为贯彻实施《中共中央国务院关于进一步加强和改进未成年人思想道德建设的若干意见》（中发〔2004〕8号）和《中共上海市委、上海市人民政府关于加强和改进未成年人思想道德建设实施意见》（沪委〔2004〕11号），牢固树立和落实科学发展观，帮助学生认识生命、珍惜生命、尊重生命、热爱生命，促进中小学生身心健康发展，迫切需要系统科学地开展生命教育，上海市教委结合上海市中小学实际，制定并颁布了《上海市中小学生生命教育指导纲要》。基于不同阶段中小学生对生命教育的理解和需求的不同，《纲要》将中小学分为四个阶段：小学低年级阶段、小学高年级阶段、初中阶段、高中阶段，每个阶段都有各自任务，但又相互衔接并逐级提高。根据各阶段学生的年龄特点、身心发展特征，生命教育的重点也不同。

小学阶段着重帮助和引导学生初步了解自身的成长发育特点，初步树立正确的生命意识，养成健康的生活习惯。初中阶段侧重于帮助和引导学生了解青春期生理、心理发展特点，学会尊重生命、关怀生命、悦纳自己、接纳他人，养成良好健康的生活方式，学会欣赏人类文化。高中阶段注重帮助学生掌握科学的性生理和性心理知识，引导学生形成文明的性道德观念，培养对婚姻、家庭的责任意识，学会用法律和其他合适的途径保护自己的合法权益，学会尊重他人、理解生命、热爱生命，提高和保持健康、丰富精神生活的能力，培养积极的生活态度和人生观。

《石家庄市学校生命教育指导纲要(2014—2018)》根据不同年龄段学生特点,安排了学前、小学、初中、高中四个阶段的不同教育重点。学前阶段注重安全和自我保护、日常生活自理、生活行为习惯养成方面的教育;小学阶段注重认识自然灾害、了解常识、掌握紧急求助和自救方法;初中阶段以了解青春期生理保健知识、常见心理问题化解方式、掌握逃生和救护他人的措施、拒绝陋习等为主;高中阶段重在提高学生进行科学的职业生涯规划、调适心理健康、接纳自我、提高生存技能。

黑龙江省教育厅颁布的《生命教育课程标准》将其界定为在全省九年义务教育阶段开设的一门以学生为中心,以提升学生的生命质量为主线的具有综合活动性质的地方课程。立足不同阶段学生的年龄特征、认知特点、生活经验等学生实际需求和发展水平,将生命教育课程内容体系设计为各年级有机衔接、综合交叉、循序渐进、全面系统地反映人与自我、人与他人、人与社会、人与自然的关系。小学阶段着重帮助和引导学生初步了解自身的生长发育特点和生命的起源,掌握安全生活的常识和技能,初步树立正确的生命意识,培养健康的生活习惯和学习习惯。初中阶段着重了解青春期生理发展特点、健康生活和学习习惯的保持等,保持对生与死关系的理性认识等,学会尊重生命、关怀生命、悦纳自己、接纳他人。

除了各地方制定颁布的《生命教育指导纲要》或《生命教育课程标准》对中小学生命教育内容的衔接作方向上的规定,相关的教材也使得教育衔接得以实现。其中中国青年出版社出版的《生命教育》专业教材,就是面向一至九年级的中小学生,为各个阶段、各个年级的学生提供了相应的课程,这套教材已经被上海、黑龙江、山东等省市陆续采用。

邵洪宇对上海市古美学校进行了个案研究(古美学校实行九年一贯制的递进式生命教育)。为此,根据对学生的问卷调查和对学校生命教育开展情况的总结反思,学校将学生分为低年级、中年级和高年级三个阶段,开发了三级生命教育校本教材——《生命·教育·成长》,其主题分别为认识生命、热爱生命、尊重生命。这套校本教材以学生不同年龄阶段的身心发展特征和生命成长需要这条明线为逻辑来建构一至九年级的生命教育课程内容体系,以人的生命发生、发展、结束这条暗线为逻辑顺序建构不同年级生命教育课程的内容。其内容的总体特征是:内容呈现出从低年级到高年级,循序渐进、逐步深入、螺旋上升的特点,各年段都包含了生命与自我、生命与他人、生命与自然、生命安全四大模块,形成有机衔接。

总体而言,我国大陆中小学的生命教育无论是宏观的指导纲要还是微观的校本课程和课程教材都有不少教育衔接的实践,取得了较为丰富的实践成果,在课程实施、评价、管理上也都有一定的思考和积累。但是,大学与中小学生命教育的衔接存在明显缺位现象。生命教育本身应是一个贯穿于整个教育过程的有机的系统,但由于中小学与大学分属不同的学段,由此带来的教育层级上的差别已经在客观上造成了生命教育的分割,必然影响系统性教育功能的发挥。在当前教育实践中,教育者普遍只是从自己所处的教育阶段来落实生命教育的各项要求,而没能够把自己所处的教育阶段放到时间纵向的过程中去考虑,这样就造成大、中、小学校的生命教育内容存在着脱节、无意义重复、倒挂等现象。

从生命教育在大陆各地区的发展历程不难看出,中小学的生命教育总体而言起步要比大学早,不少地区生命教育的指导性文件并没有将大学纳入其体系。尽管部分大学已经有了丰富的实践,但实践的范围还比较狭窄,覆盖的受众还不够广泛。大部分大学都有安全讲座,然而,几场讲座并不能够将生命教育中适于大学生的内容有效渗透,也无法做到与中小学接轨。这就难免会出现一个尴尬的情况,到了大学阶段,生命教育的主要形式成为新入学时的安全讲座,之后能够提供给学生生命教育的可能就仅仅是辅导员或是心理咨询师。因此,大学和中小学阶段生命教育的断层之所以会出现,其中一个原因就在于大学相对于中小学还缺乏全面系统的生命教育实施途径。

再者,由于当前教育体制所限,大学和中小学在生命教育领域还缺乏有效的协调与沟通。一方面,中学阶段的教育信息无法有效地传递到大学的教育链条中;另一方面,无论是教育实践还是理论研究,大学生命教育的科研优势也没有很好地辐射到中学。这就造成了大学和中小学在生命教育实践上的脱节、理论上的断层。

由上述可见,大学在生命教育衔接中应当扮演一个更加积极的角色,在研究和实践大学生生命教育的同时,联合中小学进行教育合作,统筹生命教育规划,实现完整、递进的学校生命教育体系。

因此,我们不难看出,建构大中小学一体化的生命教育体系对于当前我国生命教育大学与中小学衔接存在的缺位现象有一定缓解作用,而目前祖国大陆和港台地区生命教育课程在中小学阶段的课程目标、内容、实施、评价、管理等方面的衔接和推进举措都为本课题研究提供了宝贵参考。

(三) 区域研究现状

2014 年,项目组与上海市某教育测评中心合作开展了"杨浦区生命教育的实施现状与课程建设需求调研",力图打破传统靠经验总结的评估现状,通过采集充足的数据并进行专业分析,从而揭示区域生命教育实施现状和课程建设需求,以明晰项目研究未来的发展方向、操作策略、推进路径等。本次调研以《上海市中小学生生命教育指导纲要》为依据,以"生命健康、生命安全、生命价值、生命态度"为主要内容,聚焦"区域性、体系化、核心价值、学生需求、教师定位"五大关键词展开,划分为五大问题,详见图 1。

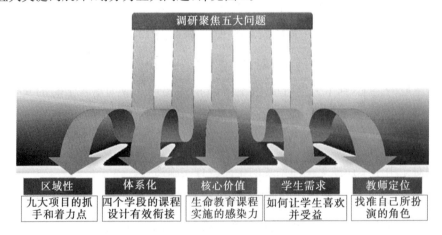

图 1　杨浦区学生生命教育现状调研所聚焦的五大问题图

- 问题一：九大项目的抓手和着力点在何处？
- 问题二：四个学段的课程设计如何有效衔接？
- 问题三：怎样的课程实施才能发挥生命教育的核心价值？
- 问题四：学生对当前课程有着怎样的感受，又有着怎样的需求？
- 问题五：如何帮助教师找准自己在生命教育中扮演的角色？

本项目的调研对象涵盖我区基础教育全部学段的学生、教师、家长和区域内高等教育部分学段（大一、大二），从学生所学、所用，教师所教、所感，家长所知、所需入手，划分为课程感受、生命素养、教育需求、课程实施、教育难点、责任义务以及知晓度、重视程度、了解渠道和需求等十个维度，具体调研框架详见下表和下图。

表 9　杨浦区学生生命教育现状调研框架表

学生			教师			家长	
所学	所用		所教	所感		所知	所需
课程感受	生命素养	教育需求	课程实施	教育难点	责任义务		
课程内容	基础知识	人生大事	思想道德	认识生命	教育意识	知晓度	需求
课程形式	基本情感	生活琐事	科学文化	珍惜生命		重视程度	
课堂氛围	主观态度	社会交往	身心健康	尊重生命	学科关联	了解渠道	
获益感知	应对技巧	自我意识	劳动技能	热爱生命			

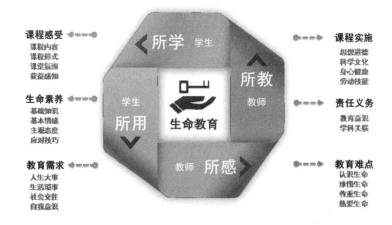

图 2　杨浦区学生生命教育现状调研框架图

本次调研的问卷体系包括学生卷、教师卷和家长卷;其中学生卷是主体,包含了小学低年级、小学高年级、初中、高中、大学等五个学段。学生卷的设计基于《上海市中小学生生命教育指导纲要(试行)》,注重学段衔接,贴合年龄特点、难度渐进。在选定问卷内容时注重打破思维定式,尽量贴近学生。另外在措辞上也强调尊重不同学段学生的接受度,尤其是小学低年级学生。

本次大中小学衔接生命教育实施现状问卷调研采取网上问卷答题的方式进行数据采集。学生、教师、家长分别在网上完成作答。不同问卷调查平台开放均为10天(2014年11月20日~2014年11月27日),由事先抽取的杨浦区四个学段23所学校的师生与家长获取的答题密码卡自行安排时间进行网上填写并提交,随后,由专门的问卷数据统计系统进行数据汇总与初步分析,具体回收情况详见下表。

表10 杨浦区生命教育需求调研问卷回收情况表

问卷类别	学段	回收数量	有效问卷	回收率
学生	小学低年级	630	571	90.63%
	小学高年级	941	881	93.62%
	初中	1216	1117	91.86%
	高中	277	273	98.56%
	大学	5338	5079	95.15%
教师	小学	402	380	94.53%
	初中	363	337	92.84%
	高中	118	101	85.59%
家长	小学低年级	754	712	94.43%
	小学高年级	841	808	96.08%
	初中	1069	976	91.30%
	高中	102	98	96.08%

通过对问卷结果的数据汇总与分析,我们发现:第一,各学年段学生在生命素养"知—情—意—行"四个维度上的整体发展变化趋势各不相同。在基础知识方面,随着小学到大学年级的逐渐升高,学生对生命教育基础知识的掌握情

况越来越好,知识面逐渐开阔,能够应对相关知识的考验。值得注意的是初中生在整个学段范围内的知识水平增长的幅度较小,值得重点关注。在基本情感方面,小学生的情感状态相对更为积极向上,随着年级的升高,学生的情感积极正向状态有所下降,并且初中、高中和大学生的情感状态基本维持在比较稳定的状态,起伏不大。由于整体基础分较高,可见在情感状态上处于正常发展状态。在主观态度方面,小学生到大学生整体呈现出"U 形"趋势,即小学生和大学生的人生态度和主观立场相对较为积极进步,且小学生的主观态度远远比大学生积极,而初中生和高中生意识倾向不够积极,尤其是初中生群体在整个学段中的水平最低,值得重点关注。在应对技能方面,整体来讲,随着学段升高,学生对技能的掌握越来越好。初中生和大学生掌握技能的情况较好,而小学生和高中生对技能的掌握有待提升。特别是高中生,与随着年龄增加技能掌握得越多越好的整体趋势不一致,表现出小幅度的低谷,主要是学习、人生观、健康、关注政治、规划管理等方面需求的提高。

第二,各学年段的学生在教育需求的四个维度上的表现随着年级的逐渐增高而呈现出不同的变化态势,详细情况如下:在人生大事方面,从小学到初中阶段,在诸如生老病死、事关重大等情况需要抉择判断的需求逐渐增加,而到了高中和大学,需求逐渐降低。可见,初中阶段是重要大事教育的关键需求期。在生活琐事方面,小学低年级和高中年级两个阶段的教育需求较为强烈,而初中和大学的需求较低。在社会交往方面,大学生的交往状态整体不够正面积极,需要给予更多的指导和帮助。在自我意识方面,初中生和大学生的意识状态相对不够积极,需要给予更多的指导和帮助。

第三,从课程感受来看,小学低年级学生普遍认为目前与生命教育相关的课程当中,内容最有趣、形式最新颖、气氛最好以及所教内容最有用的课程都是自然课,其次是品德与社会课,再次是体育与健身课,还有语文课。小学高年级学生和低年级学生情况近似,普遍认为目前与生命教育相关的课程当中,内容最有趣、形式最新颖、气氛最好以及所教内容最有用的课程都是自然课,其次是品德与社会课,再次是体育与健身课,还有语文课。初中生普遍认为目前与生命教育相关的课程当中,内容最有趣、形式最新颖、气氛最好以及所教内容最有用的课程都是生命科学课,其次是科学课和体育与健康课,和生命教育密切相关的思想品德课排在其后。高中生普遍认为目前与生命教育相关的课程当中,内容最有趣、形式最新颖、气氛最好以及所教内容最有用的课程还是生命科学课,其次是体育与健康课,历史课和语文课的内容、形式以及课堂气氛方面也受到了较好的评价。

第四,从主题活动的感受来看,小学低年级学生对于安全系列活动的满意度普遍较高,满分5分,各项活动的满意度基本都在4分以上。其中比较受欢迎的活动为防火救护和交通安全活动,紧急救护活动、意外伤害与疾病预防活动的满意度紧随其后。小学高年级学生对于安全系列活动的满意度普遍较高,满分5分,各项活动的满意度基本都在4分以上。相对比较受欢迎的活动是交通安全主题活动、意外伤害与预防活动和防控知识与应对活动。初中年级学生对于安全系列活动的满意度普遍较高,满分5分,各项活动的满意度基本都在4分以上。各项活动的满意度都比较高,排在前三位的是防火救护、防震救灾和紧急救护活动。高中生对于生命安全主题活动的满意度相对其他学段得分较低,满分5分,整体在3.6分以上。其中最受欢迎的活动为防火救护、紧急救护和防震抗灾活动。相对受欢迎度较低的是人防工程与个人防护器材活动以及食物中毒预防活动。

第五,根据教师调研的结果,我们发现有以下几个值得关注的结果:教师对于生命教育的融合意识还需加强;身心健康和科学文化是融合重点;生命教育相关教材较为匮乏,生命教育活动开展形式较为单一,学生的焦虑情绪需要及时疏导。

第六,家长调研的数据结果显示:家长对于生命教育仍然缺乏了解,生命教育推广渠道需妥善经营,家长与孩子之间的有效交流是关键,学生的身心健康、思想道德与学业水平需均衡发展,开展生命教育的切入点是家校合力。

基于此,我们围绕课程感受与课程实施、生命素养与责任义务、教育需求与教育难点三大主线整合学生、教师和家长的调研数据结果,得到以下发现:

维度一：课程感受与课程实施

在课程形式上，学生对于主题活动的喜爱可能更偏向于情景模拟形式，比如防火救护、紧急救护等。关于这类主题活动的开展形式，多数学校都是组织学生在室外进行实地模拟进行的；而对于疾病预防等偏向于理论知识或生活常识类型的主题活动，学校一般以主题班会的形式进行开展，并且这也是教师较为偏好的方式，然而对于学生来说，这种主题活动形式的效果却可能并不如人意，而能够吸引学生兴趣的课程普遍带有探索性、开放性和互动性特征。

在获益感知和课堂氛围上，对于自然、品德与社会、体育与健身、生命科学和科学，各个学段的学生都表示在这些课中有关生命教育的内容最有用、有趣，同时课堂气氛也最好。其中，自然科学类型的课程（比如自然、生命科学）在课程内容的有用性、趣味性以及课堂氛围方面始终居于第一位。结合前面的结果也可以发现其原因在于其课堂形式较为新颖，学生能够在其中获得更多探索未知的乐趣以及更多的小组合作和互动。

在课程内容融合上，学生对于身心健康和科学文化两方面的知识缺乏指导，也因此经常向教师求助相关的问题。对于身心健康的生命教育内容来说，教师比较擅长并且能够容易地将其融入教学当中。然而，对于科学文化方面的内容来说，教师因为缺乏相关的知识和培训，可能并不擅长。

在教师课程实施与学生生命教育情况相关性上，教师的课程实施（即是否经常将生命教育内容贯穿于自己的课程中）与学生的亲情、健康、礼仪和友情都有显著的相关性。结合原始数据可以推论，教师在课程中注重贯穿生命教育与学生能否形成良好的运动习惯、能否正确地处理同学关系等行为都具有密切的关系。

维度二：生命素养与教育意识

从生命素养得分上看，小学低年级学生在生命教育的基础知识方面得分较低，这不难理解，小学低年级学生受教育年限较短，在这方面的知识仍然积累不足。而初中生在应对技能方面的得分最低，则需要重点关注。而从高中生的得分来看，其在主观态度方面仍需加强，从原始数据可以看出，高中生在政治关注方面得分较低,这也可能与高中生对时事政治的兴趣较低所致。

从教师教育意识与学生生命素养相关性上看,小学教师的教育意识(比如承担生命教育的责任感、与学生师生关系的维护、对特殊学生的关注等)与学生的基本情感中的亲情、应对技能中的健康知识具有非常高的相关性;而初中教师的教育意识则与初中生的文化知识、主观态度中的公共道德、家庭关系、文化以及应对技能中的家庭关系处理具有显著的相关性。

维度三:教育需求与教育难点

根据各学段学生在人生大事、生活琐事、社会交往和自我意识四个维度上的具体得分情况,可以看出:小学低年级学生在生活琐事方面得分较低,而在社会交往和自我意识方面得分较高。然而随着学段的升高,初中、高中和大学学生在社会交往和自我意识方面的得分反而较低。从整体上来说,学生的生命素养和教育需求调研结果表明学生在运动健康、饮食安全和两性教育上表现一般,需求较大;而老师却认为学生最忽视人际交往方面的学习。

维度四:家长情况与生命教育

从知晓度情况和重视程度来看,有 41.84％的小学生家长未听说过生命教育,同时初中、高中生家长未听说过生命教育的人数比例也高达 30％左右。此外,仍然有超过 15％的初中家长认为生命教育可有可无,接近 10％的高中家长对于生命教育的有用性说不清楚。而从家长在家庭教育中贯穿生命教育的情况来看,多达 10％的初中家长从来不在家庭教育中够贯穿生命教育。仅仅只有 21％的初中家长会经常在家庭教育中贯穿生命教育,而小学和高中家长的比例则高达 31％和 33％。这个数据显示出一些初中家长对于生命教育重要性的忽视,而出现这种情况正与初中家长对于生命教育意义的理解有关。值得关注的是,初中学生正处于成长的重要阶段,家长需要面临孩子在青春期的多种问题,因此结合本调研的数据来说,初中家长也是生命教育在家庭中开展需要重点关注的对象。对于家长一般通过何种渠道来获取教育孩子的知识,本研究也进行了调研。结果发现,家长大多是根据自己的经验教育孩子,然而除此之外不可忽视的是,网络搜索或相关书籍是小学和高中家长比较依赖的方式,而学校家长会和相关主题活动则是初中家长比较倾向的方式。根据这些信息，我们可以有针对性地向各个年级家长推介生命教育的相关知识。

从家庭教育与学生素养相关性分析来看，家长的重视程度与学生的基本情感和主观态度具有非常显著的相关性，在初中家长中，这一趋势尤为明显，同时初中家长的重视程度与学生的应对技能也有着非常高的关联性。这一相关性结果也为我们通过家校合力开展生命教育提供了数据的佐证，有效的家校合力能够保证学生在基本情感、主观态度和应对技能上的提升。

立足上述调研结果，结合项目组成员依托专业力量对部分试点校的走访和座谈访谈、文本搜集和分析的情况，本研究对于后续的研究方向有了极强针对性的参考，也帮助项目组在设计和实施生命教育一体化实践时提供充分的数据佐证。

第三节　研究设计与推进历程

一、研究设计

（一）指导思想

1. 立足国际视野

《区域推进"生命教育"大中小学衔接的实践研究》这一课题在申报立项时，便进行了较为充分的国内外相关文献梳理和述评，将生命教育起步较早的美国、英国、澳大利亚、日本和中国香港、台湾、大陆等国家和地区的生命教育已有研究做了一定梳理，尤其关注生命教育在大、中、小学衔接方面的已有研究。例如，有没有相应的机构负责生命教育的推进，有没有统一的政策规定，有没有对学生核心素养中生命素养的一些规定或人才培养标准中有关生命素养的规定以及在各学段的渗透，有没有大中小相衔接的课程指南、指导纲要或者整个基础教育阶段贯通的课程指南或指导纲要等，有没有体现家校社合作推进生命教育，有没有大学作为重要的社会力量参与中小学的生命教育的做法，等等。

我们发现不少国家和地区在进行生命教育时往往选择较小的切入口,如"健康教育""卫生教育"等形式来推进,而在整体的大中小学衔接的生命教育系统课程架构和相关研究还并不多见,这也成为本课题研究的创新突破点所在。同时,在具体的项目研究设计过程中,也始终立足国际上发达国家和地区的前沿研究实践。例如,在编制《生命教育课程指导纲要》时,目标维度的确立基于国际道德教育理论、核心素养理论、生命教育理论三大理论的发展趋势,建构了"生命认知""生命行动"和"生命情意"三维目标框架。并在此框架下将目标进一步分解为"概念与原理""判断与决策""探究与行动""态度与责任"四大维度。在具体的内容架构、实施策略和评价方法的选用方面也都参照了国际生命教育的研究成果,并在此基础上结合本区特点进行本土化的调试与创造。

2. 聚焦区域实际

《区域推进"生命教育"大中小学衔接的实践研究》课题研究能够与本区的"学校生命教育区域试点"工作有机整合起来,使行政工作与项目研究双轨并行,这在一定程度上取决于杨浦区的区域定位。本课题的申报立项一定程度上回应了杨浦区作为上海市唯一一个"基础教育创新试验区"的区域定位。自2009年起,我区目前已进入第三轮基础教育创新试验区建设的过程中。2014年4月,上海市教委与杨浦区签订了"学校生命教育区域试点"框架协议,生命教育一体化建设才因此成为区域综改项目的重点工作之一。作为基础教育创新试验区,杨浦区有责任有义务扛起改革试点的大旗,尝试探索生命教育如何在大中小学实现衔接。此外,本区作为全市有名的大学集聚区,复旦大学、同济大学、上海财经大学、上海理工大学等云集于此,有充足的外部条件使区域内中小学的研究能够与大学的生命教育做某种程度的对接,而在具体的项目研究过程中,高校师生资源和场馆资源也都得到了充分利用。比如,性别教育模块课程的牵头单位与上海理工大学开展项目合作,情绪智力模块课程的牵头单位与复旦大学开展项目合作等。

3. 凸显多方联动

本研究的多方联动主要体现在四个方面:第一,区校联动,即区项目组和项目试点校实验校之间就项目研究的计划安排、具体实施、问题解决、评价反思等做持续性和系统性沟通与交流，毕竟课题研究的最终落脚点是要在学校层面得以实现；第二，家—校—社联动，充分发挥家庭和社区作为生命教育课程开发与建设的资源库及其保障支持作用，诸如通过制定家长指导手册增进家长对生命教育的理解、通过亲子户外活动等形式加强亲子沟通、通过家长微型课堂等形式拓展家长了解生命教育的可能形式、借助社区体验馆为生命教育的具体实施提供实践场馆等；第三，大中小学联动，即利用本区的高校资源，先后与第二军医大学、交通大学、同济大学、复旦大学、上海理工大学、上海体育大学等多所高校签订项目合作协议，共同为实现生命教育的大中小学衔接提供可操作的切入口；第四，区教育局、教师进修学院不同业务科室之间的联动运转，其多方协同有力地保障了项目研究的有序开展和扎实推进。

4. 力求基于数据的实践推进

一方面，本课题研究的逻辑起点始于与思来氏教育测评中心合作开展的"杨浦区生命教育的实施现状与课程建设需求调研"，力图打破传统的靠经验总结的评估现状，通过采集充足的数据并进行专业分析，从而揭示区域生命教育实施现状和课程建设需求，以明晰项目研究未来的发展方向、操作策略、推进路径等。前文中已经提到，本次调研以《上海市中小学生生命教育指导纲要》为依据，以"生命健康、生命安全、生命价值、生命态度"为主要内容，聚焦"区域性、体系化、核心价值、学生需求、教师定位"五大关键词展开，划分为五大问题，调研对象涵盖我区基础教育全部学段的学生、教师、家长和区域内高等教育部分学段（大一、大二），从学生所学、所用，教师所教、所感，家长所知、所需入手，划分为课程感受、生命素养、教育需求，课程实施、教育难点、责任义务以及知晓度、重视程度、了解渠道和需求 10 个维度。

另一方面，在研究的推进过程中，总项目组和子项目组成员注重过程性资料的累积，通过走访调研、听课评课、会议研讨、第三方问卷调研等多种形式及时搜集相关数据，并用于反思后续研究中可能改进的方向。例如，2016 年由区教师进修学院德育室牵头、与复旦大学展开项目合作，共同从 15 个维度对区内

51所中学的初中生和高中生的心理健康状况进行初步的排摸与评估,及时发现与筛查学生中的不适应性以及异常性心理问题,积极采取预防措施并推荐应对方案。同时,从外部压力、内部压力、压力应对方式三个角度对中学生心理健康的影响因素进行研究与分析,为中学生提供系统、有效、全面、科学的辅导和帮助,也为教育部门及时调整办学规划,制定相关政策提供实证支持和客观依据。

此外,在课题结题时,我们也打算借助第三方咨询公司的专业力量对我区近几年来推进大中小学衔接的生命教育的基本情况进行后测评估,通过前后测的数据对比以验证研究成效。

(二)研究目标与研究内容

1. 研究目标

为解决当今生命教育中的问题,解决教育内容重复、学生需求与教育内容脱节、高等教育与基础教育内容缺乏衔接等现象,杨浦尝试开展区域推进"生命教育"大中小学衔接的实践研究,整体架构大中小学衔接、循序渐进的生命教育课程内容体系,全面落实《上海市中小学生生命教育指导纲要》精神,帮助学生认识生命、珍惜生命、热爱生命,提高生存技能,提升生命质量。本研究设立的研究目标具体如下:

(1)认识了解杨浦生命教育的发展现状,找准研究起点;

(2)开发建设大中小学衔接的生命教育模块课程,厘清研究主线;

(3)建立健全生命教育大中小学衔接的区域推进机制,明晰研究策略与路径;

(4)建立健全区域推进大中小学衔接的生命教育保障机制,提供研究支撑;

(5)分析总结区域推进生命教育大中小学衔接的研究成效,反思研究过程。

2. 研究内容

(1)杨浦生命教育实施的现状研究

只有基于对现实问题的充分调研,才有可能指向问题开展有针对性的研究。因此,本课题研究开展的逻辑起点便是基于理论与实践双方互动而发现的杨浦在生命教育实施现状中存在的突出问题和典型经验。一方面,课题组对国内外的生命教育发展状况做文献梳理和述评,尤其是大中小学的生命教育课程如何实现教学内容和教学方式的衔接做重点关照,进而反思当前杨浦生命教育实施中可能存在的现实问题和后续可能实现突破的切入点;另一方面,借助调研工具搜集的实证数据,包括第三方的调研报告、走访学校的即时反馈情况、与校长教师的座谈访谈记录等,将搜集到的来自不同信息渠道和不同信息来源的量化或质性数据汇总起来,以"三角互证"的研究方法确保研究资料的真实性,并对数据进行分析和归因尝试。在教育学研究场景中,教育学互动过程中的多种因素导致教育学研究的复杂性,而三角互证的使用恰恰可以提高研究结果的可信度和有效性。①

(2)大中小学衔接的生命教育模块课程的开发建设研究

现状调研的结果表明,若对大中小学衔接的生命教育模块课程不加以开发建设,便无法支撑本课题研究的持续推进。而课程的开发建设需要从课程目标、内容、实施、评价等方面着力。具体来说,大中小学衔接的生命教育模块课程的目标确立既需立足生命教育的内在本质,又应结合当前对学生培养的基本价值诉求——核心素养的相关理论;课程内容的确定既需结合国内外关于生命教育的具体课程内容文本,更需立足于杨浦已有的优秀实践案例,在双方互动后加以区本化的调整与重构;课程实施的具体方式则需要考虑生命教育本身对创造性、情境化、体验、探究等多种活动方式的偏向,而不仅仅是单一的学科渗透、专题教育、综合实践活动等方式加以实施;课程评价的价值旨趣应立足目标取向、过程取向、主体取向的几大主流课程评价观,坚持从生命教育课程的自身特点出发加以思考和实践探索。

需要明确的是,杨浦区大中小学生命教育模块课程的开发建设从区域层面来说只是为具体操作的学校校长、教师等课程实施者提供参考,只是上位的引

---

① 谢立欣.三角互证(Triangulation)研究方法在教育学研究中的应用[J].中国校外教育,2013(7).105.

领性表述,绝非千篇一律的刻板内容,在具体的课堂教学实践场域中教师需根据学校校情、学生学情等加以灵活调整。

（3）区域推进生命教育大中小学衔接的实施方式和基地建设研究

虽然本研究致力于在全区范围内整体推进大中小学衔接的生命教育,但这绝不意味着一蹴而就地整体推进,而是试图从部分项目试点校出发,以不同模块课程内容的基地校联盟建设为具体实践抓手,逐步实现全区各校的全覆盖。因此,区域层面需要开展生命教育大中小学衔接的区域推进机制研究,探寻杨浦推进生命教育大中小学衔接的可能切入点,思考改革背后的成效、问题、可改进的方向等,而这就离不开在模块课程开发建设基础上讨论如何在课程实施上实现大中小学衔接,同时建立相应的基地以实现其整体推进。

（4）区域推进生命教育大中小学衔接的教师培训、督导评估和制度建设研究

任何课题研究如若没有充分的组织、制度、人员的保障就不可能顺利进行,因此我们在探讨生命教育大中小学衔接的区域推进机制之后,同时也应着眼区域推进大中小学衔接的生命教育保障机制研究,可能的研究切入口有教师培训、督导评价、制度建设,等等。

（5）区域推进生命教育大中小学衔接的成效研究

需要指出的是,对区域推进"生命教育"大中小学衔接的成效分析应始终贯穿整个研究过程。一方面,基于研究推进的历程,有计划分阶段地对项目的阶段性成效作及时的总结与分析,聚焦推进过程中的经验和有待改进的地方,为下一阶段的项目研究奠定扎实基础;另一方面,在项目结题时,则需要对本课题几年来的研究过程和工作推进情况作全盘梳理与细致总结,主要从区域、学校、教师、学生等不同主体层面全面收集并总结分析研究的理论和实践成果,提炼研究成效。

（三）研究方法

1. 比较研究法

比较研究法是人们在认识活动中根据一定的标准把彼此有联系的各种对象或现象加以对照分析,并确定它们之间的异同关系、共同规律、特殊本质的思

维过程和逻辑推理方法。具体到教育领域，教育比较研究法指的是根据一定的标准对不同时期、不同地点、不同情况下所发生的教育现象、教育理论进行考察、分析、鉴别和整理，从中找出教育的普遍规律和特殊本质，力求得出符合客观实际的结论并运用于教育实践的一种研究方法。① 本研究中比较研究法的运用主要体现在横向上对生命教育起步较早的美国、英国、澳大利亚、日本、中国等生命教育相关研究加以异同分析，以及对立足上海市市情与杨浦区区情在生命教育具体的推进过程中的策略、机制、资源等做异同比较，在纵向上大中小学校如何基于本学段年龄特征、身心发展规律、学校师资力量等开展具体的生命教育课程，并在学段彼此独立找准异同的前提下做整合的衔接式处理。

2. 调查研究法

教育调查研究法是研究者在科学方法论和教育理论指导下，围绕一定的教育问题，通过运用观察、列表、问卷、访谈、个案研究以及测验等科学方式，有目的、有计划、系统地搜集有关教育问题或教育现状的资料，从而获取关于教育现象的科学事实，对教育现象做出科学的认识分析并提出具体工作建议的一种研究方法。② 在具体到本研究中，所使用的调查研究法主要是问卷调查和访谈。问卷调查最主要的是对区域"生命教育"实施现状和课程建设需求的调查。具体包括学生卷、教师卷和家长卷；学生卷是主体，涵盖小学低年级、小学高年级、初中、高中、大学共五个学段。调研对象主要涉及小学（低/高年级）、初中、高中和大学（一、二年级）在校学生、小中各学年段教师和家长。在区域范围内选取具有代表性的小、初、高、大学校学生及其家长和教师样本进行网上问卷调查研究。共采集学生样本 7881 个、教师样本 818 个、家长样本 2594 个，分别从学生所学、所用，教师所教、所感，家长所需、所求入手，调查学生、教师和家长三方对于生命教育的现状感受和潜在需求。分析当前大中小学生生命教育的成长需求、中小学生命教育的问题所在及发展空

①　刘忠政.论教育比较研究法[J].海南大学学报（人文社会科学版）.2008(1)：112-117.
②　岳亮萍.中小学教师怎样进行课题研究（三）[J].教育理论与实践.2008(8)：46-48.

间等。与此同时,通过不定期的走访调研,以基地校联盟的形式或者区域层面总体推进的方式与基层学校校长、教师,社区服务人员,家长代表等进行个别访谈或集体座谈,及时发现研究推进过程中的具体问题和背后成因,集家—校—社等各方力量,共同谋求可能的解决策略,并完善项目的整体设计并推进研究。

3. 行动研究法

行动研究法是指教育工作者和专家共同合作,有计划、有步骤地对教学实践中产生的问题提出具体改进计划,并通过在实践中实施、验证、修正而得到研究结果的研究方法。行动研究贯穿本项目的始终,从杨浦生命教育实施现状中发现的具体现实问题出发,结合对国内外生命教育发展状况的文献梳理和理论述评,进而找准本课题研究的重点关注方向,尝试开发建设符合杨浦区情的大中小学衔接的生命教育模块课程,并思考如何以联合研训基地建设为抓手实现生命教育从试点校到全区各校的整体推进,展开区域推进机制研究。在理论与实践的双向互动过程中不断反思杨浦区域推进"生命教育"大中小学衔接的模块课程会遇到哪些瓶颈问题,在具体的策略、机制建设和运用过程中又会遭到哪些力量的质疑以及可能的问题等,边研究边反思、边调整边研究……如此循环往复,修正原有的理论假设和操作模型,在动态变化过程中谋求研究本身的内在合理性。

4. 个案研究法

个案研究法是对一个个人、一件事物、一个社会团体或是一个社区进行的深入全面的研究。它是一种能够提供对教育问题成因的理解,对动态变化之时空情境条件做适当分析的研究方法。[1] 在本研究中,个案研究法的运用主要体现在对项目试点校实验校的选择上,区德育室整理、搜集、提炼目前基层学校生命教育课程实施的优秀经验,就不同模块课程内容加以分类,形成了由一校主持、多校联盟试点的七大联合研训基地,注重大中小学不同学段之间的衔接,使

---

① 潘苏东,白芸. 作为"质的研究"方法之一的个案研究法的发展[J].全球教育展望. 2002(8):62-64.

每一所联合研训基地的研训活动都成为区域推进生命教育主题课程的典型样例。

（四）技术路线

本研究采用工作与研究相结合的路线加以推进。首先，通过对国内外生命教育发展状况做文献梳理和述评，尤其关注在纵向上大中小学在生命教育的具体实施过程中如何实现不同学段间的有序衔接，同时通过第三方公司调研、走访学校的即时反馈情况、与校长教师的座谈访谈记录等数据文本，在高校专家、第三方调研团队、基层学校、区教育局及教师进修学院等多方力量的共同努力下，实现理论与实践的双向互动，进而明晰杨浦区生命教育实施的基本现状。其次，综合调查研究、比较研究、个案研究和行动研究的研究方法，尝试开发建设符合杨浦区情的大中小学衔接的生命教育模块课程，具体包括学生生涯发展课程、性别教育课程、家庭教育课程、生态教育课程、情绪智力教育课程、户外生存课程、健康安全技能宝典课程等七大类。在杨浦区教育局出台的《杨浦区生命教育课程指导纲要（试行）》的大框架下，各大联合研训基地的教师们群策群力，围绕本模块课程的目标、内容、实施、评价等方面进行思考，以不同模块课程内容的基地校联盟建设为具体实践抓手，在各基地校先试先行后厘清可能出现的各类问题，思考可能的解决策略，继而逐步实现生命教育大中小学衔接在全区的全面覆盖。开展区域推进生命教育大中小学衔接的策略机制研究，可能的工作推进方向有：一是以心理健康辅导中心和体质健康监测中心为依托，推进大中小衔接的生命教育；二是以学生生命教育实践场所的实训基地建设和教师生命教育研修场所的研训基地建设为抓手，落实大中小衔接生命教育的推进路径；三是以师资队伍建设为核心，提升大中小衔接的生命教育实施质量；四是通过督导评估手段激发区域推进生命教育的动力；五是以家—校—社联动为重心建设区域生命教育的保障体系。最后，以调查研究和行动研究为主要研究方法，尝试开展杨浦区推进生命教育大中小学衔接的成效研究，用问卷调研、座谈访谈、案例撰写、走访反馈等方式得以落实。具体如下图所示。

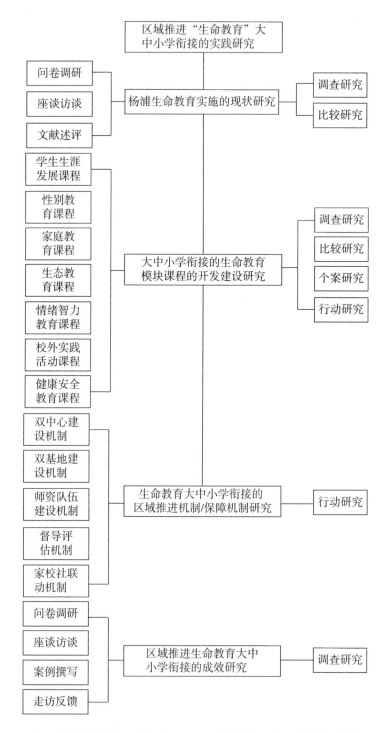

图3 《区域推进"生命教育"大中小学衔接的实践研究》技术路线图

二、研究历程

（一）研究过程的阶段划分

1. 准备阶段（2014 年 4 月—2014 年 8 月）

（1）提出课题，建立区域生命教育专项科研团队；课题申报，制定研究计划，设计研究方案；做好调研，以区域教师研训一体平台为依托，推进生命教育与各学科教育教学工作相渗透的理论学习，编制"杨浦区生命教育三年行动"实践方案。

（2）搜集区域内已有的生命教育的优秀课程、优秀经验，确定理论依据，明确研究实施方案。

（3）建构课题研究总体框架：形成区域生命教育课程开发、生命教育医教结合、生命教育社区教育平台一体化的工作框架。

2. 实施阶段（2014 年 9 月—2016 年 12 月）

（1）调研。对生命教育的现状进行调研，分析当前大学生生命教育的成长需求、中小学生命教育的问题所在及发展空间，汇总、整理、编辑课题研究过程中的各学校、各学科典型的、精品的生命教育实践案例。

（2）提出假设。开发与集结区域内各方力量和课程资源，构建课程框架；提出"区域推进生命教育大中小学衔接"实施方案的设想。

（3）小样本试验。选择某一课程模块，对照"区域推进生命教育大中小学衔接"实施方案进行实践，分析试验效果，修改实施方案。

（4）大样本试验。选择更多的课程模块进行试验，再次修改实施方案。

（5）机制建设。建立区域生命教育工作的教科研整体规划，教育督导部门全程关注、建立健全评价督导等系列机制，同时在区域教育管理工作中明确相关生命教育的各类保障机制。

（6）成果推广。在区域教育管理中检测"生命教育三年行动的实践研究"，对区域学生生命素养、教师教学素养、家长育儿行为、社会认同评价等进行监测，并对相关成果加以推广。

3. 总结阶段（2017 年 1 月—2017 年 9 月）

撰写总课题和子课题的研究报告及相关研究案例，修改并完善研究报告和研究案例;系统梳理已有研究成果和过程中产生的研究资料,汇编课题成果集,召开课题成果评审鉴定会等。

（二）研究过程的内在逻辑确认

1. 研究人员个人修养提升:从"本我"到"超我"

在整个课题研究的过程中,作为一个研究人员如何实现个人在区域推进生命教育大中小学衔接课题中的专业成长,一方面要有意识地发现现实中存在的可能问题,另一方面要加强自身理论学习,避免经验主义。只有这样才有可能实现每一位研究人员从"本我"到"超我"的转型。

2. 目标设计强化现实关注:从"理想"到"现实"

理想总是美好的,我们对于大中小学衔接的生命教育模块课程的开发与实施、评价、保障等都设计了各种各样的蓝图,但是回到现实,我们受到了课时的限制、家长的疑惑、学校的不重视、教师的课程实施能力有限等诸多因素的限制,因此,"生命教育"课题的实施和推进更要关注现实可能性,从理想回归现实,在新形势新问题下重新思考、调整原定方案,提升其操作性和可行性。

3. 生命教育强调"人"的发展:从"理论"到"实践"

从发现问题到确认问题,再到厘清研究思路,尝试模块化课程开发,再到区域推进"生命教育"的各项策略、机制、路径研究等,都离不开理论与实践的勾连互动,在过程中需以"人"的发展为核心价值旨趣,将理论思考结合上海市情、杨浦区情、学校校情、学生生情作个性化设计和实践探索。

4. 工作思路关注"众筹"效应:从"拽动"到"联动"

原来的区域推进更多是区教育局、教师进修学院以行政命令的方式推进,如今的区域推进则更强调区校两级研究人员以平等的身份展开对话、共同开展研究。此外,除去区校两级研究网络的联动,本研究还凸显区教育局不同业务科室之间的联动以及大学和中小学之间的衔接等。

（三）研究思路的理论支撑

1. 迈克尔·富兰的教育变革理论①

变革的范围越广,涉及的层面、单位、人员就越多,且其相互之间的关系如

---

① ［加］迈克尔·富兰.教育变革新意义［M］.赵中建等译,北京:教育科学出版社,2007.

何处理，怎样协同直接影响变革的实施。作为区域推进生命教育大中小学衔接的尝试，我们的实践研究中不仅仅涉及校级层面的行动，还包含区级层面的行动，相关各方中既有区教育局、教师进修学院的行政管理者、一线校长教师，又有广大家长学生，还有大学研究人员、市级专家等，更有社区等其他力量，且彼此之间在利益诉求、观念文化、活动方式等方面既有共同之处，又不乏差异，呈现出参差交错的复杂格局。如何把控好这一格局，关乎变革成败。而在这一方面，加拿大当代著名教育改革专家迈克尔·富兰的理论为我们提供了重要依据和启示。迈克尔·富兰曾对教育变革问题进行了多角度、全方位、深层次的系统研究，尤其是对教育变革的特征、意义、启动、过程、应对、动力、未来等问题进行了深刻的阐述。富兰指出："教育变革的本质是参与其中的个人（教师、管理者、学生及其家长等）和集体（学校、社区乃至国家等）的一种重要的学习经历。它不是一种单一实体的活动，而是一个非线性的、不确定的动态过程，这一过程涉及产生相互影响的所有个人的、课堂的、学校的、地方的、地区的和国家的各种因素。"在启动实施中，每一个人都可以成为教育变革的促进者，学习型个人、学习型组织和学习型社会的构建是推进教育持续深度变革的动力。由于教育变革的过程是复杂的、非预期的，因此需要建立长效的变革支持机制。

基于此，我们坚持在项目研究过程中始终秉持"系统考量、持续推进"的设计思路和实践原则：一方面，变革既然是非单一实体的行动，而是参与其中的所有个人、集体的协同行动，那就需要从所有参与方及其关系的角度予以系统考量。另一方面，变革的非线性、不确定性决定了变革是一场"持久战"，无法毕其功于一役，需要根据每一阶段多方互动形成的新情况及时调整策略加以推进；而只有建立长效的变革支持机制，才能在变革过程给予变革持续动态的支撑。

2. Dan E. Inbar 的教育规划创新理论①

既然本研究是从区域这一变革的中观层面尝试推进生命教育大中小学衔接，就离不开一定的规划设计。而从已有文献梳理来看，对于大学如何与中小学在生

① ［以］英博，等.教育政策基础.史明洁，等，译.北京：教育科学出版社，2003.

命教育上实现贯通衔接仍留有较大研究空间。所以说,如果本研究追求的规划设计在一定程度上指向创新,这又令人感到与规划有矛盾。因为在一般的概念中,规划就意味着要有框架架构,创新则恰恰要求突破条条框框。显然,我们在这里必须寻求一种"不一样"的规划取向,以解决顶层设计的必要性与创新的灵活性之间的矛盾。在这方面,以色列学者英博的理论为我们提供了思路。

在英博看来,人们之所以会把创新与规划对立起来,是由于在传统上通常把规划等同于理性主义的规划。教育规划"曾被看作一个理性的过程,这一过程基于如下的假定,即未来的事情可以规划,计划可以变成行动,并且如果严格地执行计划,那么计划中的目标将会实现"①。如果这样,确实与创新的突破性要求相矛盾。然而规划却不仅有理性主义规划这一种。"为了适应教育创新规划,可以把规划定义为一种反映渴望独创性变革的态度,同时对无序的变革有所准备和一种通过它可以引起变革的策略的形成"。更具体地说,"以创新为目的的教育规划是一个沟通的过程。这一过程是通过大家公认的能够产生变革意图的符号,以含义的交流为基础的过程"②。在此基础上,英博提倡一种"关联性规划策略",即"以独立的计划为基础,以实现共同目标的模块为基础,并且得到一个沟通系统的支持"。③

总体来看,英博的创新策略注重在明晰连贯的愿景下,注重参与,强调赋权,鼓励对话,并通过建立支持系统及沟通网络予以保障,使得教育规划由一个封闭线性的过程转变为开放动态的过程,这对于教育创新的确可以起到集思广益、促进动态发展的效果,对本研究的顶层设计提供了重要参考,我们在实践中尤其注意吸收了其关联规划、多方沟通的思想。

---

① [以]英博,等.教育政策基础.史明洁,等,译.北京:教育科学出版社,2003.
② 同上.
③ 同上.

第二章　生命教育衔接载体：

凸显贯通性的生命教育课程开发

生命教育模块课程开发作为杨浦区推进"生命教育"大中小学衔接的重要载体，横向上凸显贯通的生命教育课程开发策略，纵向上凸显衔接的生命教育课程设计思路。具体来说，在课程开发策略上，强调以学校共同体作为课程开发主体，回应不同学段学生生命发展的需求，汇聚区域力量以保障课程开发的无缝连接。在课程设计思路上，课程目标指向学生生命素养培育，课程内容基于学生学段特点，课程实施凸显学生生命实践需求，课程评价注重学生生命成长体验过程。

第一节　凸显贯通的生命教育课程开发策略

一、以学校共同体作为课程开发主体

德国社会学家藤尼斯曾在《共同体与社会》中指出,共同体是一种真正的共同生活,它融合了亲密情感、目标一致、共同理解、共同参与和享受为一体。亲密情感与共同信仰是联结的真正纽带,个体生活于共同体中并通过共同体实现自身的存在。因此,按照对于共同体的解释,教育领域中的学校共同体,即是拥有亲密情感、共同目标、共同理解、共同参与的学校之间进行协作而形成的团体。越来越多的研究表明学校共同体对于学校发展、教师专业发展以及学生发展起着越来越重要的作用。尤其是在教育资源的共享上,学校共同体发挥着巨大作用。因为每一所学校都拥有不同的资源与优势,而学校共同体的形成有助于这种优势资源的交流与分享,从而提升各个学校整体的教师素质和教育教学质量。

贯通体现在两个方面,一是横向意义上的同学段之间的贯通,例如小学与小学之间的合作;二是纵向意义上的大中小学衔接和贯通。因此,以学校共同体作为课程开发主体就体现为同学段之间的横向合作主体以及纵向合作主体。具体来说:

1. 同学段之间形成的合作主体

同一学段的学校之间的合作,是指大学与大学、中学与中学、小学与小学之间所形成的学校共同体,换言之,是同一学段的校际联合与互动。同一学段的校际联合与互动,对于形成贯通性的生命教育课程来说是极其重要的。这主要是基于对同一年龄阶段学生发展相似性的考虑。这得到了来自心理学研究的证实。例如,皮亚杰将人的认知发展分为四个阶段,包括感知运动阶段(0—2岁)、前运算阶段(2—7岁)、具体运算阶段(7—11、12岁)、形式运算阶段(11、12岁以后)。同样,学生对于生命的理解、感悟,以及希望学习的内容,在不同的阶段也会有很大的不同。因此,同一学段的校际联合与互动是学校共同体的重要组成部分。同一学段的校际联合所形成的共同体,至少可以在以下几个方面为生命教育课程开发与建设作出贡献:(1)实现生命教育课程开发与建设理念的大体一致。由于同一学段学生发展水平的相似性,因此,各个学校制定的课程开发与建设规划应该相应地符合学生的发展水平。同一学段的学校之间联合与互动,有助于学校协调沟通制定符合学生发展水平的生命教育课程开发与建设理念。(2)实现生命教育课程资源共享。由于每个学校都有独特的、个性化的对于生命教育课程的理解,并且各个学校的办学条件、师资水平也存在着巨大的差异,因此,学校与学校之间的互动有助于实现资源的共享与交流,也有助于实现资源的互补。

2. 大中小学之间形成的纵向合作主体

当前,大学、中学、小学各个学段的生命教育内容、层次、形式等方面缺乏一体化的整体规划、系统架构和有效衔接,这无疑割断了学生作为一个整体的人所应该具有的连续性。因为,每一学段的经验必然是汲取了前一学段的经验,也必定会影响后一学段的经验。正如杜威所说:"每种经验既从过去经验中采纳了某些东西,同时又以某种方式改变未来经验的性质。"①因此,以大中小学合作形成的学校共同体为生命教育课程开发的主体,有助于建构一个一体化的、具有连续性的生命教育课程。杨浦区内有众多优质的高等教育学府,如复旦大学、同济大学等。因此,区域内的优质高等教育资源为建立区域内大中小学一

---

① [美]杜威.我们怎样思维·经验与教育[M].姜文闵,译.北京:人民教育出版社,2005:256.

体化的生命教育课程提供了充分的可能性。

通过大中小学之间的联合与互动而形成的共同体,作为生命教育课程开发的主体,需要遵循一个基本的前提,即互相尊重、平等交流。具体来说,大学不能因为自身对于生命有更加专业和更加精细的知识,而轻视或者贬低中学、小学对生命教育课程的理解,而中小学同样也应该尊重和学习大学对于生命教育的理解和建议。只有这样,才能够建构一个从小学到中学、再到大学的一体化生命教育课程。

基于互相尊重、平等交流这一基本前提,形成大中小学共同体,从而建设凸显贯通性的生命教育课程。具体来说,在大中小学衔接的生命教育课程开发与建设上,大中小学之间的协作可以通过建设联合研训基地来实现。具体思路即:一校主持、联盟校组成联合研训基地。联合研训基地是指一些学校形成有关生命教育的特色课程或主题,而其他学校根据其自身的传统与兴趣选择相应的主题,与主持校形成合作关系。联合研训基地既有同学段(即小学与小学,中学与中学)之间的合作,也有不同学段(即大中小学)之间的合作。

大中小学通过联合研训基地,可以协同探索不同学段的生命教育主题,并将其整合成一体化的生命教育课程;可以对不同年龄段的学生有更加清晰的理解,并根据这些不同年龄段的学生特征设计不同的生命教育内容;可以对不同学段的教师进行一体化的培训,使其明确自身在一个学段中的生命教育角色以及能为学生下一学段的发展而提供的帮助。

为了使联合研训基地更好地成为大中小学合作的载体,需要注意以下几项管理要求:(1)健全机构。"区生命教育试点工作领导小组"负责领导与总协调。区教师进修学院各德研员负责对联合研训基地的具体指导。(2)总体规划。各联合研训基地要制定相关课程的联合研训基地建设规划和实施方案,既有长远规划,又有阶段计划,并确定研训内容、时间和试点校,明确实施程序和步骤,明确研训目标,落实保障机制,加强信息和简报工作的交流,每年要有中期工作达标的书面总结汇报,年终自查,并汇报工作达标情况。(3)整合资源。各德研员要整合优质资源,为联合研训基地的活动管理提供平台;充分发挥存在于高校及各学段生命教育的优势;充分挖掘存在于各试点校的生命教育优质教育资源,为联合研训基地提供服务,使之拓展视野,提高生命教育的研修能力;组织各联合研训基地进行展示、交流、研讨活动。(4)研训任务。创建一批在全市有知名度的,既拥有生命教育理念,又具实践成效的生命教育特色课程学校。建立一个区生命教育资源库,各联合研训基地要结合区域大中小学校生命教育一体化试点工作要求确立研究课程,并建立若干个试点校。

与此同时,大中小学联合研训基地的建设也需要注意两个基本原则:(1)结构合理。审核并确保各学段学校的比例和相对成熟与具有特色的学校比例的协调合理,试点校必须是在区域内生命教育领域具有一定影响。(2)统筹协调。由区生命教育试点工作领导小组全面领导,统筹管理各联合研训基地的研训内容和工作进程。在大中小学校生命教育展示与交流、课题研究与文库出版、论坛与研讨、考核与评价等方面予以指导。建立生命教育专家组对联合研训基地工作建言献策、指导策划;给予联合研训基地经费等配套支持;对联合研训基地进行学分认定等相关工作支持;给予各联合研训基地承担动员、审核联盟校过程中的支持等具体管理工作。上下联动,责任到位。

除了联合研训基地能够使大中小学形成共同体外,还可以通过开展以生命教育课程开发和建设为载体的专题研讨会、围绕生命教育这一主题研究建立资源共享网络平台等具体措施来实现。

二、回应不同学段学生生命发展的需求

课程是学生的课程,因此,课程开发应该考虑到学生的发展需求。学生是一个不断发展的整体的人,因此,学生的需求总是在不断变化、不断生成的。著名的心理学家埃里克森曾经提出了人格发展阶段理论,表明人在不同的发展阶段都有着不同的发展需求,也有着不同的发展特征。他认为,人的一生可以分为八个阶段,每个阶段都面临着不同的挑战与难题。具体来说:(1)婴儿期(0—1.5岁)——信任与怀疑,这个阶段的主要任务是满足生理上的需要,发展信任感,克服不信任感,体验希望的实现。(2)儿童期(1.5—3岁)——自主与羞怯,

这个阶段的主要任务是获得自主感而克服羞怯和疑虑感,体验着意志的实现。(3)学龄初期(3—6/7岁)——主动感与内疚感,这个阶段的主要任务是获得主动感和克服内疚感,体验着目的的实现。(4)学龄期(6—12岁)——勤奋感与自卑感,这个阶段的主要任务是获得勤奋感而克服自卑感,体验着能力的实现。(5)少年期和青春初期(12—18岁)——角色同一与角色混乱,这个阶段的主要任务是建立同一感,克服同一感混乱,体验忠诚的实现。(6)青年晚期(18—30岁)——亲密与孤独,这个阶段的主要任务是获得亲密感以避免孤独感,体验着爱情的实现。(7)中年期和壮年期(30—50岁)——繁殖与停滞,这个阶段主要是为获得繁殖感而避免停滞感,体验着关怀的实现。(8)成熟期(60—死亡)——完美无憾与悲观绝望,这个阶段主要是获得完善感,克服失望感、厌恶感,体验着智慧的实现。因此,从埃里克森的人格发展阶段理论来看,学生在不同的发展阶段,对于生命的理解也不尽相同,自身生命发展的需求也不尽相同。因此,生命教育课程开发与建设理应关注不同学段学生生命发展的不同需求。

为更好地推进《杨浦区"学校生命教育区域试点"三年(2014—2016)行动计划》,全面了解区域内大中小学生成长需求及生命教育的现状,我们与思来氏教育测评中心合作开展了"杨浦区生命教育的实施现状与课程建设需求调研",力求打破以经验为主导的现状评估,采集充足的数据,通过数据分析揭示各学段学生生命教育的发展现状,为试点工作的有效实施提供客观的数据依据。为了充分了解不同学段学生生命发展的需求,我们制定了一个涵盖小学低年级、小学中高年级、初中、高中、大学五个学段的学生问卷。在上海区域范围内选取了具有代表性的小学、初中、高中、大学学生样本进行网上问卷式的调查研究,共采集7881个学生样本。

调查研究显示,不同学段的学生在生命素养以及教育需求上是不同的。具体来说,各学段学生在生命素养"知—情—意—行"四个维度上的整体发展变化趋势各不相同:(1)在基础知识方面,随着小学到大学年级的逐渐升高,学生对生命教育基础知识的掌握情况越来越好,知识面逐渐宽阔,能够应对相关知识的考验。值得注意的是初中生在整个学段范围内的知识水平增长的幅度较小,值得重点关注。(2)在基本情感方面,小学生的情感状态相对更为积极向上,随着年级的升高,学生的情感积极正向状态有所下降,并且初中、高中和大学生的情感状态基本维持在比较稳定的状态,起伏不大。由于整体基础分较高,说明在情感状态上处于正常发展状态。(3)在主观态度方面,小学生到大学生整体呈现出"U形"趋势,即小学生和大学生的人生态度和主观立场相对较为积极进步,且小学生的主观态度远远比大学生积极;而中学阶段的初中生和高中生意识倾向不够积极,尤其是初中生群体在整个学段中的水平最低,值得重点关注。(4)在应对技能方面,整体来讲随着学段升高,学生对技能的掌握越来越好。初中生和大学生掌握技能的情况较好,而小学生和高中生对技能的掌握有待提升。特别是高中生,与随着年龄增加,技能掌握得越多越好的整体趋势不一致,表现出小幅度的低谷,主要是学习、人生观、健康、关注政治、规划管理等方面需求的提高。

在教育需求方面,各学段的学生人生大事、生活琐事、社会交往、自我意识四个维度上的表现随着年级的逐渐增高而呈现出了不同的变化态势:(1)在人生大事方面,从小学到初中阶段,在诸如生老病死、事关重大等情况需要抉择判断的需求逐渐增加,而到了高中和大学,需求逐渐降低。可见,初中阶段是重要大事教育的关键需求期。(2)在生活琐事方面,小学低年级和高中年级两个阶段的教育需求较为强烈,而初中和大学方面的需求较低。(3)在社会交往方面,大学生的交往状态整体不够正面积极,需要给予更多的指导和帮助。(4)在自我意识方面,初中生和大学生的意识状态相对不够积极;需要给予更多的指导和帮助。

因此,基于不同学段学生的生命素养和教育需求,生命教育课程开发与建设需要整体架构出大中小学各学段有机衔接、循序渐进、全面系统的生命教育内容体系,以回应不同学段学生生命发展的不同需求。

三、汇聚区域力量以保障课程开发的无缝衔接

有关课程开发尤其是校本课程普遍存在着学校孤立行军、自说自话的现实问题……而要建设大中小学衔接的一体化生命教育课程,则需要利用一切区域

力量来保障大中小学之间的互动与合作,进而保障生命教育课程的一体化。这些区域力量包括了以下几个方面:

(一)教育行政部门为一体化的生命教育课程建立服务机制

教育行政部门需要整体规划区域生命教育课程,在经费投入、条件创设、资源配置等方面进行统筹安排,围绕下列机制的建设开展工作:一是建立生命教育课程开发的培育激励机制,鼓励各学校从本校学生的生命成长需求及学校办学特色需要出发,遵循课程纲要的要求,积极建设不同主题并且贯通大中小学的生命教育课程。二是推进区校联动的生命教育课程共享机制,建立生命教育课程的网络共享平台,遴选各学校开发的优秀生命教育课程上传至网络平台,供区内其他学校选择借鉴,以节约课程开发成本,提升区域生命教育课程质量,推进区域教育均衡发展。三是建立生命教育课程师资培训机制,以生命教育课程开发者为主体,同时引入专业团队,建立较为稳定的生命教育师资培训队伍和培训基地,并逐步建设生命教育师资培训课程,对承担生命教育课程的师资开展定期培训。四是强化区域生命教育课程资源的整合机制,充分挖掘区域课程资源,建立各类生命教育实训场馆或基地,强化管理协调与资源统配,为区域推进生命教育课程建设提供强有力的资源支撑。五是建立区域生命教育课程实施督导评估机制,由督导部门负责开发生命教育课程实施的评估标准,对区域生命教育课程的实施状况开展专项督导,以导促建,为区域生命教育课程建设提供专业支持。

(二)教师进修学院等专业部门为一体化的生命教育课程建设提供专业指导

区教研室、德育室和科研室作为生命教育课程事务的专业指导机构,需要积极开展生命教育科研课题和教学研究工作,为各学校建设生命教育课程提供专业指导与服务。教德、科研部门推进生命教育课程建设的机制主要包含两个方面:一是建立区域内校际联动的团队式教研机制。由教研员牵头,组织以共享课程联盟为载体的教研团队,借助跨校的教研联合体开展生命教育课程开发的校际研讨和分享活动,以帮助生命教育课程在大中小学实现贯通和一体化。二是督促学校建立健全生命教育课程的校本研修机制。生命教育校本研修活动也需要从整体角度来设计,教师进修学院等部门需要指导学校制定生命教育课程校本教研制度,同时,为中小学的生命教育校本研修引入高等院校的力量,实现生命教育校本教研的大中小学一体化。

(三) 高等教育机构是一体化的生命教育课程建设的重要组成部分

高等教育机构是一体化的生命教育课程开发的重要组成部分,杨浦区的各高校应该承担对接生命教育各大模块课程研究工作,并积极推进与中小学相衔接的高校生命教育课程。因此,高校与各个中小学应该就一定的主题开展项目合作,使大中小学之间的生命教育课程得到有效的衔接。例如,大学的医学院能够为生命教育课程建设提供丰富的专业知识和课程资源,也有利于建设大中小学一体化的生命教育课程。

与此同时,高等教育资源能够为生命教育课程开发与建设提供教育研究等方面的专业团队。杨浦区的生命教育课程开发与建设,就需要充分利用高校的专业力量支持,例如区域内的复旦大学、同济大学、上海理工大学等,以及上海市内的华东师大、上海师大等高校,就能够为生命教育课程开发与建设提供课程建设方面的专业团队,并在生命教育课程实施的过程中提供浸润式的指导。

第二节 凸显衔接的生命教育课程设计思路

一、指向生命素养培育的课程目标

(一) 指向生命素养培育的课程目标建设依据

指向生命素养培育的生命教育课程目标架构,主要的理论依据是:道德教育理论、核心素养理论、生命教育理论。

1. 道德教育理论

从人的品德结构来看,它包括道德观念、道德情感、道德意志和道德行为四个要素。品德的发展由知、情、意、行四者构成,因此培养学生品德的过程即是对学生进行知、情、意、行四种品德因素培养使其协调发展的过程。知,即道德认识，是人们对是非善恶的认识和评价，包括道德知识及据此做出的道德判断。道德认识是品德形成的基础。情，即道德情感，是对客观事物做是非、善恶判断时引起的内心体验，是知行转化的催化剂。意，即道德意志，是为了实现道德行为所做出的自觉而顽强的努力，是调节品德行为的精神力量。行，即道德行为习惯，是衡量一个人品德水平的重要标志。德育过程的一般顺序可以概括为提高道德认识、陶冶品德情感、锻炼品德意志和培养品德行为习惯。但由于社会生活的复杂性，德育影响因素的多样性，品德的发展具有多种开端，即不一定遵守知、情、意、行的一般教育顺序。但总体而言，"知"是基础，"行"是关键，德育过程旨在使学生在知、情、意、行四方面全面、和谐、协调地发展。

借鉴上述德育过程的四个要素，我们将生命教育课程目标框架确定为生命认知、生命行动和生命情意。之所以又将其分解为四个维度，是因为就道德认识而言，不仅包含道德知识，更包含道德判断。回顾学校道德教育领域中几种有代表性的、可供人参照操作的道德教育模式，比如道德认知发展模式、价值澄清模式、体谅模式和社会行动模式等，可以发现影响较大的几种道德教育模式都强调了道德判断的重要性。

以道德认知发展模式为例，该模式是美国道德心理学家劳伦斯·科尔伯格在皮亚杰的认知心理学的理论基础上，根据其道德心理发展理论提出并建立的。科尔伯格认为，道德教育绝不是背记道德条例或强迫纪律，而是促进道德认知水平的发展，而道德认知水平的发展是以"激发儿童的道德问题和道德决策进行积极的思考为基础的"，由道德困境激发道德冲突，从而达到一定的道德行为选择是发展道德判断水平的重要条件，儿童不参与社会活动、道德行为，就不可能进行道德判断活动，也就不能促进道德发展。可见，道德认知发展模式十分强调儿童的道德判断能力。在道德教育的方法上，科尔伯格和他的同事运用道德两难问题讨论法诱导学生产生道德认知冲突，激发学生辩证思考的主动性和积极性，学生之间各抒己见，促进认识的深化，接触更加充分的推理方式，特别是接触那些比自己道德判断力更高一级的推理方式，目的也是促进学生道德判断水平的提高。

再以价值澄清模式为例,它是美国道德教育理论家路易斯·拉斯等人所倡导的道德价值观教育模式。他们认为:现代生活的步调和复杂性使决定何者为善,何者为正确,何者是有价值的问题变得更为困难,以至相当数量的儿童在确定什么是有价值的事情,哪些事情值得自己花时间和精力去行动等问题上倍感困惑。加之当今社会,学生的价值观受到许多传播媒介的影响,这些各式各样的影响使得学生的价值观念陷入混乱,帮助学生正视各种影响,从而树立起自己的价值观是学校的一个重要责任。传统的价值教育往往通过榜样、说服、制定规则等方法教育儿童应该相信什么和树立怎样的价值观。但是,当教师在向学生传授他们认为是正确的道德价值观时,学生同时也在受其他价值观念的影响,这种试图把某种价值观强加给儿童的结果,只能使学生要么"进一步陷入混乱",要么"他们长大以后只知道假装相信某种道德价值观念"。因此,该模式认为,价值从根本上是个人的而不是社会的,道德价值观念是不能也不应该传授给别人的,教育不能强令儿童应该具有什么价值。学校道德教育的作用在于训练学生,使其掌握做出价值判断和价值决策的方法,通过分析和评价手段,减少价值混乱,促进同一价值观的形成,从而发展学生思考和理解人类价值观的能力。可见,价值澄清模式的核心,也是指向学生的道德价值判断能力的发展。

综上所述,注重发展学生的道德判断力是当代学校道德教育的重心之一,它有助于改变背记知识、注重说教和成人化的传统道德教育方式,使学生通过对复杂社会问题的判断深化对道德问题的理解和提高道德行动的自主性。因而学生的"判断与决策"作为重要的目标之维在生命教育课程中获得强调。

2. 核心素养理论

生命教育的终极追求是提高学生认识与了解生命、珍爱与享受生命、提升与完善生命方面的核心素养。素养是个体为了健全发展,并发展成为一个健全个体,必须因应社会之复杂生活情境需求,所不可或缺的知识(knowledge)、能力(ability)、态度(attitude)。① 它是由知识、实践技能、动机、伦理价值、态度、情

---

① 蔡清田.“核心素养”:新课改的目标来源[N].中国社会科学报,2012 - 10 - 10.

感和其他社会行为要素构成的联合体,只有这一联合体协同运作时才能成就因应复杂生活情境的有效行动。① 核心素养是指学生借助学校教育所形成的解决问题的素养与能力,②它是"一组统整的知识、能力及态度""是关照学习者可结合运用于生活情境,强调其在生活中能够实践的特质"。③

根据核心素养理论所述,生命教育的核心素养应该是学生通过接受生命教育所形成的与解决生命相关问题有关的知识、能力和态度。显然,这种划分在实质上与上述人的品德结构——道德认识、道德行动和道德情意存在某种对应性。

因此,基于道德教育理论和素养理论将生命教育课程的目标分为四类:概念与原理、判断与决策、探究与行动、态度与责任。尽管四者具有逻辑上的层次性,但在学生发展上体现为整合性。

3. 生命教育理论

生命教育课程在目标的确立和建构上,大体有三种方式:第一种方式是从生命教育涉及的主题来确定生命教育课程的目标。例如,从生与死、身与心、健康与疾病、生存与发展等方面来确定具体的生命教育课程目标。这种确立生命教育课程目标的方式,很容易将彼此之间的关系割裂开来,造成顾此失彼。第二种方式是从生命的构成来建构生命教育课程目标。例如,从自然生命、社会生命、精神生命等来建构生命教育课程目标。这种确立生命教育课程目标的方式,同样容易将学生整体生命割裂开来。第三种方式是从生命关系的角度建构生命教育课程目标。例如,从生命与自然、生命与社会、生命与自我的关系出发来建构生命教育课程目标。这种确立生命教育课程目标的方式,就体现了对学生作为一个生命整体的尊重。

① Alejandro Tiana, José Moya& Florencio Luengo. Implementing Key Competences in Basic Education: Reflections on Curriculum Design and Development in Spain [J]. European Journal of Education,2011,46(3):307-322.

② 钟启泉.核心素养的"核心"在哪里? [N].中国教育报,2015-04-01.

③ 蔡清田.从课程学理论基础论台湾地区课程纲要的发展趋势[J].全球教育展望,2011(3):34-38.蔡清田."核心素养":新课改的目标来源[N].中国社会科学报,2012-10-10.

随着生命教育研究的深入发展,有关生命教育的理论越来越重视学生生命的完整性和整体性。学生生命的发展,是与自然、社会、自我紧密联系在一起的,囊括了知识、能力、态度等多个维度。因此,生命教育理论关注学生的生命认知、行动和情意的一体发展。

综上所述,在道德教育理论、核心素养理论、生命教育理论的基础之上,生命教育课程确定了指向生命素养培育的课程目标。

(二) 生命教育课程的目标

在道德教育理论、核心素养理论、生命教育理论的基础之上,确定生命教育课程的总体目标是培养认识与了解生命、珍爱与享受生命、提升与完善生命的个体,以促进其生命素养的发展。从素养的视角出发,生命教育课程的总目标指向学生生命知识、能力和态度的整合,关注学生生命认知、行动和情意的统一。各年段的分目标采取"内容维度+分类目标"的二维表述方式。其中,内容维度确立为生命与自然、生命与社会和生命与自我三大板块,分类目标则划分为概念与原理、判断与决策、探究与行动和态度与责任四个方面。其中前两者对应认知层面的目标,后两者则分别对应行动和情意层面的目标。基于此,生命教育课程的目标阐明了不同学段的生命教育内容期望学生达到的学习结果或行为表现。在编制过程中,我们以目标的清晰性、准确性以及大中小学的衔接性为原则,期望目标能够为生命教育课程的设计、实施及评价提供指导。具体来说,生命教育课程的分类目标是:

(1) 概念与原理:理解并掌握与"生命与自然、生命与社会和生命与自我"相关的基本概念和原理。

(2) 判断与决策:搜集并分析与"生命与自然、生命与社会和生命与自我"相关的信息,并在此基础上做出明智的判断和决策。

(3) 探究与行动:参与"生命与自然、生命与社会和生命与自我"相关议题的探究,并采取适当方式开展生命行动。

(4) 态度与责任:形成对待"生命与自然、生命与社会和生命与自我"议题的正确态度和价值观,承担生命对自然、社会和自我应尽的责任。

基于此,小学、初中、高中和大学生命教育课程的学段目标如下:

年段	目标维度	生命认知		生命行动	生命情意
		概念与原理	判断与决策	探究与行动	态度与责任
1—2年级	生命与自然	·初步认识自然世界以及人与自然的相互依存关系。	·能对周围人们对待自然的行为方式是否恰当做出判断。	·运用各种感官体验感知大自然的美,并能通过语言、文字、图画等形式予以表达交流。	·初步形成热爱自然、保护自然的意愿。
	生命与社会	·初步了解并遵守家庭生活、学校生活中的基本规范。 ·初步了解日常生活中的安全常识,掌握基本的防范技能。	·辨别个人行为是否符合家庭生活和学校生活的基本规范。 ·初步识别身边的危险源,知道何时需要寻求他人的帮助。	·体验并分享有序的家庭生活和学校生活带给自己的美好感受。 ·学习并演练防范常见危险的基本方法。	·具有基本的规则意识,自觉自愿遵守家庭、学校生活中的基本规范。 ·具有初步的安全意识,关注身边可能存在的风险,自觉参与安全演练。
	生命与自我	·初步了解人体的基本构成,知道科学的个人卫生、饮食和作息知识。 ·了解男女性别差异,知道哪里是自己身体的隐私部位,了解正常的身体接触与限度。	·分辨自己的卫生、饮食和作息习惯是否科学合理。 ·辨别别人接触自己隐私部位的意图是否正当,知道何时及如何向家长或其他值得信赖的人寻求帮助。	·制定简单、科学的个人作息、卫生和饮食行动计划并执行。 ·分享、交流保护自己隐私部位的方法并在需要时懂得如何运用。	·认同良好的个人生活习惯的重要性,并据此关心或提醒他人。 ·具有保护自我隐私部位的意识,并在交往中避免碰触他人的隐私部位。
3—5年级	生命与自然	·进一步了解大自然生物的同一性、多样性及适应性。 ·了解基本的生态原则,并说明人与大自然和谐共生的关系。	·辨识人们的行为是否有利于保护大自然。 ·做出自身保护环境的承诺。	·通过与大自然的多样化互动,感受生命成长的内在力量,体察人与自然的和谐关系。 ·在日常生活中做出有利于保护自然环境的力所能及的行动。	·具有参与环保行动的愿望,主动、愉快地参与学校与社区的各类环保活动。 ·鼓励他人做出有利于环保的选择。

（续表）

年段 目标维度		生命认知		生命行动	生命情意
		概念与原理	判断与决策	探究与行动	态度与责任
3—5年级	生命与社会	·初步了解家庭成员、朋友等社会关系的性质及相互之间的权利和责任。 ·认识社会安全类突发事件的危害和范围，掌握防范和处理的技能。	·识别良好的家庭关系、朋友关系、异性关系，分辨有利于良好关系的行为。 ·辨识社会环境中导致意外发生的危险因素，并提出防止受到伤害的措施。	·反思家庭和学校生活中的关系现象，探究其合理性和改善途径。 ·探索安全隐患存在的成因，并演练正确处理这些隐患的方式。	·主动、愉快地承担自身作为家庭成员、朋友的义务。 ·有意识地关注或提醒他人生活中潜在的社会安全隐患，乐于展现安全的行为方式，积极践行减少或避免危险的方法。
	生命与自我	·正确描述人体主要器官的功能，了解健康的一般含义。 ·增强性别意识，学会接纳自己的性别特征，避免性别歧视。	·分辨自身身体状况、生活方式是否健康，并对其做出恰当的调整。 ·辨别自我或他人对性别差异的态度是否恰当。	·简单调查周围人们的行为习惯，分析其是否健康。 ·调查了解不同人对性别差异的态度，形成健康的性别观念。	·接受科学的健康观念，并愿意向身边的人们进行宣传。 ·接受正确的性别观念，并愿意向身边的人们进行传播。
初中	生命与自然	·了解各种自然资源的开发利用情况及其对环境的影响。 ·知晓国内的环境法规与政策的基本内容。	·分析家乡周围自然资源的开发状况，掌握周围环境的基本生态。 ·辨别周围的自然资源开发及社会生活现象是否符合环境法规、政策规定，并提出改进建议和对策。	·围绕身边的环境和资源问题开展有计划的调研并分享结果。 ·积极参与学校社团或社区的环境保护活动。	·接受环保政策、法规的原则、规定，并愿意对他人进行宣传。 ·乐于在自发或有组织的环保公益活动中承担力所能及的工作。

（续表）

年段 \ 目标维度		生命认知		生命行动	生命情意
		概念与原理	判断与决策	探究与行动	态度与责任
初中	生命与社会	·了解基本的社会性交往技能,正确地看待友谊与爱情。 ·认识了解社区里的公共设施和社区机构及其职能,以及作为社区成员的基本规范、权利和责任。 ·初步掌握基本的法律常识及其意义。	·辨别友情与爱情,以及与人交往中的常见问题,知道恰当的处理方式。 ·明确社会基本规范和准则对公共生活的意义,并做出遵守基本规范的承诺。 ·明辨依照法律处理公共生活的独特性,并做出遵守法律的承诺。	·就常见的交往问题进行分享、讨论、交流,探讨合适的处理方式。 ·积极参与社区服务活动,了解社区,发展服务社区的能力。 ·就常见的法律事件展开讨论,探讨法律在解决社会事务中的作用。	·乐于与他人交往,接受不同个体有不同的个性特点。 ·乐于向他人分享社区服务经验,发起或参与发起社区服务活动。 ·认同法律调节社会关系的必要性和重要性。
	生命与自我	·了解青春期期间男女在身体、社会、认知和情绪等方面的改变。 ·认识并阐述健康的完整内涵,了解生活方式与健康的关系,知道保持生理、心理、情绪健康的基本方法。 ·正确认识个人优缺点,悦纳自我,形成积极的自我认同。	·分辨自身在青春期发生的变化是否正常。 ·辨明自身生活、学习方式是否健康,知道哪些方式需要调整。 ·分析自己的兴趣、性格特征,对自身有恰当的认识。	·就青春期中遇到的问题进行坦诚的、建设性的交流,探索恰当的处理方式。 ·分析生活中有利于和不利于健康的因素,并能恰当应对。 ·尝试在分析个人兴趣、性格特征的基础上设计自我生涯规划。	·愿意向他人分享应对青春期身心变化的有效方法并鼓励大家共同践行。 ·接受、认同全面的健康观和健康生活方式的重要性。 ·接受、认同结合个人兴趣、性格特质规划人生的重要性,并鼓励他人共同尝试进行生涯规划。

（续表）

年段	目标维度	生命认知		生命行动	生命情意
		概念与原理	判断与决策	探究与行动	态度与责任
高中	生命与自然	• 阐述可持续发展观的内涵，及走可持续发展之路的重要意义。 • 关注全球性的环境议题，了解重要的国际环保公约、环保组织。	• 辨别国家、地方层面有利于和不利于可持续发展的因素。 • 思考全球性环境议题的价值，明确自身在全球性环境中应承担的角色。	• 对涉及全球性环境议题和可持续发展战略的问题展开较为深入的探究，并在不同范围内交流探究结果。 • 在力所能及的范围内制定并执行环保行动方案和计划。	• 坚信可持续发展观，乐于通过多种方式宣传推广可持续发展观。 • 坚信每个人都负有应对全球性环境议题的责任和义务。
	生命与社会	• 知道爱情与婚姻的区别和联系，了解婚姻中双方的权利和义务，学会处理人际交往中的冲突和矛盾的方法。 • 描述公民的概念、意义及其权利和义务，并了解日常生活中与人权有关的基本问题。 • 了解我国的政治体制与机构设置。 • 熟悉常见的法律法规及其对社会生活的意义。	• 分辨与异性交往方式的恰当与否，识别处理人际交往中冲突与矛盾的适当方式。 • 辨析作为一名负责任的公民应有的行为。 • 明晰我国政治体制和机构设置的意义。 • 分析常见的法律法规对个体生活和社会生活的意义。	• 分享、交流人际交往，包括异性交往中常见问题的恰当处理方式。 • 观察、分析、体验模拟或真实情境中的公民参与活动。 • 比较我国与其他国家的政治体制与机构设置的异同，增进国家认同感。 • 多渠道整理、分析、探讨关于自身权益的法律法规，并探索其运用于解决自身问题的方法。	• 乐于与家长、同伴、教师分享、交流人际交往中的问题和经验。 • 关注并积极参与有关公共事务的讨论和行动。 • 乐于向他人解释我国政治体制与机构设置的特征，增进他人对国家的认同。 • 确信法律是争取保障自身及他人权益的合理途径。

（续表）

年段 \ 目标维度		生命认知		生命行动	生命情意
		概念与原理	判断与决策	探究与行动	态度与责任
高中	生命与自我	·了解何为健康的性行为与性关系;知晓并能尊重不同的性取向;了解正确的避孕方法。 ·正确看待他人对自己的评价,增进积极的自我认同;了解生命的唯一性、不可重复性等。 ·了解个人发展与生涯规划的关系,掌握生涯规划基本技能,正确处理闲暇生活和学习生活之间的关系。	·辨别特定性行为与性关系的安全与风险,选择恰当的处理方式。 ·辨析不同生命观的合理性,正确看待他人对自己的看法。 ·辨别影响职业生涯选择规划的重要个人特质。	·讨论分析现实生活中与性伦理有关的社会现象,形成自己的合理观点。 ·搜集体现不同生命观的事例,并分享交流自己的看法,澄清有意义的生命特征。 ·探索、制定适合自己的科学合理的职业生涯规划。	·接受并认同健康的性伦理观。 ·坚信合理的生命观对于个体生命质量的意义和价值,乐于传播积极健康的生命观。 ·接受并确信符合个人特质的职业生涯规划对于个人发展的价值和意义。
大学	生命与自然	·概述全球生态危机的特征表现、现状、保护措施及其背后的生态伦理。 ·了解人类与环境关系的发展轨迹及当代全球性环保政策与行动。	·辨析我国环保政策、行动在全球生态治理中的地位、作用。 ·评估当前环境政策、行动对于未来环境变化的可能影响,并提出建议。	·批判性思考、探究地区性和全球性的环境现象或环境问题。 ·设计适应未来环境发展变化趋势的环保政策或行动方案,并积极倡导实施。	·认同并确信我国环保政策、行动与世界环保政策、行动的紧密关系。 ·形成自身负有参与国家及全球环保行动责任的价值观。

（续表）

年段 \ 维度 \ 目标	生命认知		生命行动	生命情意
	概念与原理	判断与决策	探究与行动	态度与责任
大学 生命与社会	·了解全球化的进程及其特点，知道全球化时代对于人才素质的基本要求。 ·阐明文化多样性的含义，形成对文化多样性及其社会意义的理解，增强文化自觉。 ·了解重要的国际组织及其关注的主要议题，熟悉其运作方式。	·辨别全球化时代与以往历史时期的不同。 ·判断文化多样性的价值和意义，并做出尊重文化多样性和平等对待的承诺。 ·明晰国际组织对解决国际重要议题所发挥的价值和作用。	·反思个体行为与作为全球公民应有的行为之间的差距，谋求自我改进。 ·探讨全球化影响下本土文化与外来文化的关系。 ·考察、模拟国际组织的运作方式，并就相关国际议题展开探讨，提出自己的观点。	·认同自身作为全球公民应承担的责任和应采取的行为。 ·形成理解、尊重、保护、发展多元文化的价值观。 ·乐于与他人分享自己关于某些国际议题的观点，并参与某些国际组织发起的活动。
生命与自我	·了解正确积极的性价值观与性道德观。 ·认识死亡概念的内涵与发展，理解临终关怀与悲伤辅导的基本理念；理解提升生命价值的意义和方法。 ·理解个人生涯发展与社会发展、国家发展的关系。	·辨析有关性取向、性伦理、性道德的多元观点，并提出自己的看法。 ·辨析对死亡的认识与对生命价值认识之间的关系。 ·恰当评估个人生涯规划中个人、社会、国家发展之间的关系的处理并做出改进。	·探索多元视角下不同性伦理观、道德观背后的价值与文化意涵，并形成自己的合理认识。 ·调查、比较不同文化中的生死观并形成自己的合理看法。 ·探究平衡个人发展、社会发展和国家发展的生涯规划制订及完善方法。	·形成健康科学的性伦理观、道德观。 ·确信生死课题对于人生议题的重要价值。 ·坚信平衡个人、社会和国家发展对于成功规划人生具有重要意义。

二、基于学段特点建构无缝衔接的课程内容

如前所述，生命教育课程的价值观或者总体目标，是培养认识与了解生命、珍爱与享受生命、提升与完善生命的个体，以促进学生生命素养的发展。生命教育课程的这一目标，主要是基于对人的整体性的认识——人、自然、社会是一个有机统一的整体。这个有机体化入每一个体的精神世界，形成自然性、社会性、自主性交融一体的人。因此，人的发展是人的自然性、社会性、自主性的健全发展。而课程内容的架构，"是根据特定的教育价值观及相应的课程目标，从学科内容、当代社会生活经验或学习者的经验中选择课程要素的过程"。因此，生命教育课程内容的架构，必须满足人的自然性、社会性、自主性的整体发展需求。

架构生命教育课程内容需要围绕着人的自然性、社会性、自主性，这与课程理论的发展趋势是分不开的。许多教育家都曾对课程内容建设的依据或者向度提出过富有洞见的理解。例如，卢梭认为，课程内容的来源是儿童、自然、社会、知识。而杜威则以其经验自然主义哲学统一了儿童、学科知识、社会三个向度。至20世纪五六十年代，拉尔夫·泰勒将学习者、社会生活、学科知识确立为课程内容的基本来源。但是泰勒的科学化课程开发理论彻底地忽视了自然这一维度，因而造成了课程内容的程序化、机械化。自20世纪70年代以来，出现了许多具有人本主义倾向的课程理论，在课程中重新强调人的价值。由此课程内容的建设上出现了一些特征，例如，对儿童自我的重视，重新确立自然这一维度在课程开发与建设中的独立价值等。由此看来，课程内容建设的基本趋势是关注自然、社会、自我等维度的独特价值。

而纵观生命教育课程内容的建设思路，大体上有三类：(1)用生命教育涉及的大主题架构生命教育课程内容。例如，将生命教育内容分为生与死的维度、身与心的维度、健康与疾病的维度、生存与发展的维度。[①] (2)按照生命构成架构生命教育内容。例如，生命通常可分为自然生命、社会生命、精神生命，生命

[①] 张美云.生命教育课程设计之思考[J].教育科学研究,2006(3):27-30.

教育内容则相应地分为自然生命教育、社会生命教育、精神生命教育。[①] (3)从生命关系的角度架构内容。例如,从生命与自然、生命与社会、生命与自我三重关系的角度架构内容(上海中小学生命教育指导纲要,2004);或从生命与自我、生命与自然、生命与社会、生命与他人四重关系的角度架构内容。[②] 对于上述课程内容建设的三类方法,我们认为,由于生命教育内容非常庞杂,采用第一类方法容易顾此失彼,且其中的逻辑关系很难把握,不利于课程组织;第二种方法则易受割裂整体生命的质疑和诟病;相对而言,第三类方法既具有很强的逻辑性,又照顾到了生命的完整性。关于"生命与他人",我们认为可以将其包含在"生命与社会"之中。因此,在促进学生生命素养整体发展的总目标之下,围绕学生的生命发展需要,我们按照生命与自然、生命与社会、生命与自我这三个板块,从生命关系的角度出发建构生命教育课程内容。

(一) 生命与自然的关系

生命教育课程内容强调生命与自然的关系,即生命教育课程内容应该向自然开放,强调人与自然的持续交往,人作用于自然也守护自然,由此生成人的健全发展的自然性。因此,该条线索涉及人与自然、环境之间的关系,旨在引导学生通过亲近自然,尊重生命的多样性,珍惜生存的环境;关怀自然界的生命,培养热爱自然的情怀,实践保护环境的守则;直面生存危机和可持续发展的挑战,以维持一个永续生存的自然生态环境。

(二) 生命与社会的关系

生命教育课程内容强调生命与社会的关系,是指生命教育课程内容应该回归生活世界,强调人与社会、与生活融为一体。该条线索涉及家庭生活、社会公共生活、环境与安全、爱情与婚姻、全球公民与伦理、文化多样性等议题,旨在引导学生了解生命成长的社会环境,直面社会生活的多元挑战;开展和谐的人际

---

① 冯建军.走向道德的生命教育[J].教育研究,2004(6):33-40.
② 王北生.论教育的生命意识及生命教育的四重构建[J].教育研究,2004(5):37-38.

互动，发展良好的道德情操和社会观念；关怀并帮助需要帮助的人，承担应有的社会责任。

（三）生命与自我的关系

生命教育课程内容强调生命与自我的关系，是指生命教育课程内容应该自我开放，关注人与自我的关系，强调人的自我反思与体验。该条线索涉及身心健康教育、性教育、死亡教育、生涯规划等议题，旨在引导学生掌握性及健康生活的基本常识，形成健康的生活方式；对生与死有充分的认识与体悟，积极思考人类存在的意义与价值；理清自己的人生方向，建立正确的人生观与价值观，发展潜能，达成自我实现。

生命与自然、生命与社会、生命与自我三对关系既相对独立、又在整体上有机统一。因此，这三对关系作为生命教育课程内容组织起来的时候，应该体现独立且整体的精神。

如前所述，埃里克森提出了人格发展阶段理论，讨论了人在不同发展阶段有着不同的发展特征，以及不同的发展需求。因此，围绕着生命与自然、生命与社会、生命与自我三个主题模块，根据小学（低年段和高年段）、初中、高中、大学的学生的不同发展特征，我们建构了基于学段特点的大中小学衔接的生命教育课程内容。具体如下：

课程内容板块	学段	年级	具体内容
生命与自然	小学	1—2年级	（1）自然世界以及人与自然的相互关系； （2）有关人们对待自然的行为方式； （3）有关大自然美的感知； （4）热爱自然、保护自然的意识。
		3—5年级	（1）自然生物的同一性、多样性及适应性以及基本生态原则，以及人与自然和谐共生的关系； （2）有关人们对待自然的态度和行为方式以及自己对保护环境的承诺； （3）与自然互动从而体察人与自然的和谐关系以及在日常生活中保护环境的行动； （4）环保行动的参与以及对他人环保行为的鼓励。

（续表）

课程内 容板块	学段	年级	具体内容
生命 与 自然	初中	6—9 年级	（1）自然资源的开发利用情况及对环境的影响以及国内环境 法规与政策的基本内容； （2）家乡自然资源开发状况,对资源开发情况是否符合法律法 规的判断以及做出改进和建议； （3）调研身边的环境和资源问题,参与学校社团或社区的环境 保护活动； （4）接受并宣传环保政策和法规,承担环保公益活动。
	高中	10—12 年级	（1）可持续发展观及其意义,全球性环境议题以及国际环保公 约和组织； （2）可持续发展的因素,全球性环境议题的价值以及自身承担 的角色； （3）全球性环境议题和可持续发展战略问题等内容的深层次 探究,以及制定和执行环保行动方案与计划； （4）相信和宣传可持续发展观,以及每个人对全球性环境的义 务与责任。
	大学		（1）全球生态危机的现状与表现、保护措施和背后的生态伦 理,以及人类与环境关系的发展轨迹和当代全球性环保政策与 行动； （2）我国环保政策、行动在全球生态治理中的地位、作用,当前 环境政策、行动对于未来环境变化的可能影响； （3）地区性和全球性环境现象与环境问题,设计适应未来环境 发展变化趋势的环保政策或行动方案,并积极倡导实施； （4）对于我国环保政策、行动与世界环保政策行动紧密关系的 认同和确信,以及自身参与国家及全球环保行动责任的价 值观。
生命 与 社会	小学	1—2 年级	（1）家庭生活、学校生活基本规范的初步了解与遵守,日常生 活中安全常识、防范技能的初步了解； （2）对个人行为是否符合家庭生活和学校生活基本规范的辨别, 对于身边危险源的识别以及对寻求他人帮助的方式的了解； （3）有序的家庭生活和学校生活带给自己的美好体验,对于防 范常见危险的基本方法的学习和演练； （4）基本的规则意识,对于家庭和学校生活中基本规范的自觉 遵守,以及基本的安全意识,对身边可能存在的风险的关注和 演练。

（续表）

课程内容板块	学段	年级	具体内容
生命与社会	小学	3—5年级	（1）对家庭成员和朋友关系的性质、权利和责任的了解,对于安全突发事件危害和范围的认识以及防范和处理的技能; （2）对于良好家庭关系和朋友关系的识别,有利于良好关系的行为的分辨,以及社会环境中导致意外发生的危险因素及其防御措施的了解; （3）家庭和学校生活中的关系及其合理性和改善途径,各种安全隐患存在的原因以及正确处理这些隐患的方式; （4）自身作为家庭成员和朋友的义务,对于生活中潜在的社会安全隐患的有意识关注,减少或避免危险的方法。
	初中	6—9年级	（1）社会交往技能以及友谊和爱情,社区的公共设施以及社区机构及其职能,作为社区成员的基本规范、权利和责任,基本的法律常识和意义; （2）与人交往中的常见问题以及恰当的处理方式,基本社会规范和准则对公共生活的意义以及对于基本规范的遵守,依照法律处理公共生活以及遵守法律; （3）常见交往问题的交流以及处理方式,社区服务活动的参与以及服务社区能力,常见的法律事件探讨以及法律在解决社会事务中作用的探讨; （4）不同个体的个性特点的尊重,社区服务经验的分享,社区服务活动的发起,认同法律调节社会关系。
	高中	10—12年级	（1）爱情与婚姻的区别和联系,婚姻中双方的权利和义务,人际交往中的矛盾处理的方法; （2）与异性交往方式,处理人际冲突与矛盾的方式,负责任的公民应有的行为,我国政治体制和机构设置的意义,法律法规对个体生活和社会生活的意义; （3）异性交往中常见问题的恰当处理方式的分享与交流,模拟或真实情境中的公民参与活动,我国与其他国家的政治体制与机构设置的异同,对自身权益的法律法规的整理、分析和探讨; （4）与同伴、家长、教师分享和交流对人际交往中的问题和经验,有关公共事务的讨论和行动,对于我国政治体制与机构特征的解释,对于法律作为保障自身与他人权益的确信。

（续表）

课程内容板块	学段	年级	具体内容
生命与社会	大学		（1）全球化进程及其特点，以及全球化时代对于人才素质的基本要求，文化多样性的含义，重要的国际组织及其关注的重要议题和运作方式； （2）全球化时代与以往历史时期的不同，文化多样性的价值与意义，国际组织在国际重要议题中发挥的价值和作用； （3）个体行为与作为全球公民应有的行为之间的差距，全球化影响下本土文化与外来文化的关系，国际组织运作方式的考察和模拟； （4）自身作为全球公民应承担的责任和应采取的行为，理解、尊重、保护、发展多元文化的价值观，自身关于某些国际议题的观点的分享，以及参与国际组织发起的活动。
生命与自我	小学	1—2年级	（1）人体的基本构成，科学的个人卫生、饮食和作息，男女性别差异，身体的隐私部位，正常的身体接触与限度； （2）对于自身基本卫生、饮食和作息习惯是否科学合理的分辨，对于与他人身体接触的意图的辨别以及寻求他人帮助的方式； （3）科学的个人作息、卫生和饮食行动计划的制定和执行，保护自身隐私部位的方法； （4）良好个人生活习惯以及关心他人、保护自我隐私部位的意识以及避免碰触他人隐私部位。
		3—5年级	（1）人体主要器官的功能，健康的含义，性别意识； （2）考察和调整自身的身体状况、生活方式，自我与他人对待性别差异的态度； （3）对周围人的行为习惯的调查，不同人对性别差异的态度； （4）科学的健康观念，正确的性别观念。
	初中	6—9年级	（1）青春期男女在身体、社会、认识和情绪等方面的改变，健康的完整内涵，生活方式与健康的关系，以及保持健康的基本方法，认识个人优缺点以及自我认同； （2）自身在青春期发生的变化，健康的生活和学习方式，自身的兴趣和性格特征； （3）青春期遇到问题的正确处理方式，生活中有利于健康和不利于健康的重要因素，个人兴趣和性格特征基础上的自我生涯规划； （4）应对青春期身心变化的有效方法交流，全面的健康观和健康生活方式的重要性，个人兴趣、性格特征规划人生的重要性以及鼓励他人进行生涯规划。

(续表)

课程内容板块	学段	年级	具体内容
生命与自我	高中	10—12年级	(1) 健康的性行为与性关系,尊重不同的性取向,正确的避孕方法,自我认同以及生命的唯一性和不可重复性,个人发展与生涯规划的关系以及生涯规划基本技能,闲暇生活与学习生活之间的关系; (2) 特定性行为与性关系的安全与风险以及正确的处理方式,不同生命观的合理性,影响职业生涯选择规划的重要个人特质; (3) 现实生活中与性伦理有关的社会现象,形成自己的合理观点,搜集体现不同生命观的事例,探索制定适合自己的科学合理的职业生涯规划; (4) 健康的性伦理观,合理的生命观,积极健康的生命观,符合个人特质的职业生涯规划。
	大学		(1) 正确的性价值观和性道德观,死亡概念的内涵与发展,临终关怀与悲伤辅导,提升生命价值的意义和方法,个人生涯发展与社会发展和国家发展的关系; (2) 有关性取向、性伦理、性道德的多元观点,对死亡的认识与对生命价值认识之间的关系,个人生涯规划中个人、社会、国家发展之间的关系; (3) 多元视角下不同性伦理观、道德观背后的价值与文化意涵,不同文化中的生死观,个人发展、社会发展和国家发展的生涯规划制定以及完善方法; (4) 健康科学的性伦理观、道德观,生死课题对于人生议题的重要价值,个人、社会和国家发展对于成功规划人生的重要意义。

从上表来看,从小学到初中,再到高中、大学,生命教育课程内容围绕着生命与自然、生命与社会、生命与自我三对关系,按照不同阶段学生的发展特征以及生命发展需求,形成了大中小学有效衔接并且层次逐步递进的课程内容序列。具体来说,基于学段特点逐步递进、大中小学无缝衔接的生命教育课程内容有两个基本的特征:

1. 生命教育课程内容的广度逐渐增加

总体来说,随着学生年龄以及学段的增长,生命教育课程内容的广度逐步增加和拓展。生命教育课程内容经历了重要的转换:从对自身的关注拓展至对关系的关注,从对身边的关注拓展至对全球的关注。具体可以从以下几个方面得到阐释:

(1) 在生命与自然这一课程模块中,小学阶段的生命教育课程内容集中在自我与环境的关系上,涉及的范围比较小;到初中阶段,生命教育课程内容逐渐拓展到国内的环境情况、家乡的自然资源开发状况、国内与家乡的环境政策和法规;到高中阶段,生命教育课程内容的范围又拓展至全球,涉及全球性的环境议题以及国际环保公约和组织等内容;到大学阶段,生命教育课程内容又在深度和广度上进一步拓展,关涉全球生态危机的现状与表现、保护措施和背后的生态伦理,以及人类与环境关系的发展轨迹和当代全球性环保政策与行动,基于地区性和全球性环境现象与环境问题设计适应未来环境发展变化趋势的环保政策或行动方案,并积极倡导实施。

(2) 在生命与社会模块中,在小学 1—2 年级,生命教育课程内容主要是围绕着个体自身的行为而展开对家庭生活和学校生活的了解;而到小学 3—5 年级,生命教育课程内容的范围拓展至家庭生活和学校生活中的人与人之间的关系;到初中阶段,生命教育课程内容范围又拓展至社区生活中人与人之间的关系,交往问题的处理以及基本的法律常识;到高中阶段,生命教育课程内容开始延伸至爱情和婚姻的相关主题;到大学阶段,生命教育课程内容主要考虑人作为全球公民所应具有的素质、对国际性组织的了解,以及对国际交往中的问题的理解和处理等。

(3) 在生命与自我这一课程模块中,小学 1—2 年级的生命教育课程内容主要是围绕着自身的身体、卫生、饮食、作息等展开;而到小学 3—5 年级,生命教育课程内容开始关注人体器官的功能、健康以及性别意识,并且开始引导学生关注周围人的身体状况、生活方式;到初中阶段,学生进入青春期,生命教育课程内容主要围绕学生自身展开有关青春期身心变化、青春期问题的正确处理等重要内容;到高中阶段,生命教育课程内容主要围绕着两性关系来设置有关性行为、性安全、性伦理等方面的内容;到大学阶段,生命教育课程内容主要围绕着更大范围意义上的关系来展开,例如多元文化和多元视角中的性取向、性伦理、性道德、生死观等。

2. 生命教育课程内容的深度逐渐增加

总体来说,随着学生年龄和学段的增长,以及学生认知能力的不断增长,生命教育课程内容的深度也在不断地增加。生命教育课程内容发生了重要的转变:从对生命教育问题的了解到对生命教育问题的理解、解决,再到生命教育问题的参与、对生命意义和价值的体悟。具体可以从以下几个方面得到阐释:

(1) 在生命与自然这一课程模块,小学 1—2 年级主要是初步了解自然,了解人与自然关系,并具有保护环境的意识;而到了 3—5 年级,生命教育课程内容除了需要学生了解自然以及人与自然的关系,还需要做出保护环境的承诺和行动;到初中阶段,学生不仅需要了解自然资源的开发状况,还需要对自然资源的开发及其产生的环境和资源问题判断、调查,并能够参与周围环境的保护行动;到高中阶段,就需要理解全球性环境问题以及可持续发展的意义,并对环境问题进行深层次的探究,制定和执行环保计划,并宣传每个人对全球性环境的义务和责任;而到大学,生命教育课程内容深度又增加,将全球性的环境问题与我国的环境问题联系起来,设计并执行环保政策和行动方案。

(2) 在生命与社会这一课程模块,小学 1—2 年级主要是围绕个人而展开对家庭生活、学校生活的初步理解;到 3—5 年级,就开始围绕家庭成员关系和朋友关系而分辨行为的好或坏、安全或危险,并学会改善关系、解决安全隐患等处理方式,同时开始了解自身在家庭、学校生活的义务;到初中阶段,生命教育课程内容的深度再一次加深,需要学生学会处理人与人交往中的常见问题,拥有法律意识,并学会用法律解决问题和事件;到高中阶段,生命教育课程内容更加聚焦和深化,主要是处理在与异性交往中的问题以及参与公共事务的讨论和行动;而到大学,生命教育课程内容难度又有所增加,让学生具有全球视野,用更加深层次的"理解、尊重、保护、发展多元文化的价值观"来看待和解决全球性问题。

(3) 在生命与自我这一课程模块,小学 1—2 年级的生命教育课程内容主要是让学生了解自身的身体、卫生、饮食和作息,而小学 3—5 年级,生命教育课程内容除了要了解自身的身体、卫生、饮食和作息等,还需要关注和调查其他人的身体状况、生活习惯等,从而养成科学的健康观念和正确的性别观念;到初中阶段,不仅要了解自身的生活习惯和健康状况,更需要了解青春期所发生的变化并学会正确处理青春期问题;到高中阶段,生命教育课程内容具有了价值观等元素,例如尊重不同的性取向、拥有健康的性伦理观和积极健康的生命观,并规划符合个人特征的职业生涯;到大学阶段,生命教育课程内容更加注重对生命意义和价值的关注以及对价值观、多元视角的关注。

三、凸显生命实践需求的生命教育课程实施

课程实施是将一定的课程计划付诸实践的过程。在一般意义上,课程实施有三种基本的取向,即忠实取向、相互适应取向、创生取向。

1. 课程实施的忠实取向,是指课程实施严格和忠实地执行课程计划。忠实取向的课程实施,一般会将教材、教案、教师指导用书等纸质材料视为课程实施的重要依据,严格地按照这些纸质材料来进行课程实施。如果课程实施实现这些预定的课程计划或者材料,那么代表着课程实施的成功,反之,则意味着课程实施的失败。忠实取向的课程实施,是将课程视为学科专家、课程专家、教材设计者创造的,教师只是课程计划的具体执行者和消费者,对于课程知识的选择或者创造没有发言权。

2. 课程实施的相互适应取向,是指课程实施者在课程实施过程中对原有的课程计划或者方案加以调整,以适合自身的目的。相互适应取向的课程实施,认为课程不仅包括教材、课程计划中的内容,还包括学校和社区中的各种情境因素;同样,它也认为课程知识不仅包括学科专家、课程专家创造的,而且是教师、学生等实践者共同创造的;因此,教师、学生也不是课程的消费者,而是积极的、主动的课程创造者。

3. 课程实施的创生取向,认为真正的课程是教师和学生共同创造的教育经验。因此,课程实施本质上是指在具体的情境中,教师与学生共同创生新的教育经验的过程。具体来说,创生取向的课程实施,不是将课程视为一个产品或

者事件,而是一个不断前进的过程,课程是一个情境化的、创造性、动态的过程;教师、学生是课程的主体,他们拥有主体性和创造性,课程实施是教师和学生创造新经验的过程。

课程实施是与课程目标和课程内容相一致的。生命教育课程的最终旨趣在于对学生的生命素养的培养,并且基于学生的学段特点建构生命教育课程内容。因此,生命教育课程实施需要采用创生取向的课程实施方式。通过创生性的生命教育课程实施,满足学生不断变化的生命实践需求,从而建构起大中小学衔接的生命教育课程。

以创生为基本取向、凸显生命实践需求的生命教育课程实施,需要注意以下几个方面的问题:

(一) 校本学生生命需求作为生命教育课程开发的起点

以学科专家所建构起的学科知识体系为课程的起点,造成了课程忽视儿童现实生活与实际需求的现状,继而出现了课程脱离儿童、儿童学习效果差等弊端。与此同时,应试教育指挥棒,加剧了课程与儿童实际生活的分离和对立,这使得生命教育的实施变得极为困难。因此,需要广大学校管理者、教师等充分地考虑学生的生命实践需求。要做到这一点,需要注意两个方面的问题:(1)要求生命教育课程能够真诚回应学生在成长旅途上切实关切的问题,不回避、不粉饰。(2)应注意吸收青少年感兴趣的新颖时尚的活动形式,积极健康,充满正能量。从而力求活动形式生动活泼,使生命教育课程实施本身充满生命的多彩魅力。

(二) 注意生命发展的弥散性及其对多样化实施方式的需求

学生的生命发展具有较强的弥散性,即是说学生的生命发展无时无刻、无处不在地发生着。学生生命发展的弥散性特征,决定了生命教育课程无法只依靠一种单一和固定的方式来实施。因此,生命教育课程实施应该走向多样化。这些多样化的实施方式包括:(1)设置专门的生命教育课程。设置专门的生命教育课程,有助于提升生命教育课程在学校课程中的地位,从而引起管理者和师生的重视,推动生命教育系统地展开。(2)具有针对性的专题教育。通过专题展开生命教育即是引导学生就某一生命问题展开深入探讨,从而使学生获得

有关生命的知识与价值。(3)通过综合实践活动开展生命教育。综合实践活动
在课程性质、实施方式等方面与生命教育课程有一定的相似性,因此通过两者
的融合,也能使学生接受生命教育。(4)生命教育渗透进学科课程。许多学科
中已经存在着一定的生命教育资源,基于这些生命教育资源,将生命教育的内
容整合进学科课程之中,有助于提高生命教育的实施效果。(5)通过隐性课程
实施生命教育。生命教育课程的实施,还可以通过隐性的渠道进行。其中,生
命化的课堂和学校环境建设就是重要的隐性渠道。如果课堂活动的运行、学校
环境的创设本身就充满生命关怀,体现生命的活力、魅力,学生置身其中将受到
潜移默化的熏陶和影响。

(三) 生命教育课程实施需要凸显学生的体验与探究

在传统意义上的教学强调教师的传授与学生的接受,这造成学生无法知晓
知识的来源,也无法将知识应用于实际问题的解决。而生命教育旨在培育学生
的生命素养,让学生在面对具体的生命问题时能够知道如何解决。因此,生命
教育课程在实施过程中,就必须重视学生自身的主动探究和体验。通过体验和
探究,学生获得对生命的尊重、对生命价值和意义的挖掘与体认,并且将这种体
验和感悟应用于日常生活中的问题解决。

四、注重生命成长体验过程的课程评价

一般来说,课程评价有三种取向,而这三种取向代表着不同的价值观和目
的观。这三种课程评价观分别是:目标取向的课程评价,过程取向的课程评价,
主体取向的课程评价。

1. 目标取向的课程评价,是将课程计划、教学结果与预定的课程目标相对
照的过程。能否实现预定目标是评价的唯一标准。目标取向的课程评价,因为
追求客观性、科学性,一般以量化的数据来衡量教师的教学和学生的学习。虽
然这种评价取向简单易操作,但是由于忽略了人的主动性、创造性、情境性和过
程性,同时也忽略了一些无法用数字测量之物,因此目标取向的课程评价遭到
了较多批评。

2. 过程取向的课程评价，反对课程评价过度囿于目标是否达成，强调教师、学生在课程开发、实施等过程性的东西都纳入到评价之中；同时强调评价者与具体评价情境的交互作用。过程取向的课程评价因为对于评价过程本身的重视，而有利于促进评价对象的反思与改进。但同时它并未真正突破目标取向的藩篱，对于人的主体性的肯定不够彻底。

3. 主体取向的课程评价，将课程评价视为评价者与被评价者、教师与学生共同建构意义的过程。因为评价是价值判断的过程，价值是多元的，因此在课程评价中，教师、学生都不只是被评价的对象，而是评价的主体。主体取向的课程评价实质上是受"解放理性"支配的，强调对评价情境的理解而非控制，并且以人的发展与解放，而非人的分类划等为评价目的。评价的过程，因而是以价值多元、尊重差异、平等交往为基本特征的。

三种课程评价的基本取向，都有其优势所在。生命教育课程的评价，也需要考虑到生命教育课程的价值观、生命教育课程的过程性，以及人发展的连续性和衔接性等方面的特征。由此可知，生命教育课程评价应该注重促进人的生命体验过程。注重生命体验过程的生命教育课程评价，具体包括以下几个方面：

（一）整合评价与课程学习，树立评价与学生生命成长一体化的理念

生命教育课程的评价是作为生命的主体——教师与学生通过协商对话，共享生命体验、建构生命认识、升华生命意义和实现生命价值的过程。评价不是课程学习外部赋予的行为，其本身即是学生认识生命、反思生命和完善生命的学习历程。因而生命教育课程的评价从根本上说是师生以主体身份进行生命创造，自由地进行选择，本真地创造生命意义的过程。生命教育课程评价在理念上要将评价视为学生生命成长的重要契机，实现评价与学生生命成长的一体化。

（二）重视自我反思性的评价，以促进学生的生命发展为评价目的

评价过程即是学生的生命体验过程。基于此，生命教育课程的评价要重视学生的自我反思，引导学生反省自我对生命的认识与判断、探究与行动、态度与责任是否恰当合理，并在此基础上以评价为引领，将评价标准内化为自己的成长目标，明确为了拓展自己的生命自由和提高自己的生命质量应当做些什么，

从而进行自我指导的学习,自行承担学习的责任。显然,这是对课程评价的发展性功能的落实,它使评价经由学生的自我反思成为自我教育和自我发展的契机,有助于实现促进学生生命发展的评价目的。

(三) 关注学生真实情境中的生命表现,将学生的生命素养作为评价内容的核心

生命教育课程无法通过标准化的纸笔测验记录学生生命成长的足迹或评价学生生命潜能的发挥状况,只能通过创设具有现实意义的真实问题情境,让学生运用自己所学习的生命知识和掌握的生命技能解决这类与现实情境相似的真实任务,以便通过自己的生命创造活动展示和证明处理这些任务所需要的生命知识、能力和态度,才能在生命建构中真实地评价学生的生命素养。评价倘若围绕学生真实情境中的生命表现展开,教师便可以通过观察学生在解决具体问题过程中的表现,开展与学习过程一致的情境化评价,而这正是基于生命素养的生命教育课程评价的内在要求。

(四) 强化评价活动的参与性,采用能够增强学生内部动机的评价方式

学生是生命教育课程评价的主体。教师在评价创设阶段,就应让学生以全面负责的合作者身份参与评价规则的开发与制定,并尽可能采用表现性评价、档案袋评价和协商研讨式评价等评价方式让学生参与学习过程记录。表现性评价致力于设置学生个人或小组合作完成的表现性任务,观察和记录学生在完成任务过程中的生命表现,并依据事先制定的表现性标准和评价量规对学生的生命表现做出综合评价。档案袋评价则通过搜集和整理学生在生命教育课程中的活动、反思、心得和感悟等作品,记录其生命成长和变化过程,并通过自评或互评总结生命经验、改进生命行为和完善生命历程。协商研讨式评价关注学生在班级参与和课堂讨论中的表现,通过让学生直面各自的生命处境,展开对生命议题的探讨,辨明对生命事务的正确态度,从而树立正确的价值观。生命教育课程采用上述使学生能够自行记录、观察和分析自己的评价方式,不仅能促进学生对评价活动的主动参与,更能让学生习得对学习成功的内在控制的感觉,进而产生对自己生命事务的内在责任感,从而有助于增强学生不断完善自我生命历程。

第三章　生命教育衔接保障：

多维举措与衔接机制

　　为保障生命教育大中小学衔接的实现可能,杨浦区以"心理健康辅导中心"和"体质健康监测中心"为依托建立健全区域生命教育辅导和监测机构,以实训、研训基地建设为抓手落实区域推进生命教育的途径,以师资队伍建设为核心提升区域推进生命教育的质量,以督导评估为手段激活区域推进生命教育的动力。

第一节 以两大中心为依托建立区域生命教育辅导和监测机构

学生健康,包括学生的心理健康与身体健康,是生命教育的重要内容。因此,杨浦区建立"心理健康辅导中心",以解决学生心理问题,保证学生心理健康;建立"体质健康监测中心",以及时了解学生身体状况,保证学生身体健康。

一、"心理健康辅导中心"建设

心理健康辅导中心的建设,主要通过两个方面的措施来完成的:建设心理健康教育队伍成长机制、建设支持心理健康教育的社会协同机制。

(一) 心理健康教育队伍成长机制建设

在队伍建设方面,依据专业化、特色化、层次化的要求做好队伍建设工作,建立好"三支队伍",切实提高教师心理健康教育工作的实效性,使专业化的师资队伍日益壮大,师资结构逐步优化,师资整体素质明显提高。

1. 心理健康教育队伍培训机制建设

为了生命教育在区域的有效推进,我们建立了心理辅导志愿者队伍、专兼职心理教师队伍、以班主任为主体的教师团队。具体来说:

心理辅导志愿者队伍。辅导中心招募了 84 名专业背景好、经验丰富、热心公益服务、持有专业资质的心理辅导志愿者(其中 80% 是中小学专兼职心理教师)。在开展志愿者常规培训的基础上,中心建立一个自愿组合、同伴互助、情感支持的志愿者学习形式——志愿者成长小组。志愿者们根据自己的兴趣和专业发展方向,自愿选择自己感兴趣的小组,它的建立与其他培训相得益彰,互为补充,成为区域广大心理辅导志愿者全新的学习模式。成长小组的建立凝聚了一批优秀的心理辅导志愿者,为志愿者提供相互学习、交流互励的平台,从而进一步增强志愿服务队伍的自身建设,打造了一支归属感、认同感、成长感特别强的志愿者团队。志愿者团队建设主要通过同伴互助和导师带教的方式进行:(1)同伴互助:由来自高校的志愿者们担任成长小组组长,小组成员互学互帮,共同成长。目前中心共成立了心理剧、家庭治疗等多个成长小组。在组长们的带领下,开展家庭疗法、沙盘治疗、心理剧等学习。(2)导师带教:在导师带领下,聚焦实际工作层面,加大专业理论学习和个案督导的力度。成立了导师指导下的家庭治疗、沙盘治疗、精神分析成长小组。

专兼职心理教师团队。中心积极开展教研一体化的培训,对全区心理健康教育专兼职心理教师进行有计划、有步骤的心理健康教育专题培训。两年来,开展了房树人心理测试培训、学校心理咨询室专用仪器操作培训、心灵体操课题建设培训、ADHD医教结合、校园危机干预等全员培训活动。专兼职心理师资队伍的强化和一大批学校心理咨询室的完善,为心理健康教育工作奠定了扎实的工作基础,促进了学校心理健康教育的提升。

以班主任为主体的教师团队。心理健康教育必须关注学生及教师的需要,关注全体,以发展性为目标,促进师生心理的健康发展与成长。杨浦区在心理健康教育工作中着重加强对全区中小学班主任的心理专业知识的普及培训。2015年,在家庭教育培训、区骨干班主任高研班培训、四季讲坛中逐步增加心理健康教育内容知识,参与培训对象从德育分管领导、政教主任、班主任逐步扩大到任课教师。2013年和2015年举办了第八期、第十期上海市学校咨询师中级培训班(杨浦培训点),共有105名中小学教师参加了为期一年的学校咨询师中级培训。

2. 心理健康教育队伍的保障机制

杨浦区未成年人心理健康辅导中心工作建立了领导小组和工作小组，强化工作责任，确保任务落实。建立保障机制，建立了咨询预约登记制度、保密制度、考勤制度、档案管理制度，明确了工作职责，形成了规范的管理保障。投入专项经费，用于"中心"的软硬件更新、队伍建设、学术研究、评估奖励等，以保障中心的正常运作。

3. 心理健康教育队伍的评价与激励机制

心理健康辅导中心的建立，还完善了心理健康教育队伍的评价与激励机制，旨在更有效地推进未成年人心理健康教育工作。具体来说：

面向中小学专兼职心理教师的评价与激励机制。2011年，出台了《杨浦区分层建设学校标准化心理辅导室建设》文件。2012年，根据《杨浦区中小学健康促进工程及心理健康教育专项督导评估指标》文件，在全区中小学开展心理健康教育专项督导。以中小学心理健康教育工作为切入点，构建了科学评价制度；以推进特色课程建设、专兼职心理教师和志愿者团队建设为目标，开展了学校、教师、学生发展性评价和多项调研工作。一系列督导评价制度对帮助、引导学校树立科学的心理健康教育理念，起到了积极的指导作用。2013年，下发了《进一步加强杨浦区中小学心理健康教育师资队伍建设》文件。全区中小学校配备专兼职心理教师，专职教师享受班主任同等待遇。目前，全区中小学专职心理教师中有学科带头人3人，骨干教师6人。

面向心理辅导志愿者的评价与激励机制。为进一步提升心理辅导志愿者个人专业发展和志愿服务的整体水平，进一步加强心理辅导志愿者队伍建设，中心制定了《杨浦区未成年人心理健康辅导中心心理辅导志愿者星级评定办法》《心理辅导志愿者考核和退出制度》和《优秀心理辅导志愿者奖励办法》，逐步建立并完善包含考核、自我鉴定、成长小组评定和随机家长回访等方面的评定内容，结合参与咨询服务、公益活动、课题研究和培训督导的情况，进行评比和考核。中心成长小组进行全程评估，注重每一位组员在过程中的学习，通过小组活动方案的设计、活动内容的记录和活动小结，对小组活动全过程进行评价和监督。导师共同负责对小组成员开展能力评定,包括个案督导、培训中的表现和出勤、小组成员的互动等,并把反馈结果形成档案。导师的评估反馈让组员们的专业性得到了进一步发展。2015年共有59名志愿者被评定为一星志愿者;52名志愿者获得优秀志愿者称号。2016年共有39名志愿者获得二星志愿者称号。

(二) 支持心理健康教育的社会协同机制建设

心理健康教育的推进,必须以未成年人的心理健康需求为导向,以人格发展为目标,协同、整合、运用社会各方面(包括政府、基础教育、高校、医疗等)的资源与力量。

1. 依托高校资源,建立未成年人心理健康教育优质资源共享平台

在教育领域的实践中,自2000年起,杨浦区基础教育开始与高校合作,已有17年的实践探索。近年来,我区在创建"基础教育创新试验区"的工作中,依托高校,实现资源共享,奠定了一定的基础,为自身的发展提供了便利。中心在运行的过程中密切与高校的合作,挖掘丰富心理健康教育的资源,搭建了指导、培训、研究的平台。

专家引领。中心聘请了10位专家,组建了"杨浦区未成年人心理健康辅导中心专家组",其中高校专家占70%,他们不仅为中心发展的方向出谋划策,还是专兼职心理教师、志愿者培训的中坚力量。

骨干示范。在志愿者队伍中,有来自第二军医大学、交通大学和同济大学等高校的教师。高校教师成为志愿者团队中的骨干成员,他们直接参与中心一线的咨询、培训等工作,发挥自己的专业特长,为青少年提供优质的心理健康辅导服务。

师资培训。中心专家组的成员充分利用高校丰富教学资源和师资力量,开展短期课程培训,并多次为中小学教师提供免费走进高校学习的机会。为中小学专兼职心理教师和志愿者开展个案督导,对大家理论和技能水平的提高起到了促进作用。

互动交流。成立复旦·杨浦心理发展指导中心、心理研究实践基地,共建

专业学位研究生实践基地，注重发挥高校专业力量，实现高校与基础教育的衔接。如：与上理工附中共同开展高中生生涯辅导。与杨浦小学共同开展《小学情绪智力培养》课题研究。与复旦大学、同济大学等大学的优秀学生开展互动、交流。在校的大学生们在导师的带领下多次策划、参与主题心理健康教育活动，如："生命影响生命 展望美好未来——专业巡礼真人图书馆""体验情绪，感受阳光""联合研训基地研讨"等主题活动。

2. 融合医疗资源，建立医教结合的服务协同机制

近年来，杨浦区未成年人心理健康教育注重探索医教结合工作模式，充分发挥教育与卫生资源两方面的作用，构建"预防—辅导—转介"三位一体的工作模式。在打造专业性队伍建设、开设"医教结合"系统培训课程、开展"医教结合"的课题研究、打通转介绿色通道等方面进行探索。通过"医教结合"的模式和方法，面向个别学生开展筛查、评估、诊断、治疗方面的合作，杨浦区心理健康辅导中心先后与上海儿童医学中心、市（区）精神卫生中心、新华医院开展紧密的合作。

以情绪干预为切入口，探索医教合作团体辅导模式。2014 年，我区作为上海市《基于学生发展需求的心理健康服务协同系统研究》项目试点区，联手市精卫中心和市儿医中心，对区域 1405 名学生进行了筛查、评估，并以"阳光成长坊"的名义招募有焦虑情绪的学生参加，每周一次，共开展了七次同质团体干预，学生和教师皆受益匪浅。经后期随访，参加情绪干预的初中生和高中生焦虑程度均有降低；心理教师则在培训和操练中丰富了神经心理学理论知识，提升了自身的科研水平和团体辅导能力，开发了《初中生焦虑情绪干预手册》。

以 ADHD 儿童干预为切入口，拓宽有效干预渠道。2014 年，杨浦区成为上海市医教协同项目试点区，三所项目小学连续三年参与 ADHD 项目的实践研究。2015 年，与上海儿童医学中心发育行为儿科签署了《关注"注意力缺陷多动障碍（ADHD）"学生健康成长医教结合合作项目协议书》，项目内容涉及 ADHD 儿童检测、筛查与评估，家长普及宣传培训，医生咨询活动，教师（专兼职心理教师、小学班主任和心理辅导志愿）培训，心理健康宣传教育，快速转介和协同研

究等。自签约以来,杨浦区召开了"注意力缺陷多动障碍(ADHD)学生健康成长"医教结合合作会议,开展了"注意缺陷多动障碍 ADHD"教师(小学专兼职心理老师、小学班主任、中心志愿者)培训、"儿童发育行为的特点,家庭干预与医教结合"家长培训和"共同关注孩子成长"公益咨询活动,为家长和医生面对面交流沟通搭建了平台。2016 年 4 月,杨浦区召开了"注意力缺陷多动障碍(ADHD)学生健康成长医教结合"研讨会,完成了《注意力缺陷多动障碍(ADHD)学生健康成长》市级骨干课题,编写了教师指导手册。通过与上海儿童医学中心的合作与研究,为 ADHD 儿童提供了一种干预的专业渠道。

以校园危机干预为切入口,打通医教合作绿色通道。2015 年,心理健康辅导中心与区精卫中心的专业医生共同开展《区域学校危机干预管理体系的实践研究》课题研究,构建区域心理危机干预的管理体系,编写《校园心理危机预防与干预操作手册》,加强学校危机干预流程管理,打通危机干预转介绿色通道。与此同时,中心还与区精神卫生中心建立心理危机转介机制,加强对个别学生的关注,与学生家长密切配合,及时将心理问题严重的学生转介到专业医疗机构。通过与专业医生的交流、研讨与合作,提升学校心理健康教育的质量,帮助师生更好地应对心理危机。

3. 建构社区心理健康服务,推进区域联动的服务协同系统

未成年人心理健康教育是一项系统工程,需要坚持多渠道发展的方针,杨浦区 12 个街镇均建立了社区心理健康辅导站。在社区心理健康辅导站的建设中,注重未成年人心理健康教育知识的宣传和普及;拓展社区心理健康服务多渠道;健全社区心理健康服务制度。积极与学校、医院、社会专业机构交流合作,委托专业机构开展心理咨询进社区辅导活动。通过"和谐·心服务"项目、"家庭教育区校联动"项目,开展"互动式社区心理剧""沙盘游戏体验""青少年成长课堂"等系列公益活动,帮助居民解决在亲子教育、婚姻家庭、考前心理疏导方面的问题。

(三) 促进心理健康教育工作发展的科学研究机制建设

1. 以实证研究为基础的工作与实践

2014 年 4 月,杨浦区政府与上海市教育委员会合作开展"学校生命教育区

域试点"工作,这也要求中心在区域未成年人心理健康教育工作中发挥更大的作用。杨浦区是人口大区,教育人口出现了前所未有的迁移流动,带来了学生个体差异性大、教育诉求个性化等教育难题,亟须相关部门出台具有客观性、针对性、专业性的学生心理研究分析和对策来指导教育工作。杨浦区是本市第一个大样本研究区域中学生心理健康影响因素的区,庞大的基础性数据确保了研究的深度和广度以及科学性,可以为杨浦教育实践领域改革和发展提供依据,同时对其他区县的中学生心理研究工作具有引领作用。杨浦区自2014年始连续3年,面向本区51所中学(后两年由于1所中学撤校,实际调查了50所中学),中心与复旦大学心理学系共同开展了杨浦区中学生心理健康方面的系列研究。从预备年级至高三年级学生约30000人次参与了调研,共21所中学的学生参与了团体访谈,随机邀请了200余名同学参加了个体访谈。通过大样本的问卷调查,首先对杨浦区中学生心理健康状况进行了初步排摸与评估,发现和筛查出诸多学生中的不适应性心理问题和异常性心理问题,同时积极采取了预防措施,必要时推荐了干预方案;其次对中学生心理健康的影响因素进行了全区层面和学校层面的研究与分析,并通过一校一表的方式及时反馈给各个学校;再次通过对情绪智力因素,学生的健康生活方式以及家庭中亲子沟通状况的了解与分析,发现了青少年心理健康教育中有价值的视角,为各个学校,以及区教育部门开展生命教育、制定相关政策提供了实证支持和决策依据。通过对部分重点学校进行校园观察和学生团体访谈,为相关学校结合研究数据的结果讨论各自的问题,制定改善和发展的方案提供了有效的指导。该系列研究共完成三本研究报告:2015年的《杨浦区中学生心理健康状况评估与影响因素分析蓝皮书》,2016年的《杨浦区中学生心理健康状况与情绪智力蓝皮书》,2017年的《杨浦区中学生心理健康状况与健康生活方式蓝皮书》。

2. 研究的主要结论与问题的应对策略

经过三年的研究与实践发现,首先杨浦区中学生的心理健康总体状况良好。多年来杨浦区作为教育大区全面推进生命教育,高度重视学生的身心健康发展,大力投入,注重教育理念的先进性、教育方法的科学性、教育实践的有效性,中学生普遍体现出良好的精神风貌和积极的生活学习态度。其次,除了总体趋势之外,数据还反映出了许多细致且有价值的结论,包括中学生的心理不适应性的问题比疾病性的问题突出;多个心理健康指标存在明显的学校差异和年级差异;多个心理健康指标男女生直接的差异与特点比较明显;中学生面临的突出外部压力是人际冲突和学校学业压力;中学生面临的突出的内部压力是情感自主性压力(叛逆与孤僻)和乐群性压力;学生面对外部压力较多地使用消极应对策略,且随年龄的增长更倾向于逃避压力而不是积极地解决问题;亲子沟通是预测心理健康的重要因素;重视和发展青少年的情绪智力有助于身心健康,等等。

依据研究结果,研究团队提出了推进中学生心理健康教育的思路与对策:第一,医教结合,重视和加强心理疾病的应对和预防工作,积极关注和评估中学生心理不适应的方面与程度;第二,各个学校应根据自身的数据分析结果和实际情况开展扎实有效的教育活动。应根据各个年级学生的发育水平开展阶段性主题教育;第三,认识并接纳青春期男女生身心发育的不同步以及性别特点,重视青春期教育,重视性别分层教育;第四,创设缓解学生外部压力的人际生态环境;第五,关注学生内部压力的外在异常表现,促进学生表达情感,提升自我觉察和自我悦纳;第六,指导并提供机会,促进学生科学看待压力应对方式,学习合理应对压力的方式方法,提高抗压能力和问题解决的能力;第七,有效组织与实践家长课堂,重视对家长亲子沟通技能的辅导;第八,积极开发与实践情绪智力课程,等等。

3. 对心理健康教育的建议与展望

在普遍指标良好的状况下,数据分析的结果也验证了一些存在中的问题,反映了一些可能存在的隐患。面向未来,研究者对青少年的心理健康教育有几点建议:第一,为促进心理健康教育的大中小衔接,未来应更多展开多样化主题衔接活动,开发特色化心理衔接课程;第二,新时期心理健康教育工作应更加重视教师心理健康,稳定心理教师队伍,更加加强校本化研究,提高心理教育实效,同时尝试探索新模式,开发"过渡空间",拓展心理辅导室功能;第三,教育行政部门可以整合优势资源,更加关注、指导显著差异的部分学校,跟踪、随访中学生心理发展动态,大力支持基础性研究以及纵向的追踪研究,重视数据的积累与深度挖掘,充分尊重个体差异的同时积极探索青少年心理健康发展的规律。

二、"体质健康监测中心"建设

体质是人体在健康基础上的生命质量。21世纪可持续发展战略的基本要素之一就是人力资源,增强国民体质是社会发展的重要保证和原动力。[①] 而青少年体质、学生健康素质关系民族未来和希望,青少年的健康是国家的财富,更是健康成长和实现幸福生活的根基。为此,党和国家一直非常关心和重视广大学生的身体健康,原国家教委、原国家体委等有关部门从鼓励和推动学生积极参加体育锻炼,增强学生体质的目的出发,在不同时期先后制定了《劳卫制》《国家体育锻炼标准》《大学生体育合格标准》《中学生体育合格标准》《小学生体育合格标准》及初中毕业生升学体育考试办法等一系列制度。[②] 这些制度的制定和实施对于增强学生体质,保障学生体育锻炼,促进我国学校体育工作具有积极作用。在现阶段,我国针对学生体质健康的监测主要包括三项:《国家学生体质健康标准》,全国学生体质健康调研,全国学生体质健康监测。这三项测试,在引导学生正确认识和了解自己的健康状况,有针对地进行身体锻炼,以及为相关政府部门提供学生体质健康状况的第一手资料等方面起到了重要的作用。

自2007年中央7号文件颁布以来,加强青少年体育锻炼、增强青少年体质成为各级教育行政部门的重要工作之一,全国各相关的政府部门纷纷采取促进青少年体质健康的对策措施。在政府采取各种干预措施的过程中,最重要的一

---

① 庄洁,陈佩杰,窦娜.《上海市民体质简易测评指南(20~69岁)》的研制[J].中国运动医学杂志,2006(6):637-646.

② 中华人民共和国教育部,国家体育总局,等. 国家学生体质健康标准解读[M].北京:人民教育出版社,2007:68-73.

个问题就是如何及时、全面、准确地了解青少年体质健康状况。因此,研究并试点建立完善的学生体质健康监测网络,利用信息化手段对区域内学生体质健康状况进行有效监督和管理,这也是本市学生健康促进工程的重要组成部分。在此背景下,杨浦区在市级监测中心原有工作模式的基础上,探索建立市—区—校三级学生体质健康监测网络,并通过监测网络实现本市学生体质健康的常态化监测,以此来为学生提供一套简单易行的体质健康过程性评价的方法,为教育行政部门提供一套完善的监测网络体系,并提供科学锻炼与健康生活方式方面的指导。

围绕着"学生体质健康监测网络"与"学生体质健康常态化监测方案"两个方面,杨浦区建立了"市—区—校"三级一体化的学生体质健康监测中心,具体描述如下:

（一）学生体质健康监测网络建设

上海市学生体质健康监测网络由市级监测中心、区级监测中心、校级监测点、学生体质健康网络服务平台与保障措施等组成。上海市学生体质健康监测网络建设就是要完善市级监测中心,创建区级监测中心、校级监测点与学生体质健康网络服务平台,确定其功能,落实其保障措施,以促进上海市学生体质健康监测工作更好地进行。

1. 学生体质健康监测中心的功能定位

（1）上海市学生体质健康监测中心功能定位

上海市学生体质健康监测中心在完成《国家学生体质健康标准》实施、开展"全国学生体质健康调研"和"全国学生体质健康监测网络工作"的基础上,根据学生健康促进工程的工作要求,进一步完善学生体质健康市级监测中心工作机制,形成政府监督、专业部门指导服务、学校重视、家长合作的学生体质健康监测、干预和服务体系。

（2）杨浦区学生体质健康监测中心功能定位

杨浦区学生体质健康监测中心,在市学生体质健康监测中心的指导下,以增强学生体质健康为主线,以提高学生体质健康水平为目的,适时准确地获取区内学生体质健康数据，及时掌握学生体质健康现状和发展变化趋势，为制定杨浦区学校体育卫生工作发展规划、开展杨浦区学校体育卫生工作提供科学依据。

（3）学校学生体质健康监测点功能定位

学校学生体质健康监测点对全校学生体质健康进行监测、干预、指导、汇总、统计、分析，管理全校学生体质健康数据，建立学生体质健康档案，撰写学生体质健康状况分析报告。与此同时，为学生提供体质干预指导，普及推广科学健身知识，倡导科学健身方法，培养科学健身行为，切实改善和增强青少年体质，帮助学生树立健康意识，变"要我运动"为"我要运动"。

2. 学生体质健康监测中心的联动机制建设

（1）公共学生体质健康网络服务平台建设

为优化《国家学生体质健康标准》数据上报系统，各省市区需要建立公共体质健康网络服务平台这一"市—区—校"三级监测网络上下联动的基础平台。市级监测中心承担着每年《国家学生体质健康标准》的数据上报和统计分析的任务。根据四年来全市实施《标准》上报的相关情况，结合相关培训及服务的经验，上海市学生体质健康监测中心与教育部教育管理信息中心开展了"上海市《国家学生体质健康标准》综合管理系统"合作开发工程。

通过建立《国家学生体质健康标准》综合管理系统，扩展上报系统的各项功能，使市、区、校在标准系统内有效互动，并将上报这一重要环节同日常测试与评价、分析有机地结合起来，为建立起全市的学生体质健康数据库打好基础。

（2）协助市教委指导区（县）建设区域学生体质健康监测中心

为加强市级监测中心对区（县）、学校在体质监测和干预方面的管理、指导和服务，实现市、区、校在测试、评价、干预工作的良性互动、高效联动，市级监测中心协助市教委，积极促成各区县建立学生体质健康监测中心，实现"统一标识、统一配置、统一服务"，为学生提供常态化的体质健康监测服务，逐步完善市、区、校三级学生体质健康监测工作网络。

3. 学生体质健康监测中心的保障措施

（1）市级学生体质健康监测中心的保障措施

市级学生体质健康监测中心建立了学生体质健康监测、研究专业队伍，专业方向涵盖运动人体科学（青少年体质研究方向）、公共卫生、体育教学、计算机科学与技术等方面的内容。在建立专业队伍的基础上，中心制定了完整的规章制度和职能职责要求，以规范日常工作，保证中心的正常运行。同时，市级监测中心配备整套符合教育部要求的《国家学生体质健康标准》测试器材和全国学生体质健康调研器材，建设了大容量、高负载、高速的数据库机房，包括专业上网设备、专业网络安全设备、大容量高速服务器、数据输入输出设备、终端设备等，以保证网络访问顺畅、数据安全，为建立公共体质健康网络服务平台打下基础。

（2）区域学生体质健康监测中心的保障措施

杨浦区教育局与上海市学生体质健康监测中心合作，在 2011 年成立了杨浦区学生体质健康监测中心。区中心建立了一整套规章制度，如：办公室勤政管理规定、数据保密及数据备份、安全保卫管理、资料及图书管理等规章制度，以保障区学生体质健康监测中心规范运作。

在已对本课题下拨的 12 万经费基础上，杨浦区教育局为区学生体质健康监测中心投入建设费用近 62 万，以保障区学生体质健康监测中心工作的正常运行。

表 11 杨浦区学生体质监测中心经费使用情况表

课题经费	区投入				
12 万元	办公设备	网站建设	测试器材	广告	日常办公
	8 万元	17 万元	5.5 万元	1.23 万元	30 万元

（3）校级学生体质健康监测中心的保障措施

2012 年杨浦区各校均成立了学生体质健康监测室，并以政府裙带项目的力度加以推进，统一设备配置、统一工作内容、统一工作要求，建立了学生体质健康监测室的常态化测试服务的相关制度，为学生提供随时、多次、择优的测试服务，指导学生日常锻炼。

（二）学生体质健康常态化监测方案建设

学生体质健康常态化监测方案通过信息化的手段，结合适当的管理方法，将"培训—测试—数据汇总与分析、评价—质量监控—信息公告与服务—发展性研究"这六个环节有机地结合在一起，以形成一个理论指导实践、实践完善理论的完整的学生体质健康常态化监测体系。

1. 学生体质健康监测中心的培训

（1）上海市学生体质健康监测中心的培训

市级学生体质健康监测中心负责对区级监测中心相关实施人员进行培训，与上海市师资培训中心合作，举办了"区县学生体质健康监测中心"第一期培训班，并纳入"上海市教师教育管理平台（学分银行）"，形成市级学生体质健康监测工作机制。

（2）杨浦区学生体质健康监测中心的培训

组织专职教师积极参与市学生体质健康监测中心组织的各类培训，切实提高区中心专职教师的管理、策划与组织的水平。开展了督察员队伍培训、各校学生体质健康监测工作领导小组组长的培训、体育教研组长培训，以及学校学生体质健康监测室专职工作人员培训等，规范工作流程，提高监测效能。培训工作纳入区师训"360"积分体系。

2. 学生体质健康监测中心的测试

（1）上海市学生体质健康监测中心的测试

上海市学生体质健康监测中心积极探索建立常态化的学生体质健康测试模式，在完成现有《国家学生体质健康标准》、全国学生体质健康调研和全国学生体质健康监测网络工作的基础上，探索试点开展规定时间内"随时多次择优"进行体质健康测试与评价的模式，制定了"上海市中小学生体质健康常态化监测实施方案"，逐步形成全市常态化的学生体质健康评价制度。同时,协助相关部门进一步完善现有体育中考的日常评价方式,以此提高学生积极开展日常体育锻炼的积极性和自觉性,切实保障学生体质状况的持续改善。

(2) 杨浦区学生体质健康监测中心的测试

杨浦区学生体质健康监测中心制订了学生体质健康集中监测方案,尝试形成区集中抽测常态化、制度化的格局,及时掌握杨浦区学生体质健康发展的动态,为教育行政部门进行学生健康宏观决策,有针对性地开展学校健康教育工作提供科学依据,客观评价学校学生健康教育质量和效果,均提供了科学依据。

2012 年 4 月,杨浦区开展了"2012 年上半年杨浦区义务教育阶段学生体质健康集中抽样监测"工作,由于区学生体质健康监测中心测试点正在建设中,故采取了在五个监测点(市东中学、上理工附中、上理工初级、育鹰学校、复旦实验)同时进行的方法,形成了《2011 年杨浦区中小学生〈国家学生体质健康标准〉测试以及 2012 年上半年杨浦区义务教育阶段学生体质健康集中抽样监测情况公告》。

表 12　"2012 年上半年杨浦区义务教育阶段学生体质健康集中抽样监测"情况表

被抽测学校	监测点	监考教师	工作人员	工作日	抽测年级	抽测办法	学生样本	数据
98 所	5 个	70 人	150 人	2 个半	四年级、八年级	整群	10502 人	50000 个

(3) 校级学生体质健康监测中心的测试

学校学生体质健康监测是测试工作的根本和落脚点。2011 年,杨浦区学生体质健康监测中心组织开展了《国家学生体质健康标准》的测试工作,对学校测试场所、测试方法作了严格规定,本着为学生提供"随时、多次、择优"的原则,规定学校学生体质监测室每天定时为学生提供个体监测服务、每月组织班级测试、每学期组织全校测试,及时掌握在校学生体质情况。

3. 数据汇总与分析、评价

严密的上报流程、科学的分析与合理的评价,是保证《国家学生体质健康标准》数据质量的基础工作,也是各级网络规范运行的"指挥棒"。

(1) 市级学生体质健康检测中心的工作

市级学生体质健康监测中心利用市级体质健康数据库及其应用平台,运用校园网络、城域网络等现有的各项信息化基础设施,通过较为先进的信息化平台来进行各项监测任务的数据上报与管理,以达到高效、低负、易用等目的,并实时进行监督与监测,提高数据的真实性与上报系统的客观性。市级学生体质健康监测中心为各区撰写《国家学生体质健康标准》测试数据质量分析报告,形成"一区一报告"的评价机制,合理评价各区县学生体质健康状况,引导各区县科学评价学生体质现状。

(2) 杨浦区学生体质健康检测中心的工作

杨浦区学生体质健康监测中心在市学生体质健康监测中心的指导下,组织开展了 2011 年、2012 年、2013 年、2014 年《国家学生体质健康标准》数据上报工作,在市学生体质健康监测中心网络平台的基础上,形成了"核对生源—选择项目—学校汇总—检查验收—上报数据"的工作流程,顺利完成了每年的上报工作。2012 年,召开学生健康促进暨"中小学生每天一小时校园体育活动"工作推进会,明确要求各校把学生每天一小时校园体育活动、学生健康促进工作落到实处。

(3) 校级学生体质健康检测中心的工作

校级监测点每年在学校学生体质健康监测工作领导小组的统一领导下制订学校监测方案,组织实施与评价,并撰写校数据分析报告。

4. 学生体质健康监测中心的质量监控

(1) 市级学生体质健康监测中心的质量监控

上海市学生体质健康监测中心于 2011 年 12 月、2013 年 5 月对全市 17 个区县开展"上海市中小学生《国家学生体质健康标准》抽样监测活动"。

(2) 区级学生体质健康检测中心的质量监控

杨浦区学生体质健康监测中心采取了三种监控手段:一是督察员随机走访。杨浦区学生体质健康监测中心 28 名督察员每人每年走访三至四所学校,采取走访和回访的办法,了解各校教学状况、锻炼情况和测试状况。二是数据复测。2011 年 11 月、2012 年 12 月、2013 年 12 月,杨浦区分别开展了"2011 年杨浦区学生体质健康状况及学校学生体质健康监测室检查验收""2012 年杨浦区学生体质健康监测暨影响因素调研""2013 年杨浦区学生体质健康抽样监测",确保了上报数据的有效、规范与准确。三是开展专项督导调研。杨浦区教育局、区教育督导室于 2012 年上半年开展了"学生健康促进工程"专项督导调研,进一步提高学校对"学生健康促进工程"的认识和理解,引领学校在系统规划与设计、优化课程与教学、提高教师专业素养与能力、整合资源提高综合效能等方面健康发展、内涵发展、持续发展。

表 13 "2011 年杨浦区学生体质健康状况及学校学生体质健康监测室检查验收"情况表

检查学校	督察员	工作日	抽测办法	抽测方式	学生样本
98 所	40 人(8 组)	7 个	随机整群	下基层	3500 人

表 14 "2012 年杨浦区学生体质健康监测暨影响因素调研"情况表

检查学校	督察员	工作日	抽测办法	抽测方式	学生样本
98 所	101	4 个	随机整群	集中抽测	1440 人

表 15 "2013 年杨浦区学生体质健康抽样监测"情况表

检查学校	督察员	工作日	抽测办法	抽测方式	学生样本
97 所	48 人(8 组)	4 个	随机整群	下基层	3200 人

5. 学生体质健康监测中心的信息公告与服务

(1)市级学生体质健康监测中心的工作

市级学生体质健康监测中心定期公告全市学生体质健康状况以及各区县学生的体质健康监测结果,对学生体质健康水平持续下降的地区和学校在本系统内进行公告并提出干预建议。市级监测中心根据 2011 年、2012 年上海市学生参与《国家学生体质健康标准》测试结果和监测、调研结果,于 2012 年 6 月、2013 年 9 月,在《解放日报》《文汇报》上对全社会公示各区县学生体质状况。

（2）区级学生体质健康监测中心的工作

2012 年，杨浦区教育局启动了政府实事项目——建设"杨浦区学生健康管理信息平台"。该平台以学生体检和体质监测数据为基础，健全学生健康档案，实现"一生一档"，加强学生的健康管理。"平台"涵盖学前阶段、九年义务教育和高中全过程，设有学生卫生健康信息发布、学生体质健康信息发布、预防干预、营养午餐、家长公告等服务项目。该平台的建设，实现了杨浦区学生健康数据"三段贯通"，形成了家、校、社区一体的学生健康数据共享，建立了"数据输入—汇总分析—预防干预"的信息管理模式。平台为教育局、学校、教师、社区、家长等不同人群提供了解学生健康信息的渠道，为有效促进学生健康奠定了基础。2012 年、2013 年，区级监测中心在"杨浦区学生健康管理信息平台"上公示各校学生的体质状况。

6. 学生体质健康监测中心的发展性研究

（1）市级学生体质健康监测中心的研究

市级学生体质健康监测中心立足于本地区学生体质健康现状与特点，整合各相关部门和高校的资源，开展相应的科学研究，为相关部门制定政策提供科学依据。市级监测中心与教育部教育管理中心开展项目研究合作，开发研究"《国家学生体质健康标准》综合管理系统"，承担市教委重点课题"《国家学生体质健康标准》最佳实施方案的研究"，与上海交通大学合作开展适用于上海地区学生的体质健康评价体系研究工作，与上海体育学院合作开展改善上海地区青少年体质健康状况的关键技术研究等。

（2）区级学生体质健康监测中心的研究

协助与参与市级学生体质健康监测中心的研究，完成市级学生体质健康监测中心布置的研究任务。杨浦区拟定先行组织研究与编写学生身体锻炼指南，为本区不同学段学生科学锻炼提供帮助与指导。

（3）校级学生体质健康监测中心的研究

各校均成立了学生体质监测工作领导小组，统一规划有关促进学生体质健康的教育研究活动。以落实中小学生每天校园锻炼 1 小时为契机,以提高"三课、两操、两活动"、普及校园阳光体育活动"331"体锻项目、"一校一品"建设、实施"大课间体育活动"、开展学校体育社团和青少年俱乐部活动等为抓手,开展体育教育研究,切实提高体育活动质量,提升学生体质健康水平。

通过"学生体质健康监测网络建设"以及"学生体质健康常态化监测方案",杨浦区完成了学生体质健康监测中心的建立。具体来说,研究成果体现在以下几个方面:

① 形成了较为完善的市—区—校三级监测中心建设运行机制

市级学生体质健康监测中心协助市教委出台了多个文件,规范了区级监测中心的建设运行方案。

杨浦区学生体质健康监测中心设主任一名,由教育局分管领导兼任,配备管理、体育、卫生、网管 4 名专职教师,与区教师进修学院体育学科中心组合作,成立了 28 人的杨浦区学生体质健康监测中心督察员队伍。

杨浦区学生体质健康监测中心,设有区中心办公室、区中心测试点和区中心干预实验室三个部分。区中心办公室建在杨浦区教师进修学院,配备办公室、会议室各一间,以及相应的办公设备,主要承担与教育局、教研室等相关部门的沟通协调,以及安排培训、策划方案等。区中心测试点建在同济大学第一附属中学内,配置了相应的功能室,主要承担监测、抽测、数据采集等任务,并根据上海市教育委员会关于印发《上海市学生体质健康监测中心测试器材技术参数》的通知(沪教委体【2012】47 号),以及杨浦区实际情况,配置了若干套测试器材,可以开展身高体重指数、肺活量体重指数、坐位体前屈、耐力跑等项目的测试。杨浦区将在上海体育学院附属中学建设杨浦区学生体质健康监测中心干预实验室,承担分析、研究测试数据、个性化的健康干预服务和师资培训等任务。

杨浦区各校均成立了规范的学校学生体质健康监测室,各校监测室有 20 平方米以上,配置计算机、局域网络、智能无线网络型系列学生体质健康智能测试系统、室外运动场以及专职工作人员一名。此外,各校建立了学生体质健康监测室的常态化测试服务的相关制度,为学生提供随时、多次、择优的测试服务,指导学生日常锻炼。

表 16　学校学生体质健康监测室建设标准表

组织框架		硬件标准		主要功能
		室内	室外	
领导小组	1 名专职教师	独立隔离区域 专用计算机 局域网络 身高体重测试仪 握力测试仪 坐位体前屈测试仪 肺活量测试仪等	符合测试标准的跑道	开展测试 健全档案 常态化测试 教学科研 锻炼导向服务 设备维护

② 完成了上海市学生体质健康监测网络公共服务平台建设

市级监测中心在现有的《国家学生体质健康标准》数据管理系统的基础上,建设了覆盖全市学生的健康档案库,并开发出一套供上海地区学生、教师和家长使用的体质健康网络公共服务平台。该平台以上海市学生体质健康监测中心网站为基础,通过增加应用模块,拓展评价功能,为学生提供一套简单易行的体质健康过程性评价的方法,及科学的锻炼与健康的生活方式指导,为教育行政部门提供一套完善的监测网络体系,为实现市区校三级监测网络的有效联动打下了坚实的基础。

③ 初步完成了市区两级常态化监测方案的框架建构

初步建构市区两级常态化监测方案框架,形成了"培训—测试—数据汇总与分析、评价—质量监控—信息公告与服务—发展性研究"等六个工作环节,并明确了各环节的工作内容与程序。

第二节　以基地建设为抓手落实区域
推进生命教育的途径

所谓教育基地或课程基地是指"以创新型学习环境为特征,以改进课程内容实施方式为重点,以增强实践认知和学习能力为主线,以提高综合素质为目标,促进学生在自主、合作、探究中提高学习效能,发掘潜能特长的综合性教学平台"。① 因此,基地的建设,可以为教育的发展提供基础性地点和场所,能够为教师、学生提供一个学习、探究、发展的环境。而生命教育在区域内得以推进和落实,其中的重要因素便是学生的生命教育实践与教师的生命教育意识的发展。因此,杨浦区建立了学生生命教育实践基地以及教师生命教育研修基地。

一、作为学生生命教育实践场所的实训基地建设

杨浦区域内许多学校结合学校自身的特点、可利用的资源和学生发展的需求,形成了各具特色的生命教育校本课程。在这些生命教育校本课程中,杨浦区搜集汇总、整理、编辑了区域内已有的优秀生命教育课程,在此基础上制定了《杨浦区学校生命教育联合研训基地建设意见》,创建了一批由一校主持、试点校组成的结构合理、具有相对集中性的跨学段生命教育研究的联合研训基地。首批区域生命教育联合研训基地包括:学生生涯发展联合研训基地(上海交通大学附属中学)、性别教育联合研训基地(上海理工大学附属小学)、家庭教育联合研训基地(辽阳中学)、生态教育联合研训基地(复旦科技园小学)。由一校主持、试点校的联合研训基地,具体情况如下表:

---

① 马斌.关于课程基地建设的内容与要求[N].江苏教育报,2011-09-29(002).

表 17　杨浦区生命教育联合研训基地情况表(含主持校、试点校)

基地	主持校	试点校		
		高中	初中	小学
学生生涯发展联合研训基地	上海交通大学附属中学	上海理工大学附属中学	思源中学	打虎山路第一小学
		控江中学	新大桥中学	控江二村小学
		少云中学	育鹰学校	昆明学校(小学部)
性别(青春期)教育联合研训基地	上海理工大学附属小学	上海理工大学附属中学	上海理工大学附属初级中学	工农新村小学
		市东中学	控江初级中学	齐齐哈尔路第一小学
			辽阳中学	控江二村小学分校
生态教育联合研训基地	复旦科技园小学	杨浦高级中学	同济初级中学	民星路小学
		同济大学第一附属中学	铁岭中学	政立路第二小学
			市光学校	开鲁新村第二小学
家庭教育联合研训基地	辽阳中学	上海理工大学附属中学	思源中学	第二师范附属小学
		上海财经大学附属中学	鞍山实验中学	平凉路第三小学
		中原中学	控江初级中学	五角场小学
			二十五中学	杨教院实验小学
			育鹰学校	杨浦小学分校
情绪辅导联合研训基地	杨浦小学	同济中学	上海音乐学院实验学校	第二师范附属小学
		控江中学	黄兴学校	二联小学
		上海财经大学附属中学	延吉第二初级中学	内江路小学
				回民小学
校外实践联合研训基地	鞍山初级中学	少云中学	东辽阳中学	民办打一外国语小学
			民办兰生	建设小学
			新大桥中学	内江路第二小学
			延吉第二初级中学	

（续表）

基地	主持校	试点校		
		高中	初中	小学
健康安全技能宝典联合研训基地	同济小学	民星中学	上理工初级中学	二联小学
		复旦实验中学	二十五中学	长白二村小学分校
			东辽阳中学	

除了生命教育联合研训基地作为学生生命教育的实践场所外，杨浦区还结合区域生命教育思路，拓展学生校外生命教育活动场馆，建立一批校外学生生命教育实践基地，从而拓宽学生的实践平台，实现生命教育在体验感悟、在实践活动中习得的教育理念。这些校外生命教育活动场馆包括：安全体验实践基地（殷行街道安全体验馆）、生存技能实践基地（游泳馆）、生命科学实践基地（同济大学医学院）。在社区安全体验馆，开展"生存大考验"——趣味定向越野活动，通过一系列体验式教育活动，让学生掌握自救、互救技能和安全知识，了解生命起源，理解生命尊严，使学生形成正确的生命态度和正确的生命意识。将同济大学医学院"36°7"生命健康教育课程引入高中课程，以互动教学、实验探究、为课题调研等形式，先后完成"揭开黑暗料理的真相""地沟油的检测及其危害"等小课题。2014年暑假，20多名高中生参加了该院承办的全国高校科学营活动。与区红十字会、区民防办联手在小学四年级开展"识险避险、应急救护常识普及项目"，共同研发普及教材及学习资源包，配置学习教具，实现常识普及进教材、进课堂。

与此同时，杨浦区整合区域生命教育资源，编制了《杨浦区生命教育学生实践场馆手册》，手册介绍区域内近20所开放的与生命教育有关的学校、场馆，各机构主打不同特色与品牌，配备专门的讲解员接待，供学生、家长按需索骥，实现场馆实践课程与学校课程的有机衔接。区域不断增加学生的实践平台，实现了生命教育在体验感悟、在实践活动中习得的教育理念，让广大学生收获未来。

通过生命教育联合研训基地、校外生命教育活动场馆以及其他学生生命教育实践场所的建立，杨浦区生命教育的大中小学衔接具有了现实的载体和支撑。

二、作为教师生命教育研修场所的研训基地建设

《关于开展基础教育新课程师资培训工作的意见》指出在教师培训模式上要坚持培训、教研、教改相结合，坚持集中培训与分散培训相结合，坚持短期面授和长期跟踪指导相结合，注重发挥校本培训的作用。

杨浦区所建立的首批区域生命教育联合研训基地，不仅是作为学生生命教育实践场所的实训基地而存在，也是作为教师生命教育研修场所的研训基地而存在。"生命教育者必先受教育"，只有教师有了生命教育的意识，并且热爱生命，那么他才能将生命教育的思想体现在他的教学中，才能在教育活动中主动、自觉对学生进行生命教育。因此，生命教育联合研训基地也承载着培养一支高素质、专业化的生命教育师资队伍，让教师向广大学生传递生命的气息，从而使学生树立正确的生命观、人生观和价值观，培养对他人生命珍惜、尊重的态度。生命教育联合研训基地为教师的研究、培训提供了场地，使教师的研究与培训更加符合自身的特点与需求，从而使得教师发展更加具有针对性。

作为教师生命教育研修场所的研训基地，研训基地的主持校其主要工作包括以下几个方面：(1)结合区生命教育联合研训基地建设意见，制定联合研训基地的具体实施方案，编写教师研训课程计划，研发、申报教师研训课程，定期召开联合研训基地工作研讨会。(2)聘请专家顾问，对联合研训基地研究内容、研训方式等给予指导。(3)制定研训基地联盟校申报方案，下发、宣传、组织区域学校开展申报活动，确立联盟校名单后报区生命教育试点工作领导小组审核、批准，各联合研训基地全程记录基地主持校及联盟校的基本情况、试点规划、研究进展、发展过程、展示活动、取得成果等,过程性跟踪研训基地的实际情况,并及时向"区生命教育试点工作领导小组"汇报研训进度。(4)联合研训基地研究工作完成后,准备好有关材料,如研究报告、工作报告、研究成果等,组织联合研训基地评审和展示活动。

生命教育研训基地,作为教师生命教育的研修场所,使大中小学的教师能够针对一个主题或问题进行专题的研讨,从而明确自身所教学段学生以及课程的特征,同时明确前一学段以及后一学段的学生特征、课程特征,使生命教育达到大中小学的有效衔接。

第三节　以师资队伍建设为核心提升区域推进生命教育的质量

师资队伍的质量是落实和推进生命教育的关键。为了更有效地落实和推进生命教育,杨浦区采取了一系列措施加强师资队伍建设,主要包括教师培训课程的开发与实施,以及围绕着生命教育而展开的校本教研活动。

一、区域生命教育师训课程的开发与实施

教师生命教育是生命教育的一个重要子课题,是推进生命教育开发与实施的一个重要环节。为了提升杨浦区中小学教师实施生命教育课程的意识与能力,最终实现生命教育全区覆盖的目标,建设一支高素质、专业化的生命教育教师队伍是势在必行之举。为此,杨浦区教师进修学院首先建构了中小学生命教育的教师培训课程。

(一)总体框架设计

根据课程理念与设计意图,以"培育教师生命教育素养"的顶层目标指导生命教育教师培训课程建设的基本方针和主要内容的确立,突出课程功能指向,形成课程建设总体框架。

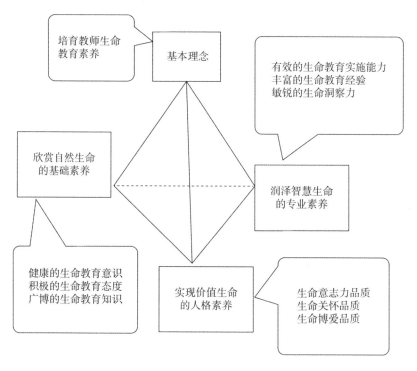

图 4　生命教育教师培养课程模块设置图

表 18　生命教育教师培养课程设置总体框架表

课程领域	课程功能指向	课程模块示例
欣赏自然生命的基础素养	加深生命教育的精神情怀	教师的专业发展与生命教育理论、生命教育哲学、当代生命教育价值取向、教师专业伦理、学科教育新进展、学生研究新进展、学习科学新进展等，也可以选择哲学、人文、科技等研究领域的一些相关专题。
实现价值生命的人格素养	奠基生命教育的人格品质	不同学科中渗透生命教育的专题研究、青少年生命观与道德发展问题研究、生命教育课程领导、校本生命教育课程开发、生命实践活动设计与行动、档案袋评价、学生综合素质评定、课堂观察与评价等。
润泽智慧生命的专业素养	训练生命教育实践的专业能力	生命教育实践的反思性教学、生命教育行动研究、生命教育案例研究、生命教育叙事等。

（二）课程内容与类型

基于中小学生生命教育课程内容以及生命教育师训课程目标,确定生命教育师训课程主要围绕教师生命教育意识与素养、知识与技能、实践与方法等内容展开,课程主要分为通识类、学科类以及专题类等三大类型。

（1）通识类课程:旨在促进教师生命教育意识与素养的提升,通过与高校资源、社会优质办学机构联合开发形成;

（2）学科类课程:旨在促进教师生命教育知识与技能的发展,是在已有的基础性课程和拓展性课程中包含关于教师生命教育的教学内容延伸出的相关教师生命教育培训课程;

（3）专题类课程:旨在促进教师生命教育实践与方法的丰富与完善,是基于区域内生命教育各基地校的培训课程而形成的教师生命教育培训课程。

图5 生命教育师训课程的内容架构图

因此,杨浦区在生命教育师训课程上形成了由通识类课程、学科类课程、专题类课程组成的层次化的师训课程体系。具体如下图:

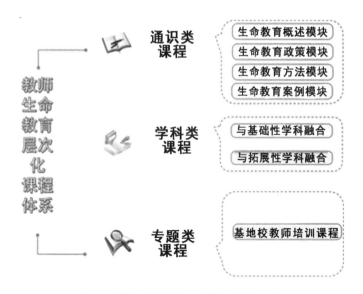

图 6　教师生命教育层次化课程体系图

通识类课程、学科类课程、专题类课程的具体设置如下：

（1）生命教育通识类师训课程

通识类课程是以短期的、时效性强的专家讲座、主题报告等形式开展的各类教师生命教育培训课程，旨在培养教师的生命教育意识与素养。主要包括以下模块：

表 19　通识类课程的主要模块表

通识类课程 （生命教育意识与素养）	生命教育概述模块	《生命视野中的教育观》 《生命教育的概论》
	生命教育政策模块	《上海市中小学生生命教育指导纲要》解读 《杨浦区生命教育课程指导纲要》解读
	生命教育方法模块	小学生命教育的方法研究 初中生命教育的方法研究 高中生命教育的方法研究 大学生命教育的方法研究
	生命教育案例模块	小学生命教育的经典案例 初中生命教育的经典案例 高中生命教育的经典案例 大学生命教育的经典案例

（2）生命教育学科类师训课程

在已有的基础性课程和拓展性课程中，关于教师生命教育的教学内容延伸出的相关教师生命教育培训课程，旨在培养教师的生命教育知识与技能。

课程主要通过两种方式进行融合，一是生命教育与基础性学科的融合，二是生命教育与拓展性学科的融合。

表 20　学科类课程的主要模块表

学科类课程 （生命教育知识与技能）	与基础性学科的融合	在语文学科中的融合 在科技学科中的融合 在体育学科中的融合 在生物学科中的融合 在音乐学科中的融合 在美术学科中的融合
	与拓展性学科的融合	与学校拓展型课程融合

（3）生命教育专题类师训课程

区域内生命教育基地校研究形成的校本课程配备的教师生命教育培训课程。此类课程属于基地校与课程专家在生命教育实践过程中协同开发的课程。

表 21　专题类课程一览表

专题类课程 （生命教育实践与方法）	性别教育师训课程 生态教育师训课程 情绪智力师训课程 家庭教育师训课程 学生生涯发展师训课程 野外生存师训课程 健康安全技能宝典师训课程

研究团队在生命教育教师培训课程开发的实践过程中，主要致力于专题类课程的研发。经过三年的探索、实践与考验，最后形成了内容体系完善的七门课程。

（三）生命教育师训课程的实施

生命教育师训课程实施的形式主要包括以下三种：讲授式：主要有短期的、时效性强的专家讲座、主题报告等形式；研讨式：主要以学员活动为主，通过体验、研讨、交流或者基于案例的诊断等方式展开；网络式：主要基于网络平台，通过网络授课、研讨等形式与学员互动。

杨浦区生命教育师训课程的实施遵循了以下几个原则：

1. 从点到面的"金字塔式"培训策略

生命教育师训课程的实施以从点到面、从试点校到全区推广的"金字塔式"培训为策略，以从对培训者培训到对区域种子教师培训再到区域教师全员培训的形式，层层递进，逐步推广。

2. 理论研修与实践体验相结合

生命教育师训课程不仅关注教师在生命教育学科素养方面的提升，更注重发挥生命教育的实践性特征。在对教师进行生命教育理论研修的同时，加强课例研究、案例研讨等实践体验。在理论学习与实践探索的过程中，唤醒教师自身对生命的热爱、尊重、理解，发展教师面向学生开展生命教育的能力与素养。

3. 通识培训与学科培训相结合

根据生命教育课程体系内容，通过通识类课程、学科类课程以及专题类课程开展教师培训，将有关生命教育的通识培训与学科培训相融合，从而促进教师自身生命素养及学科渗透生命教育的意识与能力的全面提升。

（四）生命教育师训课程的评价

杨浦区生命教育师训课程的评价坚持以下几个原则：

1. 重视过程性评价，指向教师生命教育的需求与体验

生命教育师训课程的评价就是作为生命主体的教师在参与生命教育培训过程中体验生命、建构生命认知、发展实施生命教育能力的过程。因此，生命教育师训课程的评价需要关注教师在生命教育过程中的实际需求与体验。

2. 过程性评价与表现性评价相结合，融评价于教师生命教育素养发展的全过程

过程性评价和表现性评价各具优势，各有侧重，培训师要根据课程需要充

分发挥其功能。

过程性评价应从培训动机、过程和效果三个维度,对教师生命教育素养的形成发展过程进行动态评价。关注教师在培养过程中采取的学习方式,注重教师个体性差异评价,将每个评价对象个体的过去与现在进行比较,从而激励教师积极投入到培训、实践之中去,养成良好的生命教育素养。

表现性评价需要创设有利于培养教师生命教育素养的一系列具体、实际的任务,如:生命教育实验、反思性日志、探究报告、成果展示等,从中观察教师的真实生命教育行为表现和发展现状,以此评价教师掌握和运用生命教育知识的水平,促进教师不断提高实施生命教育能力的相关素养。

3. 采用发展性评价,指向教师实践生命教育课程的能力提升

生命教育师训课程最终指向教师生命素养的提升以及实践生命教育课程能力的提升,因而在评价过程中需要以促进教师发展为目标,落实课程评价的发展性功能。发展性评价可采用如下具体的方法。

描述性评价。观察教师在实践活动过程中所表现出来的情感、态度、能力和行为,运用检核表或影像记录等方式记录教师的活动过程,并通过行为记录分析和影像回顾等方式考察教师相关知识技能掌握情况以及生命成长历程。

等第性评价。以"新手、练级、达人"等灵活多样、教师喜闻乐见的等第评价方式,针对不同的课程模块,通过比赛、情境测验、学习单等,考查教师生命教育相关知识技能的掌握情况。

4. 教师评价与学生评价相结合,激发教师生命教育培训的内在动机

学生自评,即学生自我对照参与本课程以来的变化,自己对自己评价。内容包括:在课堂上自我展示的能力、收集资料的能力、参与实践活动能力等。教师评价,即教师根据自己在培训中的表现、参与实践的态度、生命教育素养的养成,给自己适当的评价。教师可以用档案袋、计分等方式对自己的表现简单记录,作为评价依据。通过生生、师生共同参与的多元评价,

引导教师感悟生命教育在职业发展中的重要性，激发教师产生爱惜生命、保护生命的内在愿望和具体行为。建立教师的自我评价体系，提升自主学习，促进生命教育素养的发展。

教师的自我评价也是师训课程评价的重要组成部分之一，通过对自己的生命教育素养进行评估，一方面有助于加深自我了解，实际上是自我觉察能力的训练，另一方面也能提高教师参与培训的动机。具体的方法可以是与档案袋评价进行有机结合，让教师对自己和他人的生命教育师训课程表现和成果有所了解，并通过自评或互评来总结经验，主动进行改进。另外，由于教师是生命教育师训课程评价的主体，也可以让教师以合作者的身份参与开发与制定评价标准的过程，这种方式能让教师习得对学习成功的内在控制感，并进而产生对自己生命事务的内在责任感，从而有助于增强教师不断完善自我生命教育历程的内部动机。

5. 注重反思性评价，指向教师践行生命教育课程中的自我反思与发展

教师的自我反思是促进其专业发展的重要途径。基于此，生命教育师训课程的评价需要注重引导教师对自我生命认知以及践行生命教育活动的反思，使得评价成为教师进行自我反思与自我教育的契机。

二、生命教育校本教研活动的设计与实施

校本教研是指"以学校教育者（主要是教师）为研究主体，以学校教学活动中的实际问题为研究对象，以促进学校发展为目的，将研究成果运用于学校教学实践中的教学研究活动"。[①] 校本教研能够促进教师专业素质的提高，包括能够促进教师知识结构，尤其是教师实践性知识的更新；能够增强教师的主体性，使教师发挥创造性，积极参与到教学研究和实践中；能够促进教师的人格、情感、个性等方面的多元发展。校本教研作为一种促进教师专业发展、提升教师教育教学质量的手段，应该在生命教育的推进与落实中充分利用。具体来说，

① 姜丽华.校本教研：内涵、特征及其价值[J].教育科学，2004(6)：35-36.

主要是从生命教育校本教研活动的设计、生命教育校本教研活动的实施两方面来进行：

（一）生命教育校本教研活动的设计

生命教育校本教研活动的设计过程包括了生命教育校本教研活动理念的确定、生命教育校本研修问题的确定，以及生命教育校本教研方案的制定。具体说明如下：

1. 生命教育校本教研活动理念的确定

明晰生命教育校本教研活动的理念，有助于明确生命教育校本教研活动的方向，使教师能够更有效地开展生命教育的校本教研活动。生命教育校本教研活动的主要理念包括了以下几个方面：首先，生命教育校本教研活动应该满足教师发展的需求。教师在开展生命教育时不仅需要生命教育的专业知识与技能，也需要诸如情感支持、自我实现的需要。开展生命教育校本教研活动首先应该立足于教师的需要，倾听他们的心声。其次，生命教育校本教研活动应该立足于教师在生命教育实践中遇到的实际问题。教师在生命教育教研活动中，不仅需要一些理论知识，也需要有解决实践中遇到的具体问题的能力。因此，有关生命教育的校本教研活动，不能完全脱离教师的生命教育实践，而应该扎根于教师的生命教育实践。再次，生命教育校本教研活动应该确立一个共同的发展愿景与目标。共同愿景与目标的制定，可以使参与生命教育校本教研活动的教师更加具有向心力，从而促进校本教研活动的展开。

2. 生命教育校本教研问题的确定

生命教育校本教研问题，有两个主要的来源：一是教师在读书、思考、理论学习过程中所产生的困惑，二是教师在进行生命教育实践时所产生的困惑或困难。

3. 生命教育校本教研方案的制定

生命教育校本教研方案的制定，主要包括了以下过程：首先，分析生命教育校本教研问题。通过对于问题的分析,列出问题的关键要素以及解决问题的可能性。其次,对生命教育校本教研问题提出一定的解决方案,并且与生命教育校本教研组织的同事进行交流,分析解决方案的可行性。最后,根据交流和反思,对已形成的解决方案进行改进。

(二) 生命教育校本教研活动的实施

生命教育校本教研活动的实施,是通过多种教研方式以及多方力量的支持来完成的。

首先,多样化的生命教育校本教研方式。生命教育校本教研活动的实施方式是多元的、灵活的、动态的,包括:(1)磨课。开展以课例为主要载体的磨课,将教研活动转化成为与教师日常教学生活密切相关的学习和改进过程。(2)案例分析。案例是生动的、活生生的教育现实,在生命教育实施过程中,教师产生了许多优秀的案例,也有许多不尽如人意的案例,对于这些案例进行集中的研究和分析是进一步推进生命教育的有效手段。(3)课题研究。课题研究是生命教育校本教研活动的一个重要方式,能够深化生命教育校本教研的开展。在生命教育这一整个的课题思路下,教师在具体的生命教育情境下,会产生一些自己感兴趣或者自己深感疑惑的问题。教师基于此形成一定的课题研究,并且围绕着这些小课题进行集体的研究与反思,可以提升生命教育校本教研活动的质量。(4)学术沙龙。生命教育校本教研活动也可以通过学术沙龙的形式来进行。根据教师在生命教育实施中的兴趣、困难,定期或者不定期举行各种形式的有关生命教育的读书报告会、生命教育教学经验交流会、主题研讨会。(5)学术报告等形式。生命教育校本教研活动围绕着学校教师的兴趣和需求而展开,同时也需要专家的专业力量支持。教师在实践经验中无法解决的问题,也可以通过教育专家的学术报告获得专业理论支持。

其次,生命教育校本教研活动的运行也需要多方力量的支持。这些力量包括:(1)学校领导力量的支持。生命教育校本教研活动是以学校教师的兴趣、需求、困惑而展开的,学校领导需要减少自上而下的命令方式和强制方式,而是应该为生命教育校本教研活动提供制度上的支持以及研究氛围的创造,为教师的生命教育校本教研活动提供一个鼓励性和研究型的环境。(2)专业力量。教师的生命教育校本教研活动也需要理论的支持,这些理论支持会对教师思想的转变、知识的拓展、视野的开阔起到巨大的作用。因此,专业力量的支持能够深化和促进生命教育校本教研活动。(3)生命教育校本教研平台的建立。建立生命教育校本教研平台,能够为教师的教研活动提供一个分享、交流、反思的平台,这一平台能够突破时空限制、将资源整合到一起,在此平台上的教师生命教育校本教研就是一个相互对话、相互扶持的过程。

第四节　以督导评估为手段激活区域
推进生命教育的动力

杨浦区推进生命教育,主要是通过督导评估的手段来进行的。具体包括了两个方面:一是将生命教育的实施质量纳入到学校督导评估的指标体系之中;二是开展以生命教育为主题的专项督导活动。

一、将生命教育的实施质量纳入学校督导评估的指标体系

生命教育作为督导评估学校的一项重要内容,主要是基于对生命教育重要性的思考。具体来说,生命教育关系到学生健全人格的培养,对生命教育的重视体现着学校的一种价值取向。杨浦建设上海科创中心重要承载区对培养学生健全人格,促进生命成长的教育意义提出了新任务。在创新发展的进程中,不仅需要培养有创新思维、创新素养的人才,更需要培养有关爱之心、有健全人格的全面发展的接班人。生命教育就是通过对中小学生进行生命孕育、生命发展知识的教授,让他们对自己有一定的认识,对他人的生命抱有珍惜和尊重的态度,并让学生在受教育的过程中,培养对社会及他人,尤其是残疾人的爱心,在人格上获得全面发展。由此可见,生命教育对于学生发展、学生健全人格的形成具有重要的作用。学校教育需要积极开展生命教育、不断提升生命教育实

施质量,最终培养学生的人格。因此,生命教育应该成为评估学校的一个重要指标。

将生命教育的实施质量纳入到学校督导评估体系之中,以评价促进学校对于生命教育的重视,生命教育的实施质量就会有很大提升。

二、开展以生命教育为主题的专项督导活动

除了将生命教育实施质量纳入到督导评估体系之中,杨浦区还开展了以生命教育为主题的专项督导活动,并建构了生命教育专项督导评估指标(见下表)。该指标体系由四部分组成:(1)组织机构健全。包括理念引领、规范管理、保障措施等方面,所占分数为 30 分。(2)学生自我成长。包括自我认知、校内活动、校外实践,所占分数为 30 分。(3)评价多元有效。包括课题研究、主题展示、网络平台,所占分数为 25 分。(4)亮点特色。所占分数为 15 分。开展以生命教育为主题的专项督导活动,主要缘由是有关生命教育的督导评价机制并不完善。我国生命教育起步晚,理论研究薄弱,开展以生命教育为主题的专项督导活动,有助于拓展生命教育督导评价研究的空间,为区域生命教育的推进与落实提供全方位的保障。

表 22 杨浦区推进大中小学校"生命一体化"建设基地学校专项工作督导评估指标

(试行稿)

一级指标	二级指标	检测点	分值	自评	验评
组织机构健全 30 分	※理念引领	学校有明确的符合学生生命发展实际的工作推进方案;学校部门工作计划和总结均能体现与生命教育相配套的具体落实措施。			
	规范管理	领导班子重视生命教育试点工作,生命教育工作管理网络齐全,校级领导分管,相关部门具体执行。			
		建立生命教育推进制度,每学期有 1—2 次生命教育主题研讨,校长、分管领导深入教育活动,指导教育实践。			

（续表）

一级指标	二级指标	检测点	分值	自评	验评
组织机构健全30分	保障措施	学校健全生命教育教师管理制度，为教师提供多种形式和内容的培训，确保教师每学期参加区本生命教育专题培训，促进教师个体的专业发展。			
		开展生命教育推进工作的专项经费落实到位。			
学生自我成长30分	自我认识	学生有正确的生命认知，能选择正确的途径排解生活中的困惑及难题。			
	※校内活动	初步形成生命教育相关的校本课程，并能有序推进，不断完善。			
		课堂教育关注学生生命成长，学科教学凸显生命教育理念。			
		每学期有 3—4 次生命教育专题教育（安全、心理健康等）。			
		每学期有 1—2 次生命教育主题活动，注重体验、反馈与活动有效。			
	※校外实践	有与生命教育相配套的学生社会实践、志愿者等活动；落实 1—2 个学生生命教育实践基地。			
评价多元有效25分	课程研究	参与区生命教育联合研训基地的实践研究，有学校生命教育专项研究课题。			
	※主题展示	每学年开展 1—2 次生命教育推进工作专题活动。			
		在学生综合素质评价中，能体现生命教育的实效性。			
		师生、家长对学校开展生命教育工作认可度较高。			
	网络平台	每学年开展 1 次生命教育调研，了解掌握学生生命成长需求。			
		校园网等校内媒体及时推送生命教育相关报道及活动。			
总　　计					
※亮点特色15分（用文字描述）					

注：打※为各校创新实践，作为发展性指标。

　　杨浦区开展以生命教育为主题的专项督导评估,我们坚持以下几个基本原则:(1)科学性原则。评估学校生命教育实施质量,督导评估需坚持的首要原则是科学性原则,主要是体现评估的规范性。督导评估的过程必须依据明确的行政法规或者规章制度来进行,体现评估的严肃性和权威性。督导评估严格按照一定的程序进行,违背法规或者程序的评估是不科学的。(2)整体性原则。评估学校生命教育实施质量,督导评估还需要坚持整体性原则。整体性原则是指,在评估学校生命教育质量的过程中,应该对生命教育的目标、内容、实施、教研活动等进行整体的评价。(3)主体性原则。评估学校生命教育实施质量,督导评估还应该坚持主体性原则,也就是说,督导评估应该充分尊重和关注督导对象的实际情况,积极地倾听督导对象的汇报与意见,甚至是申辩,使督导对象充分地发挥主体性,从而使督导过程更加详细、全面和公平。(4)有效性原则。评估学校生命教育实施质量,督导评估还应该凸显有效性原则,有效性原则是指督导评估过程中的各个环节、步骤、要求要做到科学、有效,把督导活动对于学校的影响降低到最低程度,与此同时,获得有关学校生命教育实施的真实、可靠、全面的信息,并在规定时间把督导评估的结果反馈给学校,从而推动学校生命教育的反思与改进。

　　为了开展以生命教育为主题的专项督导活动,杨浦区督导评估注重以下三个方面的机制建设,开展实地督导调研活动。(1)健全组织管理保障机制。参照美国、日本、我国台湾等国家和地区的生命教育管理体制,依托我国教育管理组织保障机制,即政府的组织设置、学校的组织机构、社区家庭三位一体的运行机构,进行调整与完善。(2)形成多方参与的督导评价机制。各委办局、街道镇形成工作例会机制,定期讨论生命教育大中小衔接的工作运行机制:教育局确保学校生命课程的设置完善、人员充足、课时保证等;各委办局、街道镇在提供场地、活动时间安排上,确保提供大中小学生足够的时间和空间;专业机构要提供智力支持和资源保障。(3)丰富多元的评价机制。结合教育督导条例,在开展经常性和综合性的教育督导过程中,发挥挂牌责任督学的工作职能,利用信息化平台的数据,重视过程性的评估。研制关于生命教育的督导评价指标,在课程设置中保证生命教育在中小学学校衔接纵向发展。对区域生命教育的基地校开展实地督导调研,对各相关学校在生命教育教材使用、生命教育专职人员的配备、学生社区社会实践基地的落实等方面进行专题督导,形成了区域生命教育的督导评价指标。

第四章　生命教育衔接策略：
三位一体的区域联动

　　生命教育的衔接推进主要是通过"家—校—社"三位一体的互动机制建设来进行的,其中包括了"家—校"互动机制的建设和"校—社"互动机制的建设。在项目研究和实施推进过程中,有赖于学校、家长、社区等多方力量的相互扶持与密切配合,从而巩固和提升杨浦区生命教育大中小学衔接的实施质量。

第一节 推进"家—校—社"联动机制建设

一、"家—校"互动机制的建设

家庭是生命教育课程开发与建设的重要资源,因此,得到家长的支持就成了推进生命教育的重要保障。但是根据杨浦区对家长的调查问卷显示,家长对生命教育的认识还存在着许多不足和问题。具体来说,包括以下几个方面:

1. 家长对生命教育仍然缺乏了解

调研结果显示:仍然有 30% 左右的家长从未听说过生命教育,同时从家长对生命教育的内容和重要性理解方面,可以发现很多家长并不清楚生命教育是什么,并且是做什么的,从而也导致家长较少在家庭教育中贯穿生命教育的内容,从这方面来说,初中学生的家长对生命教育的重视程度需要重点关注。而这种对生命教育的理解,是家校互动的重要基础,需要相关部门加大力度宣传生命教育。

2. 家长与孩子之间缺乏有效交流

调研结果显示:家长与孩子之间的交流存在较多问题,比如 50% 左右的家长都不清楚如何帮助孩子调节心情,大多数家长都认为在与孩子的交流过程中,总是摸不透孩子内心的想法,或者孩子总是会嫌自己啰唆。这种在沟通上存在的问题会影响家长对孩子成长中所遇到的一些问题的判断,比如根据调研发现,家长了解孩子的心理健康状况的发展、在学校里参与生命教育的情况、是否早恋、学校饮食情况等行为,大多都是通过与孩子直接交流获得相关信息。此外,家长在家庭中贯穿生命教育、教育孩子知识也都需要通过与孩子沟通进行。因此,提高家长与孩子的沟通效率和效果是在家庭中开展生命教育的关键,也是提高家校合力效果的必经之路。

3. 家长了解生命教育的方式单一

对于孩子在学校参加生命教育活动的情况,仅有 16% 左右的家长是通过学校官网进行了解的,这在一定程度上说明学校对通过学校官网宣传生命教育活动仍然缺乏重视。而本次调研显示,网络搜索或查阅相关书籍是小学和高中家长获取教育孩子知识时较为依赖的方式,学校家长会和相关主题活动则是初中家长比较依赖的方式。因此,可以考虑出版相关书籍文章、建设相应网站、推送新媒体,并通过组织家长会、校园开放等主题活动的形式让家长走进生命教育,促进生命教育的顺利开展。

基于家长的调查问卷所显示的问题,杨浦区在推动大中小学衔接的生命教育时,就注重推动家长对生命教育的理解和认识以及参与。具体的措施包括以下几个方面:

1. 通过制定家长指导手册增进家长对生命教育的理解

针对家长对生命教育不了解的现实,杨浦区明确了生命教育家庭指导的内容,并形成了生命教育《关护成长·家长指导手册》,从而使家长熟悉和了解生命教育内容,形成家校合力。杨浦区基于《上海市中小学生生命教育指导纲要》,以《上海市家庭教育指导内容大纲》为依据,尊重中小学生的成长需求和个性发展,针对不同阶段的学生制定了符合其年龄特性的家教内容,聚焦中小学生生命成长的核心问题。为此,杨浦区编制了《关护成长·家长指导手册》《中小学家长学校"关护成长"指导实施意见》《中小学家长学校"关护成长"指导方案》。在《关护成长·家长指导手册》中,小学侧重"生命与交往",初、高中则突出了"生命与沟通"的内容,从而在家长指导内容上也形成了中小学衔接的状态,具体内容如下:

表 23　生命教育《关护成长·家长指导手册》序列内容表

小学学段

维度	生命与自然	生命与社会		生命与自我	
主题	环保篇	亲情篇	交往篇	学习篇	成长篇
一	感恩环境润生命	健康阳光每一天	撑起德尚谦和的伞	手握时间促成长	人见人爱小宝贝
二	认识环境我知晓	言传身教树榜样	打开智慧友善的窗	智慧陪伴减压力	身体探秘第一步
三	人与环境共和谐	关爱成长享过程	建起合作友情之桥	快乐学习创思维	相亲相爱一家人
四	融入环境爱自然	真诚理解互相尊重	亮起快乐自信之灯	守护翅膀筑爱巢	四季人生美如画
五	保护环境我做起	巧妙沟通促和谐	拨动和谐交往之弦	尊重平等共发展	吾家儿女初长成

初中学段

维度	生命与自然	生命与社会		生命与自我	
主题	环保篇	亲情篇	交往篇	学习篇	成长篇
一	共读一本书	有一对善于倾听的耳	爱上老师，爱上学科	发挥个性渡难关	堵不住的青春情
二	绿色生活点点通	有一个温馨和谐的家	同伴牵手创快乐	方法正确动脑筋	儿子和我打起来了
三	人与自然的关系	有一双魔力四射的手	冷静聆听，换位沟通	结伴学习快乐行	青春你最美
四	小废物、大宝藏	有一双发现美好的眼	花季最美是友谊	人生梦想启蓝图	性教育直面不能说的秘密
五	志愿服务我参与	读懂青春期孩子的心	尊重秘密，给予孩子独处时间	增长知识更识理	撑起保护伞

高中学段

维度	生命与社会		生命与自我	
主题	亲情篇	交往篇	学习篇	成长篇
一	一花一草皆风景	爱如一首四季歌	彩虹总在风雨后	走近青春期
二	美好人生共憧憬	柴米油盐皆婚姻	独木难支	友谊愿长久
三	真诚关爱互体贴	聆听花开之声音	高三指路灯	体貌父母赐
四	愿你飞得更高远	蓬勃青春多"恼"河	亲其师信其道	男女互帮助
五	尊重孩子话语权	勇敢远离性骚扰	我的未来不是梦	自我保护强

在明确了家长指导手册的内容后,杨浦区开始探索区域家长教育指导网络建设。开发《杨浦爱家学堂》微信公众号,将《关护成长·家长指导手册》中的家长指导方法呈现在微信公众号上,通过线上互动"不仅能提高家长使用的便捷度,还能随时随地了解家教中容易忽略的问题,增加实用性"。因此可以说,家长指导手册的制定以及家长指导手册的合理应用,为家长了解和学习生命教育的理念与内容提供了一个重要载体。

2. 通过亲子户外活动等形式加强亲子沟通

针对家长问卷中显示的家长与孩子之间缺乏有效的沟通这一问题,杨浦区开发了"快乐阳光家庭行"的亲子户外活动,引导孩子理解生命的宝贵,培养解决困难的能力,并通过亲子户外活动,加强家长与孩子的沟通和理解。

例如,第一届快乐家庭阳光行——户外亲子活动,通过组织家长与孩子一同闯关的游戏活动,引导孩子理解生命的宝贵,力所能及地参与到保护大自然行动中;帮助孩子学会运用各种知识和技能,科学智慧地应对突发情况,解决问题,培养孩子勇于面对困难挫折的能力,提高学生团队合作的意识。与此同时,也通过亲子户外活动帮助孩子学会与长辈、与父母交往,加强家长与孩子的沟通与理解,提升家庭亲子沟通能力。

除了通过开展户外亲子活动加强亲子沟通外,杨浦区还采取了一系列措施来辅导亲子之间的沟通,这包括:召开全区中小学德育分管校长会议,下发教育部关于加强家庭教育工作的指导意见(教基一【2015】10号),强调加强家庭教育指导、开展亲子沟通辅导的重要性。要求各中小学做到三个一:一次家长会,一场辅导讲座,一对一个别辅导。具体来说,一次家长会,是学校在期中考试之前组织召开一次家长会,开展以和谐亲子关系为主要内容的指导,引导家长认识到在学生成长中保持良好亲子关系的重要意义,以及指导家长建立积极的亲子沟通的方法。一场辅导讲座,是心理教师利用心理活动课、社团、校会课等上一堂亲子沟通辅导课,帮助学生和家长掌握亲子沟通交往的方法和技能。一对一个别辅导,是班主任针对亲子关系紧张的家庭开展个别辅导。

3. 通过家长微型课堂等形式拓展家长了解生命教育的形式

针对家长了解生命教育的形式单一问题,杨浦区在推进生命教育落实时采用了多种方式,拓展家长了解生命教育的渠道和途径。除此以外,杨浦区还通过建立家长微型课堂来推进家长与学校之间的沟通,帮助家长了解生命教育,从而形成家—校合力。根据上海市家庭教育指导内容大纲的要求和杨浦区生命教育区域试点任务,区德育室开始编写家长学校教材,目前已经汇编完成《小学家长学校微型课堂活动方案》18个专题、80余个活动方案,提供给区域内小学使用,在方案中呈现了"营造良好的家庭学习环境""亲子共守诚信""家长做孩子快乐玩伴"等内容,侧重帮助学生和家长掌握亲子关系常识,指导家长培养孩子活泼开朗、自尊上进、诚信等行为品质。

表 24　小学家长学校微型课堂活动方案表

小学专题	内容
营造良好的 家庭学习环境	1. 让阅读润泽你我共同的心灵——亲子温馨阅读指导 2. 严与松——营造良好的家庭学习环境 3. 争做称职的"培根"人——良好的学习环境育人,良好的家庭环境怡情 4. 家庭正能量学习更给力 5. 让家为孩子助力 6. 在家庭的温馨中培养孩子的学习习惯 7. 做一个合格幸福的好妈妈

（续表）

小学专题	内容
培养孩子的兴趣，丰富孩子的闲暇生活	1. 我读书我快乐——引导孩子阅读兴趣养成的正确观念与方法 2. 让孩子的闲暇生活丰富多彩 3. 倾听孩子呼声，培养孩子兴趣 4. 让孩子们"玩"转双休日——帮助孩子合理安排双休日
家长也要做孩子快乐的玩伴	1. 用心做孩子的玩伴 2. 不看电视，孩子玩什么 3. 和孩子一起 4. 如何成为孩子快乐的玩伴 5. 亲子游戏促孩子发展 6. 亲子共乐 7. 和孩子一起玩

除了建立家长微型课堂，杨浦区还通过多种形式来拓展家长了解生命教育的方式。例如，家长辩论赛、亲子主题课、家校育子谈等多形式，让家长走进生命教育。学校与家庭建立伙伴合作关系，利用好各自的教育主阵地，在教育方向上一致，在教育内容上融合，在方法手段上互补。家长与学校之间加强了在生命教育上的沟通与交流，在生命教育课程的开发与建设、实施上取得了合力，从而使生命教育的大中小学衔接更加有效。

二、"校—社"互动机制的建设

学校与社区的互动，是当代教育改革的一个普遍趋势。特别是随着全球化、信息化和学习化时代的到来，学校与社区之间紧密合作，形成教育合力，才能够为儿童的健康发展和全面发展创造良好的环境。

学校与社区之间互动和一体化的内涵，主要包括两个方面：一是学校社区化，即学校能够凝聚社区意识，成为社区的精神中心、资源中心和急难的安置中心；二是社区学校化，即以社区作为生活教育实践的场所、提供教学的相关资源、提供教育反思与修正机会为标志。① 在大中小学衔接的生命教育实施和推

---

① 安桂清，任富恒.学校与社区"教育一体化"研究——以上海市世博家园社区"快乐三点半"项目为例[J].中国教育学刊，2015(6).

进过程中，学校与社区的一体化内涵，主要是指第二个含义。

学校与社区之间建立互动和一体化的关系，一方面，社区能够为学校生命教育的展开与推进提供众多的资源，从而促进学生的生命教育范围拓展至真实的社区生活之中，使学生形成真实的、整体化的生命素养；另一方面，社区生活并没有严格地区分年龄段，它体现和反映的是整个人的生活以及生命体验。因此，学校与社区建立联合互动机制，同样有助于学校生命教育实现大中小学的衔接，实现生命教育的一体化。

学校与社区加强互动交流与合作，从而合力推动大中小学衔接的生命教育课程。学校与社区的合作与互动，主要包括了以下几个方面：

（一）学校与社区医院的互动

杨浦区建立了"学校—社区医院"的联动机制。这种联动机制是一种"学校卫生工作全面纳入社区公共卫生网格化管理的"工作机制。具体来说，即建立常态化的工作机制，学校卫生工作全面纳入社区公共卫生的网格化管理。杨浦区成立区"医生进校园"的工作领导小组和学校卫生工作协作小组，建立会议制度和协作制度，形成"一校一医"工作机制，促成 11 个社区卫生服务中心的 56 个全科医生服务团队与所在辖区的中小学、幼儿园进行了对接，定点、定人、定时开展工作，社区卫生中心与学校卫生工作高度融合，做到区域公共卫生防疫工作同部署、同实施、同考核。编写《"医生进校园"工作指导手册》，作为学校卫生工作和进学校（园）医生指导工作的借鉴。编印《医生进校园健康教育课程》手册，学校提出需求，社区医生、专家定期为学校开设健康讲座和开展业务培训，为学生家长提供健康咨询服务。

（二）学校与社区体验馆的互动

如前所述，生命教育课程注重学生的体验与探究。为了让学生更好地体验和探究生命议题，学校积极拓展学生校外生命教育活动场馆，从而建立起一批学生生命教育实践基地：安全体验实践基地（殷行街道社区安全体验馆，见下图）、生存技能实践基地（游泳馆）、生命科学实践基地（同济大学医学院）。例如，在社区安全体验馆，开展"生存大考验"——趣味定向越野活动。通过一系列体验式教育活动，让学生掌握自救、互救技能和安全知识，了解生命起源、体味生命尊严,使学生形成正确的生命态度和正确的生命意识。

与此同时,学校还整合生命教育资源,编制了《杨浦区生命教育学生实践场馆手册》,进一步加强对社区生命教育体验场馆的管理,提升学生生命体验和探究的质量。

图7　殷行街道社区安全体验馆

（三）社区与消防部门的互动

安全教育是生命教育的重要组成部分,社区消防部门是推进生命教育开展和实施的重要力量。在进行消防安全教育时,消防力量能够为学生提供专业的消防知识、安全逃生知识等,与此同时,消防部门也能够为生命教育的开展提供真实的设备和场地,从而使学生的体验具有了真实的情境。

第二节　协同多方力量巩固与提升生命教育的实施质量

实现大中小学衔接的生命教育,有赖于多方力量的相互扶持与密切配合,从而巩固与提升生命教育的实施质量。

一、学校为提升生命教育实施质量而提供的支持

杨浦区的学校为了提升生命教育的实施质量，做了多方面的努力：建设生命教育师资队伍，为教师发展提供多样化的培训平台，制定保障生命教育实施的规章制度，以学习评价方式的改变来提升生命教育实施质量，建设生命教育的校园文化等。

（一）学校加强生命教育师资队伍的建设

杨浦区为了提升生命教育的实施质量，致力于建设一支高水平的生命教育师资队伍，具体措施包括：（1）吸纳具有专业资格的生命教育教师。要提升生命教育实施质量，需要有高水平、专业的教师。为此，杨浦区许多学校吸纳了具有心理咨询相关资质的专任教师，为遇到困难或问题的学生提供专业的心理咨询。（2）开展生命教育教师培训。学校为提升教师生命教育实施的质量，开展了专门的生命教育教师培训。例如，同济小学利用社会资源，聘请有医学背景的志愿者、家长、教师、社区居民、医学院大学生等，针对生命教育课程所涉及的层面，从"卫生与健康""日常自救""常见意外伤害救护"和"应对自然界伤害"等内容，通过面授、网络对区域内教师进行集中培训，使更多的教师能够承担起所在学校的健康安全教育工作。为更多的教师提供参加应急救护技能的培训机会，充实应急救护师资队伍，确保有一支稳定而精干的教师梯队为学生提供优质有效的生命教育指导。

（二）学校为生命教育实施引入高等院校的专业力量

杨浦区内有众多的高校，例如复旦大学、同济大学、上海理工大学等，同时也靠近华东师范大学等高校，因而，杨浦区充分利用了这些高等院校的资源，从而提升生命教育课程的实施质量。具体包括两个方面的内容：（1）为课程开发与实施提供专业力量。华东师范大学作为教育学研究的重镇，为杨浦区生命教育的开发与建设提供了专业的课程知识。例如，华东师范大学的安桂清博士及其团队，为杨浦区生命教育课程的开发与实施提供了浸润式的专业指导；（2）为大中小学衔接的生命教育课程提供了有效的课程资源。同济大学医学院

"36°7"生命健康教育课程引入高中课程,以互动教学、实验探究、课题调研等形式,先后完成"揭开黑暗料理的真相""地沟油的检测及其危害"等小课题。2014年暑假,20多名高中生参加了该院承办的全国高校科学营活动。与区红十字会、区民防办联手在小学四年级开展"识险避险、应急救护常识普及项目",共同研发普及教材及学习资源包,配置学习教具,实现常识普及进教材、进课堂。这些使得大中小学衔接的生命教育课程开发与实施成为可能。

(三) 生命教育实施的规章制度制定

制定有序的协作规章制度,可以保证生命教育实施有章可循。例如,内二小学在与杨浦区中心医院合作开展生命教育的过程中,就建立起了相关的结对工作制度。这些制度包括:(1)会商制度。成立共建活动领导小组,每学期召开一次会议,共同协商解决共建活动中存在的突出问题,研究相关部署工作。(2)定期交流制度。双方定期开展工作交流、学习观摩、组织活动,共同举办培训班和研讨会。(3)资料共享制度。双方分别结合本单位的实际情况,协商共建活动的内容和方式,双方共享每次活动的相关资料。

(四) 以评价方式的改变来提升生命教育实施质量

个体生命的灵动独特决定了其只能被经历,而无法被识知。生命教育课程面向学生完整的生活领域,其内容的来源和组织立足于学生的现实生活,在学生的生活中展开,并试图通过引导学生正确处理生活中生命与自然、社会和自我之间的关系,使学生从小就学会凭借智慧、理性和技巧,避免伤害,减少损失,拥有更美好的生活。由此,生命教育的评价要特别强调开放性和个性化相结合,注重学生在学习过程中表现的评价方式是保障生命教育的有效方法。

(五) 生命教育校园文化的建设

生命教育的实施应该渗透于学生在学校中的每一个地方、每一个时间点,因此,建设生命教育的校园文化,使学生浸润在充满生命气息的校园文化之中,是提升生命教育实施质量的一个重要方面。例如,复旦实验中学在推进生命教育的过程中,通过多种形式创建生命教育的校园文化环境。具体包括:(1)秀出我青春——心理剧大赛,以班级为单位参加心理剧大赛,前期收集身边的青春故事,并将其整理编写成心理剧剧本,旨在让学生发现身边的心理学,学会捕捉自己的情感,展现自我。比赛邀请学生代表参与评选,结合老师打分,选出最后的优胜作品。(2)青春不留白——心理黑板报设计。结合心理相关主题,每个班级设计一期黑板报,通过这样的方式对学生进行青春阶段心理的科普。(3)青春寄语——横幅签名活动。在学生食堂前的空地处拉起横幅,邀请往来路过的师生在横幅上签名留言,写下对青春的美好祝愿。通过多种多样的活动,创造出一种每时每刻、无处不在的生命教育环境和文化,从而提升生命教育实施的质量。

与此同时,校园文化建设也凸显大中小学衔接,例如在生态教育联合研训基地中,大中小学针对生态教育这一主题形成了合作共同体。基于生态教育这一共同主题,各个学段的研训基地试点学校形成一种“生态”的校园环境,从而使学生时时刻刻地亲身体验到生态教育。

二、家庭为提升生命教育实施质量而提供的支持

家长是推进和落实生命教育的重要力量。生命教育在杨浦区的推进和落实,得到了家长的大力支持。

(一) 家长是生命教育的重要资源

家长是生命教育的重要资源,能够为生命教育实施提供众多支持。例如,上海理工大学附属中学在推进学生发展指导课题研究过程中,整合家长资源,从而推进了生命教育的落实与发展。自 2012 年起,在高一新生入学的家长会上,经广泛动员,在家长自愿基础上,建立家长资源库,为学校开展“专业巡礼”“职业巡礼”大型活动提供人力、场地等资源。三年中已有超过 20 位家长来校为学生作职业方面的讲座。近两年有更多家长为学生提供参观的场地,方便学生走出校门到企事业单位实地考察参观,诸如上海电视台、洋山深水港等。家长们的热情极大激发了师生们开展活动的积极性。

(二) 家长助力于亲子关系的改善,从而促进学生的健康成长

如前所述,生命教育的开展需要家校之间形成有效互动。但是家长作为孩

子的血亲,并不是天生就懂得孩子、懂得教育、懂得如何建立良好的亲子关系。将众多家长聚集起来,针对教育问题展开互动和交流,有助于改善亲子关系,促进学生生命的健康发展,从而与学校形成生命教育的合力,提升生命教育实施的质量。以上海辽阳中学为例,他们以自编的校刊《家校纵横》为家校合作沟通的有效桥梁,邀请家长参与"家教一得""好书推荐"等栏目编写工作,开展家庭中的生命教育大讨论;他们以文化共育为主题,邀请家长们积极参与学校文化活动,邀请家长作为志愿者参与爱心义卖活动,邀请家长参与艺术节,通过亲子共唱一首歌等,拓宽家校合作新渠道;他们以家长学校中的"家长课堂"为载体,通过体验互动、微课分享等方式,开展有针对性的家庭教育指导。在2017年1月16日的杨浦区生命教育研训基地展示活动中,举办的"家,爱的港湾"微论坛活动,小学、初中、高中家长畅谈挫折教育方面的亲子沟通问题,活动反响良好。

三、社区为提升生命教育实施质量而提供的支持

为了保证生命教育实施的质量,社区应该为学校生命教育的实施提供相关资源、实践的场所。在杨浦区生命教育实施过程中,社区对学校生命教育的支持主要依托社区体验馆实现。社区体验馆为开展生命教育的实施提供了实践场所,也为生命教育实施提供了学校所不具有的资源。例如,杨浦区殷行街道社区在2012年5月创建社区安全体验馆,开展青少年生命教育,让学生在参观考察中学会安全知识,体验生命的宝贵,获取成长的快乐。对此,我们将从殷行街道社区安全体验馆的基础设施、如何开展青少年生命教育以及如何提升生命教育的成效这三个方面来说明学校与社区体验馆之间的联动机制建设。

(一)殷行街道社区安全体验馆基础设施

殷行街道社区安全体验馆是全市首家社区层面的安全体验馆,也是打造"平安殷行"和坚持以人为本、安全惠民的一项重要举措。体验馆面积280平方米,以公共安全为主题,由"防震减灾"等八个展区和一个多媒体放映室组成。

防震减灾区域。观看各类防震减灾纪实短片,根据防震减灾知识触摸屏的

提示互动问答来了解相关内容。

治安防范区域。运用模拟警察图像和声音、配备动画图片，列举了公安、电信、银行等各类诈骗案例，用以警示市民提高治安防范意识，帮助其分辨识破社会上形形色色的各类诈骗伎俩。

安全乘梯区域。城市高楼矗立，商场电梯日渐增多，这里介绍的是如何安全乘坐自动扶梯和自动人行道等的运输设备以及应急自救方法。

台风展板区域。上海是雷电、暴雨、台风多发区域，这里列举了各类雷电、暴雨、台风级别标志，可以通过标志了解灾害级别。

居家模拟区域。模拟卫生间老年人防滑场景以及厨房中的刀具、煤气灶、儿童玩具、电器用具、卫生消毒器具等工具的放置方式。通过展板上的提示，使人注意到居家生活中那些容易被忽略的安全问题和隐藏的不安全因素。

消防逃生区域。通过灯光、图像和模拟实物展示了一个火灾场景。通过电视屏幕及展板操作介绍，了解消防逃生的自救方法、认识常用消防器材的使用方式。

家庭急救区域。参与模拟急救来掌握有关心肺复苏和人工呼吸的急救与护理方法，同时也可以通过展板了解一些急救的基本知识，以便在发生意外时，能够有条不紊地加以救治与护理。

健康走廊区域。通过看板和实物展品展示使大家了解健康理念、膳食均衡、体育锻炼和有害食物等方面的知识，提高大家的安全意识，让大家更关注健康，提升生活质量。

趣味问答区域。展示32块问答转板，用以了解相关安全知识。

体验馆在市、区有关部门的支持下，引导公众参与，注重融入科普元素，已然打造成为集社区科普、民防教育等为一体的综合性展馆，为中小学生搭建校外实践的良好平台，将未成年人思想道德建设、综合能力培养与社区实践有机结合，努力完善社区教育服务体系，实践殷行街道"大社区、大课堂、大教育"的学习型社区创建理念。

（二）如何通过体验馆开展青少年生命教育

在青少年中开展生命教育,试图唤起青少年对生命的热爱,消解对生命的威胁,关注生命的成长,追求生命的价值。我们的主要做法有:

一是通过参观学习,培养学生的安全意识。让学生们了解安防知识和技术,并通过现场亲身体验,培养学生的意识防范能力,从而构筑起物防、技防、人防、意识防范"四结合"的全防体系,有效预防和控制社区案件的发生,提升学生安全感。

二是通过"亲身体验"式教育,让学生们掌握自救、互救技能和安全知识。该馆最大的特色是演示性、体验性、操作性与互动性,整个体验馆设计应用了包括数字影视技术、仿真互动技术在内的多种新技术展示手段。每个展区都设有相应的体验项目。如:"地震模拟体验""心肺复苏救护体验""烟雾黑暗走廊逃生演练"。整个展馆集声、像、光于一体,融自然灾害、人为灾害的预防知识与自救常识为一身。参观体验馆,让学生接受身临其境的安全教育,大大增强了社区安全教育工作的广度和深度。

三是提升活动的趣味性。在趣味问答展区内有一排展板,展板上分为32块问答转板。转板正面写着有关安全问题的不同内容,反面标上正确答案。如第一块转板上关于"湿手不宜触摸"的问题分别写了三个答案:"A:水管、B:电器、C:食物",让学生们进行有奖竞猜,转板反面用红字标着正确答案。

在治安防范及防诈骗展品区,结合社会上各类诈骗事件,学生先选择各类预防诈骗方法,并通过多媒体动画的视、听等方法演示诈骗过程,给学生比较直观的感受,在互动的操作过程中也提升了他们辨别预防诈骗的意识和预防能力。

在消防安全互动展品区,学生可以利用多媒体及模拟灭火机组合来演示操作,选择各类火灾现场,并通过模拟"灭火"演练完成"灭火"操作,使用多媒体电脑给参与者的"灭火"演练成绩进行打分。这种活动方式对参与者掌握灭火机操作起了很大的帮助,同时参与者也了解了各类灭火机所对应的火场种类。

（三）体验馆的生命教育实施成效

生命教育是一种全人教育，没有人能够忽视生命，更不能漠视践踏生命。自 2012 年 5 月建馆以来，安全体验馆共接待师生 8000 余人，使他们深刻地体会到在紧急情况发生时的有效应急措施，了解到丰富的防灾救灾知识和应急处置方法，增强了自救能力和自我防范意识，让每个学生从思想上认识到掌握安全知识的重要性和必要性，更直观、细致地了解了消防、自然灾害、公共卫生、禁毒，以及交通安全等方面的知识，掌握基本的应对技能，从而增强安全防范、自我保护、避险逃生、自救互救的能力。

下阶段体验馆将继续加大投入，完善安全设施，强化"安全为先，以人为本"的理念，定期组织全区中小学生参观学习，夯实"平安校园"创建基础。通过观看安全宣传片、实景模拟、微讲座、交流座谈等形式，指导学生树立安全意识、加强安全防护、掌握安全技能，以互动体验的方式，让他们了解与日常生活相关的安全知识和健康常识，学习灾难发生时正确的自救和逃生技能，增强安全意识，传播安全文化。

杨浦区"家—校—社"三方力量的协同配合，实现了生命教育资源的相互补充以及充分整合，也实现了生命教育在时间与空间上的紧密衔接，从而使生命教育的实施有了质量上的保证。

第五章　生命教育发展空间：

关于衔接悬而待议的问题

　　经过过去几年的扎实研究，杨浦区形成了区域推进生命教育的一系列相关机构和政策文本，建构了大中小学衔接的生命教育指导框架，编制了大中小学衔接的生命教育模块课程指南，打造了推进生命教育的区域共同体，建立了区域推进生命教育的资源平台……这些都彰显了杨浦区生命教育大中小学衔接的现有格局已基本形成。但是，研究仍然存在亟待突破的困难瓶颈，有待进一步深化与思考，如生命教育区域推进机制的联动和协同尚待增强，中小学与大学生命教育的衔接方式有待拓展，大学服务中小学的意识与责任有待建立相应的制度予以保障。

第一节　生命教育大中小学衔接的现有格局

一、形成了区域推进生命教育的一系列相关机构和政策文本

　　为在区域层面整体推进生命教育大中小学衔接,杨浦区通过课题研究探索如何通过建立健康教育的专门机构推进生命教育在全区各校的全面铺开。围绕学生的心理健康与身体健康这一生命教育的重要内容,杨浦区专门建立了心理健康辅导中心以及学生体质健康监测中心来推进生命教育的落实。其中心理健康辅导中心的建设,主要通过两个方面的措施来完成:建设心理健康教育队伍成长机制,建设支持心理健康教育的社会协同机制。体质健康监测中心不仅采录学生身体素质方面的数据,对学生身体素质进行全面"扫描",身高、体重、视力必查,肺活量、血压、脉搏必测,速度、耐力、灵敏度等囊括其中,使每个中小学生都有自己的一份体质健康档案,更有意义的是该中心还会形成个性化的体质健康分析报告,反馈给每所学校、各个区县、上海市教育部门。对于过于肥胖或体质较弱的学生,监测中心将邀请医学和体育专家,给他们开"运动处方"。这份处方针对孩子的体育锻炼兴趣和热爱的体育项目构想,制定相应的锻炼计划,让体育锻炼变得有趣和有用。同时,杨浦区还规定学生体质健康水平要纳入学校绩效考核,实行评优"一票否决",学生的体质健康因而成为评价学校的一个重要标准。

此外,杨浦区还通过一系列政策文本的颁布推进生命教育的一体化建设,例如关注区域生命教育整体推进工作的统筹性纲领《杨浦区"学校生命教育区域试点"三年(2014—2016)行动计划》(附件 1)、侧重杨浦生命教育基地建设的红头文件《杨浦区学校生命教育联合研训基地建设意见》、侧重杨浦生命教育课程建设的政策文本《杨浦区生命教育课程指导纲要(试行)》(附件 2)等,各类政策文本都或整体或具象地为杨浦推进本区的生命教育大中小学衔接的一体化建设和推进提供了强有力的政策支持和制度保障。

二、建构了大中小学衔接的生命教育课程指导框架

经过几年的研究与实践,杨浦区已基本形成了课程目标、内容、实施、评价之间具有一定内在一致性的大中小学衔接的生命教育课程指导框架。

具体来说,在课程目标上,生命教育的终极追求是培养认识与了解生命、珍爱与享受生命、提升与完善生命的个体,以促进其生命素养的发展。从素养的视角出发,生命教育课程的总目标指向学生生命知识、能力和态度的整合,关注学生生命认知、行动和情意的统一。因此,杨浦区大中小学衔接的生命教育课程目标在"概念与原理"维度上,强调理解并掌握与"生命与自然、生命与社会和生命与自我"相关的基本概念和原理;在"判断与决策"维度上,强调搜集并分析与"生命与自然、生命与社会和生命与自我"相关的信息,并在此基础上做出明智的判断和决策;在"探究与行动"维度上,强调参加与"生命与自然、生命与社会和生命与自我"相关议题的探究,并采取适当方式开展生命行动;在"态度与责任"维度上,强调形成对待"生命与自然、生命与社会和生命与自我"议题的正确态度和价值观,承担生命对自然、社会和自我应尽的责任。基于此,各年段的分目标采取"内容维度+分类目标"的二维表述方式。其中,内容维度确立为生命与自然、生命与社会和生命与自我三大板块,分类目标则划分为概念与原理、判断与决策、探究与行动和态度与责任四个方面。其中前两者对应认知层面的目标,后两者则分别对应行动和情意层面的目标。

在课程内容上,强调以学生为核心,主要围绕"生命与自然的关系""生命与社会的关系"和"生命与自我的关系"三条线索进行。"生命与自然的关系"涉及人与自然、环境之间的关系，旨在引导学生通过亲近自然，尊重生命的多样性，珍惜生存的环境；关怀自然界的生命，培养热爱自然的情怀，实践保护环境的守则；直面生存危机和可持续发展的挑战，以维持一个永续生存的自然生态环境。"生命与社会的关系"涉及家庭生活指导、社会公共生活、安全教育、爱情与婚姻、全球公民与伦理、文化多样性等议题，旨在引导学生了解生命成长的社会环境，直面社会生活的多元挑战；开展和谐的人际互动，发展良好的道德情操和社会观念；关怀并帮助需要帮助的人，承担应尽的社会责任。"生命与自我的关系"涉及健康教育、性教育、死亡教育、生涯规划等议题。旨在引导学生掌握性及健康生活的基本常识，形成健康的生活方式；对生与死有充分的认识与体悟，积极思考人类存在的意义与价值；理清自己的人生方向，建立正确的人生观与价值观，发展潜能，达成自我实现。

在课程实施上，最根本也是最重要的应当是广大学校管理者、教师立足为民族复兴、社会进步培养建设者和接班人的使命感、责任感，充分认识教育的生命本性和生命教育的重大价值，积极主动、富有创造性地承担起推进生命教育课程实施的职责。关于具体的课程实施方式，可以采取专门课程与学科渗透、专题教育、综合实践活动相结合、多渠道并举。在教学方式上应当注重贴近学生的生活实际，力求活动形式生动活泼，使生命教育课程的实施本身充满生命的多彩魅力；学习方式上应注重多样化，尤其突出借助相关实践活动达成对生命的体验和探究。此外，还应关注生命化课堂、学校环境等隐性课程因素作用的发挥，使其能够给学生带来潜移默化的良性影响。

在课程评价上，首先应当树立生命教育课程评价与学生生命成长一体化的观念，将生命教育课程评价视为作为生命的主体——教师与学生通过协商对话，共享生命体验、建构生命认识、升华生命意义和实现生命价值的过程，教师对学生进行课程评价的过程恰好也是学生认识生命、反思生命和完善生命的学习历程。正因为评价过程本身是学生的生命成长历程，生命教育课程评价更应该重视学生的自我反思性评价，引导学生反省自我对生命的认识与判断、探究与行动、态度与责任是否恰当合理,并在此基础上以评价为引领,将评价标准内化为自己的奋斗目标,明确为了拓展自己的生命自由和提高自己的生命质量应当做些什么,从而进行自我指导的学习,使其自行承担学习的责任,进而使评价经由学生的自我反思成为自我教育和自我发展的契机,有助于实现促进学生生命发展的评价目的。此外,生命教育课程评价应当关注学生真实情境中的生命表现,开展与学习过程相一致的情境化评价,将学生的生命素养作为评价内容的核心。学生作为生命教育课程评价的主体,教师应让学生以全面负责的合作者身份参与评价规则的开发与制定,并尽可能采用表现性评价、档案袋评价和协商研讨式评价等评价方式让学生参与学习过程的记录,使学生能够自行记录、观察和分析自己的评价方式,这不仅促进学生对评价活动的主动参与,更能让学生习得对学习成功的内在控制的感觉,进而产生对自己生命事务的内在责任感,从而有助于增强学生不断完善自我生命历程的内部动机。

三、编制了大中小学衔接的生命教育模块课程指南

经过几年的实践和研究过程,区项目组联合各主持校、试点校组建的联合研训基地,已经尝试开发建设了符合杨浦区情的大中小学衔接的生命教育模块课程,具体包括学生生涯发展课程、性别教育课程、家庭教育课程、生态教育课程、情绪智力教育课程、户外生存课程、健康安全技能宝典课程等七类,并编制形成了相应的七门杨浦区生命教育模块课程指南(附件6)。七门生命教育模块课程指南分别从本模块课程的课程基本理念、课程总目标与年段目标、课程内容架构、课程实施策略、课程评价方式、课程推进机制等角度思考本模块课程如何在区内大中小学推进时实现纵向衔接和横向关联,且文本经过了前后多次的反复修改过程,目前已基本修订完成。

四、打造了推进生命教育的区域共同体

在教育行政部门、教育研究机构、各大中小学校、社区和家庭等力量的多方配合下,杨浦区通过建立民主、多方协同的课程推进机制,逐步建构起推进生命教育研究的区域共同体,旨在通过合作、对话和分享性活动来促进全区学校生

命教育的开展与落实，并形成稳定、有效、和谐的团体。

具体来说，本课题不再遵循传统意义上单纯地由区教育局、教师进修学院以行政命令的方式来推进工作，而是将课题研究与工作推进有机整合，由高校、市区专家、区域项目研究人员、学校项目研究人员等共同组成研究共同体，以平等的方式进行沟通交流，就研究工作的纵深推进展开持续性的智慧碰撞和思维激发。从衔接和联动机制的建立层面来看，可以有三个层面的意义划分：第一，包括了区文明办、民防办、卫计委、妇联、团工委、体育局、文化局、未保办、红十字会、宣传部、督导室、学习办等杨浦区相关部委办组成的联席会议制度；第二，由德育室、科研室、义教科、服务科、计财科、宣传科、人事科等区教育局教师进修学院相关业务科室组成的例会制度；第三，由区内大学和中小学试点校组成的区域推进生命教育大中小学衔接的七大联合研训基地。

表26　杨浦区生命教育七大联合研训基地分布情况

基地	主持校	试点校		
		高中	初中	小学
学生生涯发展联合研训基地	上海交通大学附属中学	上海理工大学附属中学 控江中学 少云中学	思源中学 新大桥中学 育鹰学校	打虎山路第一小学 控江二村小学 昆明学校（小学部）
性别教育联合研训基地	上海理工大学附属小学	上海理工大学附属中学 市东中学	上海理工大学附属初级中学 控江初级中学 辽阳中学	工农新村小学 齐齐哈尔路第一小学 控江二村小学分校
生态教育联合研训基地	复旦科技园小学	杨浦高级中学 同济大学第一附属中学	同济初级中学 铁岭中学 市光学校	民星路小学 政立路第二小学 开鲁新村第二小学
家庭生命教育联合研训基地	辽阳中学	上海理工大学附属中学 上海财经大学附属中学 中原中学	思源中学 鞍山实验中学 控江初级中学 二十五中学 育鹰学校	第二师范附属小学 平凉路第三小学 五角场小学 杨教院实验小学 杨浦小学分校

（续表）

基地	主持校	试点校		
		高中	初中	小学
情绪辅导联合研训基地	杨浦小学	同济中学 控江中学 上海财经大学附属中学	上海音乐学院实验学校 黄兴学校 延吉第二初级中学	第二师范附属小学 二联小学 内江路小学 回民小学
户外生存联合研训基地	延吉第二初级中学	少云中学	东辽阳中学 民办兰生 新大桥中学	民办打一外国语小学 建设小学 内江路第二小学
健康安全技能宝典联合研训基地	同济小学	民星中学 复旦实验中学	上理工初级中学 二十五中学 东辽阳中学	二联小学 长白二村小学分校

需要指出的是，教育行政部门、教育研究机构、各大中小学校、社区和家庭等各单位在通力合作、协同联动的同时又有各自较为明晰的权责分工。比如，教育行政部门（区教育局）主要职责是整体规划区域生命教育课程，在经费投入、条件创设、资源配置等方面进行统筹安排，围绕生命教育课程开发的培育激励机制、区校联动的生命教育课程共享机制、生命教育课程师资培训机制、区域生命教育课程资源的整合机制和区域生命教育课程实施督导评估机制等机制的建立健全开展工作。区教研室、德育室和科研室作为生命教育课程事务的专业指导机构，即区域教研部门，需要积极开展生命教育科研课题和教学研究工作，为各学校开发和实施生命教育课程提供专业指导与服务，主要通过建立区校联动的团队式教研机制和督促学校建立生命教育课程的校本研修机制，双措并举得以实现。前者由教研员牵头，组织以共享课程联盟为载体的教研团队，借助跨校的教研联合体开展生命教育课程开发的校际研讨和分享活动，以帮助学校提升生命教育课程开发能力，确保课程实施的质量。后者强调指导学校制定生命教育课程校本教研制度，整体设计安排生命教育课程研修活动，同时引介市、区相关专家给予指导，积极协助学校解决生命教育课程开发中的问题，并系统总结生命教育课程开发经验。从学校层面来看，全区各中小学作为生命教育课程开

发的实际承担机构，需要整体推进生命教育课程的设计、实施与评价工作。在实践中，尝试建立了生命教育课程开发的激励机制和教师持续开展生命教育课程行动研究机制，一方面，在物质和精神上给予开发生命教育课程的教师以鼓励，另一方面，也能够帮助教师解决课程开发过程中的问题，以反思调整课堂教学实践。同时，学校亦结合自身的课程传统，基于学生的兴趣需求，通过广泛吸收社区和家庭资源，开发或选用适合校情的生命教育课程，并在课程实施过程中积极争取社区和家长的支持，精心策划和协同组织校内外生命教育实践活动，从而构建家、校、社生命教育课程建设共同体，使之发挥合力共同推进生命教育课程的落实。最后，需要强调高校在杨浦推进生命教育的区域共同体中所起的作用。一方面，区校项目组借助华东师范大学、上海师范大学、复旦大学、同济大学等专家力量为项目设计和实施做系统考量和过程性的浸入式指导，另一方面，区内各高校在承担对接生命教育各大模块课程研究工作方面发挥了积极作用，比如性别教育模块课程的牵头单位与上海理工大学、情绪智力模块课程的牵头单位与复旦大学在开展项目合作过程中，大学以其自身的专业力量为项目研究提供了重要的支持。

五、建立了区域推进生命教育的资源平台

课程资源，从广义的概念来看，指的是形成课程的因素来源于必要而直接的实施条件。按照其功能特点，可以划分为素材性资源和条件性资源两大类。[①]其中，人的要素，因其兼具条件性与素材性课程资源两种性质，在整个课程资源特别是素材性课程资源的开发和利用中起着主导和决定性的作用。换言之，教师不仅决定课程资源的鉴别、开发、积累和利用，是素材性课程资源的重要载体，而且教师自身就是课程实施的重要的基本条件资源。[②] 因此，杨浦区在推进"生命教育"大中小学衔接的实践研究中，为培养一支高素质、专业化的生命教育课程教师，区教师进修学院师训部尝试开发中小学生命教育的教师培训课程，以培育包括欣赏自然生命的基础素养、润泽智慧生命的专业素养、实现价值生命的人格素养在内的教师生命素养为基本价值旨趣，力图搭建教师生命教育

---

① 吴刚平.课程资源的开发与利用[J].全球教育展望,2001(08):24-30.
② 吴刚平,樊莹.课程资源建设中的几个认识问题[J].教育理论与实践,2001(07):40-42.

层次化课程体系,革新了生命教育教师培训课程的模块化内容体系和实施方式。从生命教育师训课程的层次化内容体系来看,分为通识类课程、学科类课程和专题类课程三类。其中,通识类课程可以细分为生命教育概述模块、生命教育政策模块、生命教育方法模块、生命教育案例模块,学科类课程主要体现在与基础性和拓展性课程的融合,专题类课程则是指生命教育基地学校的教学内容延伸出的七门教师培训课程。从杨浦生命教育师训课程的实施方式来看,主要包括集中培训(讲座式培训、线上研修式培训、榜样引领式培训、考评式培训)、基地学校培训(影子教师、文化浸入)、跨学科整合式研修、学员自我研修等。

然而,资源本身不是目的,思考如何通过搭建区域推进生命教育的资源平台实现不同课程资源的整合利用和再开发,并作为促进学生生命成长的重要手段,才是本研究建立区域推进生命教育资源平台的价值旨趣。

除去生命教育教师培训外,项目组还通过咨询提供、网站建立、微信公众号开设等方式推进研究的进程。第一,咨询服务主要有电话咨询和面询。杨浦区未成年人心理健康辅导中心借助"心馨热线",用真诚、热情帮助咨询者调整心态,及时关注未成年人的身心健康,"心馨热线"具有咨询记录、电话录音、数据统计、回访记录、评价等多项服务功能,提供专业电话心理咨询服务,呼叫的每一个电话均有系统自动录音保存,方便随时抽取督导。每一个来电均有历史记录,可以详细记录来电者的各种咨询信息。可以根据进线单位、时间、咨询内容等准确统计来电量。互联网技术大大提高了人工智能管理水平,使得每一个来电都能被真实快捷地记录、抽取及统计,求助者都能通过一根无形的电话线和心理咨询师志愿者链接,得到有形的贴心关怀和帮助。除去电话咨询,中心还面向有需要的家长和学生开展每周两次的面询服务。学生可以通过多种方式向心理咨询师志愿者倾诉与咨询。心馨家园占地近 200 平方米,分为心理热线、个别咨询、心理测试、放松训练、沙盘游戏和团体心理辅导等六大功能区,环境布置安全、隐秘、温馨、方便、舒适,为需要帮助的学生提供个别和团体的心理咨询、心理测试、危机干预等服务,对未成年人及家长开展心理健康教育的宣传和普及,对全区中小学教师开展相关培训与指导。具体服务流程详见下图。

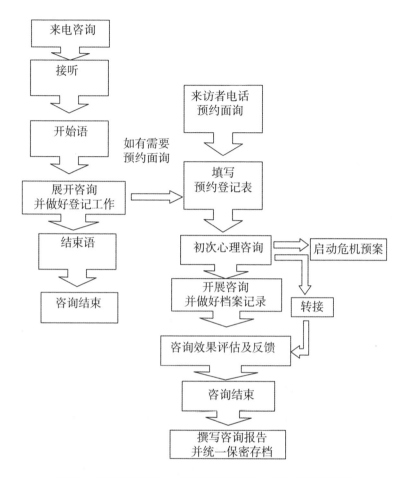

图 10 杨浦区未成年人心理健康辅导中心咨询服务流程图

第二,建设心馨网站。网络时代已经来临,中心网站的网上咨询服务也应运而生,在普及宣传心理健康知识,提供网上心理咨询和面询预约等各项服务,为未成年人舒缓压力、放松情绪、培养积极心理品质等方面发挥了积极作用。网站分为心馨传真、心灵问答、心灵驿站、心事畅聊台等多个板块,未成年人及家长可通过网站了解中心开展的丰富多彩的活动,通过心事畅聊台的"网上咨询"和"我要预约"等途径对访问者的心理困惑进行相关咨询。在此基础上,网站致力于关注未成年人的健康成长,利用心馨网站积极开展线上线下、点面结合的立体化主题活动,2015 年面向全区中小学生开展了"快乐金点子";

2016 年面向全区中小学生开展了"美丽心情,快乐成长"原创心理格言征集活动;2017 年面向全区中小学生开展了"美丽心世界微视频网上征集活动",通过网站积极开展内容新颖、形式多样的主题活动,着力提高未成年人心理健康教育效果。

第三,开通微信公众号。2017 年 5 月,杨浦心馨家园微信公众号"杨浦心馨家园"正式开通,区未成年人及家长又有了新的心理引导和问题咨询渠道。杨浦心馨家园微信公众平台致力于为广大青少年、家长和教师普及心理健康知识,协助家长与教师解决学生成长过程中的心理困扰。公众平台开通了心馨传真、心馨咨询、心馨课堂等专栏,及时报道区级和学校开展的心理健康教育活动新闻,免费向学生、家长和教师提供心理咨询服务、公益讲座和培训活动讯息。

第二节 生命教育大中小学衔接的未解难题

一、生命教育区域推进机制的联动与协同尚待增强

正如功能论所秉持的观点,社会是具有一定结构或组织化手段的系统,社会的各组成部分以有序的方式相互关联,并对社会整体发挥着必要的功能。整体是以平衡的状态存在着,任何部分的变化都会趋于新的平衡。在理论上不重视行动个体,而是强调社会制度,大多数社会和文化现象都可以被认为是具有功能的,因为它们为维持整个社会结构做出了贡献。在区域推进"生命教育"大中小学衔接的实践研究中,杨浦区依托"心理健康辅导中心"和"体质健康监测中心"建立区域生命教育辅导和监测机构;以集学生生命教育实践场所的实训基地和教师生命教育研修场所的研训基地功能于一身的一体化基地建设为抓手落实区域推进生命教育的途径;以师资队伍建设为核心提升区域推进生命教育的质量;以督导评估为手段激活区域推进生命教育的动力;以家—校—社联动为重心建设区域推进生命教育的保障体系。尽管区域推进机制、区域推进路径策略不断明晰,但是在系统架构两大中心、一体化基地建设、督导评价、教师

队伍建设、家校互动、社会实践创新等不同机制过程中更多还是以工作的思路思考如何顺利落实不同条线的具体工作，每条工作都有对应的指向性牵头部门和执行单位，而各大机制之间的协同联动仍有待增强，比如，教师队伍建设通过区域生命教育培训课程和学校校本研修活动两方面得以落实，而在实际推进中，学校校本研修活动设计与实施后续仍需思考如何与基地建设相整合，实现校内、校际、区域等不同层面的教研活动的一体化，进而保障生命教育真正有效地落实。

二、中小学与大学生命教育的衔接方式有待补充

区域在推进"生命教育"大中小学衔接的实践研究中，如何实现生命教育在区内大中小学衔接，毫无疑问成为本研究最大的创新点所在。但是，在具体开展研究的过程中，由于人力物力资源的限制、大学与中小学之间本身的教育体制相互独立，在对七门主题模块课程具体推行过程中，只有情绪智力教育课程与复旦大学联手、性别教育课程与上理工大学联手，使其真正在大学有对接的研究团队和实践土壤，其他五门课程则更多是在思考和设计上给大学提供了端口，但不能做任何的强制规定。此外，即便是有实践土壤的两门课程，所能够体现大中小学衔接的方式也极为有限，更多是以项目合作制的方式与大学专家签订项目合作协议，本模块的联合研训基地学校与高校的研究团队共同合作尝试在内容上有所衔接，使中小学阶段所受到的生命教育基本内容指向能够与大学生所需要的生命教育基本诉求相呼应，但是在具体实施、评价、保障等机制上都难以有过多"衔接"。而且，大学—中小学（University-School）合作制的方式很容易使得大学专家团队成为研究主导者，故基层学校的校长教师话语权难以得到充分发挥，在具体的衔接上也存在不可避免的缝隙。

三、大学服务中小学的意识与责任有待通过建立相应的制度加以保障

大学和中小学隶属于不同的"文化圈"，大学和中小学合作是在教师教育实践转向的背景下，为应对各自"生存危机"和"文化需求"所共同选择的一种发展和交往模式。① 作为有着"百年大学"之称的杨浦，有众多优秀的高校资源，但是

---

① 李晶，吕立杰."冲突 or 合作"："大学—中小学"的边界博弈[J].教师教育研究，2016(28)：37-43.

如何将其充分利用起来为本区中小学生命教育的整体推进献策献力仍需系统规划和长远思考。目前区内的大学和中小学更多还是处于彼此孤立的状态,没有太多的对话渠道和沟通衔接方式。我们对"大中小学衔接"的思考和研究其实已经为大学与中小学的良性合作方式提供了一个纽带和端口,但是这仅仅只是开始,如何保障这种端口能够真正落实到位,离不开强有力的制度保障。制度作为一组规则的集合,是对人们行为边界的界定和规范。[①] 大学目前更多是中小学所培养的教育人才最终汇聚的场所,但是大学如何有意识地与中小学对接本校所需要的教育教学人才、主动为中小学提供切实可行的帮助和扶持等相关制度都仍有待建立完善。

---

① 黄忠敬.知识·权力·控制——基础教育课程文化研究[M].上海:复旦大学出版社,2003:16.

附　　件

附件 1

杨浦区"学校生命教育区域试点"三年(2014—2016)行动计划

近年来,杨浦教育致力于"上海基础教育创新试验区"建设,在培养学生全面发展的过程中,关注学生生命成长,培育学生健全人格,提升道德情操,体现教育本原价值,初步构建了基础教育中的生命教育框架。我们先后与复旦大学、同济大学、上海理工大学、上海体育学院等高校合作,建立"区未成年人心理健康辅导中心"和"区学生体质健康监测中心",研发区本教材《心灵体操》、校本教材《男孩女孩》,"青春期两性情感辅导的实践与研究"等多项课题获国家、上海市课程改革等第奖。区域资源的整合保障机制和深厚的生命教育研究成果,为开展区域大中小学生命教育试点奠定了扎实的基础。

为深入实施大中小学生命教育,扎实推进"学校生命教育促进行动计划",培育学生健康人格,杨浦区政府与上海市教育委员会合作开展"学校生命教育区域试点"工作,努力探索学校生命教育的新机制、新途径。

一、指导思想

深入贯彻《上海市中长期教育改革和发展规划纲要(2010—2020 年)》《上海市中小学生命教育指导纲要(试行)》,以"为了每一个学生的终身发展"为核心理念,努力构建以关注学生健康成长为核心价值的"绿色指标"体系,积极探索区域生命教育的方法和途径,培育学生良好的道德素质、身体素质和心理素质,促进未成年人身心健康发展。

二、工作目标

整体架构大中小学各学段有机衔接、循序递进、全面系统的生命教育内容体系,将健康教育、心理健康教育、性别教育纳入生命教育课程,形成学校与家庭、社会优势互补、资源共享的生命教育实施和保障体系。

加强区域大中小学生命教育的协同合作。建设学校、家庭、社会同步发展的网络,充分发挥医院、高校的专业优势,开展生命教育的科学研究和探索实践。

构建大中小学生命教育课程体系。针对小学、中学、大学不同学段学生生命成长的特点,确定适当的教育目标与内容,寻求适合的教育策略与方法,设计科学、完整、系统的生命教育框架。

有效提升教师开展生命教育的意识和能力,培养一支高素质、专业化的大中小学生命教育师资队伍。

三、主要任务

按照上述指导思想和工作目标,充分利用市级专业研发资源、高校学术优势,在理论研究和实践体系上,重点完成大中小学生命教育课程体系建设、大中小学生命教育服务体系建设、区域生命教育教师培训基地建设、生命教育品牌特色创建四大任务,实施 9 个项目,形成具有区域和学校特色的实践成果,及时推广先进经验。

(一) 大中小学生命教育课程体系建设

构建大中小学生命教育课程体系,在教育目标、教育内容上进行科学规划,探索大中小学生命教育课程衔接的方法和途径,将生命教育落到实处。该任务通过以下项目实施完成:

1. 课程研发项目

以《上海市中小学生生命教育指导纲要》为指导,和高校联手整体规划区域生命教育体系,探索生命教育大中小学衔接的机制,明确大中小学生命教育课程目标和各学段分目标,科学设置各学段生命教育课程的主要内容。出台《杨浦区整体规划大中小学生命教育体系的意见》,将生命教育内容融入日常教育教学中,以高校专业优势指导生命教育课题研究,通过人员挂职等形式与高校开展紧密型合作。落实专兼职教师的编制、待遇等,保证生命教育的课时数。

结合我区大中小学生身心健康发展的实际需求,在区本教材《心灵体操》、市级课题《青春期两性情感辅导的实践与研究》、校本教材《男孩女孩》等基础上,整体研发大中小学相互衔接的学校生命教育教材。2014 年完成小学教材的研发,2015 年完成初中教材的研发,2016 年完成高中教材的研发。同时完成《生命教育教案集》《学生体育锻炼指南》系列读本的编制。

2. 课程实践项目

建立一批试点学校,开展课程实践研究,重点关注课时的有效落实、教师专业化发展、课内外教育模式等,本着"为了每一个学生的终身发展"的理念,结合"绿色指标"评价体系,研究生命教育的多元评价方式。创建一批校本特色的学校生命教育活动项目,拟在 2016 年评选区十佳学校生命教育特色校。

(二) 大中小学生命教育服务体系建设

充分利用区域已有的"心理健康辅导中心"和"体质健康监测中心",进一步加强完善中心建设,不断开发其生命教育研究、指导、服务的功能。积极推进社区、场馆生命教育资源建设,开发、梳理、利用学生社会实践社区指导站和区域各类场馆内生命教育的有效资源,为开展生命教育提供较优质的校外教育阵地。该任务通过以下项目实施完成:

3. "心理健康辅导中心"建设项目

积极探索区域未成年人心理健康辅导中心运作模式,充分发挥中心的服务功能,在咨询、转介等方面加大实践研究的力度,更好地为学生和家长服务。预期在 2016 年形成与高校互相联动、与医疗卫生机构合作的可操作、可推广的有效运作模式。活动分三年完成,每年均有一批优秀活动项目,三年形成系列。同时进行实证研究,和高校合作开展大中小学学生心理健康教育调研报告,撰写《区域学生心理健康发展状况白皮书》,为政府决策和有效推动心理健康教育提供依据。

4. "体质健康监测中心"建设项目

2014 年完成《国家学生体质健康标准》测试监控方案,建设 1—2 个研究基地,2015 年完成学校体育教育质量监控方案,开展方案实施试点工作。2016 年开展控制学生肥胖等课题研究,撰写"学校学生体质健康状况报告",完成《学校年度绩效考核学生体质健康评价指标》,完成学校学生体质健康监测室专职工作人员系列培训,形成学校学生体质健康监测室专职工作人员系列培训教案。

5. 校外基地资源开发项目

充分发挥学生社会实践社区指导站和区域内高校及其他教育场馆的作用,制定一批生命教育实践菜单,拓展学生生命教育的服务途径。

创建"学习生存技能,助力生命成长"学生社会实践社区指导站项目。依据认知、体验与实践相结合原则,学生社会实践社区指导站会同各中小学充分利用各级各类青少年教育基地、公共文化设施开展生命教育活动,拓展学生的生活技能训练和体验。通过情景模拟、角色体验、实地训练等方法,学习掌握地震防灾、火场逃生等生存技能,提升学生生命安全意识与能力。每学年,辖区各学校起始年级在学生社会实践社区指导站的帮助下,赴社区安全体验馆、消防中队参加不少于 4 课时的生存技能学习体验活动课程。

建立一批区域学生生命教育基地。依据区域生命教育教材内容,开发区域校外生命教育活动场馆,挂牌二十个区生命教育优秀活动场馆。

(三)区域生命教育教师培训基地建设

整体推进区域大中小学生命教育教师培训项目,着力培养一支高素质、专业化的大中小学生命教育的师资队伍,在试点过程中通过开发课程、设立基地、制定制度,力争在 2016 年完成对区域大中小学生命教育教师培训基地的建设任务。该任务通过以下项目实施完成:

6. 区域教师培训项目

2014—2015 年,梳理区域已有的相关师训课程,开发建设一批高质量的生命教育教师培训课程,编写相关指导手册。依托高校、研究机构的专业培训力量,整合各类培训资源,建设一批教师培训基地和实践基地,2015—2016 年,建立和完善大中小学生命教育教学评价和研训制度,编写完成《大中小学生命教育教学指导手册》。

建立普教与高校的联动机制,利用高校优质师资资源,为中小学教师培训提供专业服务;以基础教育量大面广的形态为高校开展生命教育研究、大学生志愿活动提供实践平台,开展实践互访活动。共同确立研究课题,开展实践研究。

7. 教研机制研究项目

加强区域生命教育教研建设,建立由学校健康教育、心理健康教育、性别教育教研组为主要成员的生命教育教研组。建立校际生命教育教研组伙伴合作机制,对课堂教学实施的效果进行评价、分析和反馈,提高学校生命教育课堂教学质量。加强区中心教研组创建,充分发挥优秀生命教育教研组的辐射作用,3 年内建成中小学跨学科、跨领域的生命教育教学研究组室,全面提升生命教育课程教学和教研质量。

(四) 生命教育品牌特色创建

基于区域的教育现状和已有基础,通过三年的实践研究,力求在教育途径上打破基础教育内部单一循环的教育模式,在家校互动、医教结合、普高协调方面形成品牌特色,为全市开展生命教育提供可操作、能推广、值得借鉴的经验和成果。该任务通过以下项目实施完成:

8. 区域家长教育指导网络建设项目

以"区家庭教育指导中心"为牵引,构建区、街镇、学校三级指导网络,进行"家长学校"课程、师资、指导手册等内容的研发。通过讲座、沙龙、咨询等多种形式开展家庭教育指导和服务。

2014—2015 开展理论研究和调查,组内学习讨论,专家论证。编写家长指导手册,开发"关护成长"指导方案,研究和解决试行中出现的各种问题。2016 年,制定实施意见,开展教师培训,总结交流开发与实施过程中的经验。完成编写《关护成长—家长指导手册》《中小学家长学校"关护成长"指导实施意见》《中小学家长学校"关护成长"指导方案》。

9."医教结合—医生进校园"项目

不断深化"医教结合"内涵。建立并完善区域各部门协同,各防治机构[包括区疾控中心、牙防、眼防、儿保、街道(镇)社区卫生服务中心等]指导,学校推进的工作模式。不断完善"一校(园)一医"对接方式,加强学校卫生工作专业化、标准化建设,开展学生常见病干预的课题研究,有效指导实践。充分依托区"学生健康管理信息平台",加强对学生健康档案信息和学校健康工作的跟踪与管理;建立区域传染病防控预警机制。

加强学校、区心理健康辅导中心与区精神卫生中心等医院的联系,构建心理危机干预网络,打通转介通道。

四、组织保障

(一)组织机构

建立大中小学生命教育长效机制,形成促进区域生命教育发展的政策合力和运行机制,确保行动计划顺利实施。加强区教育局与区域高校、各专业机构之间的沟通合作,定期研究部署区域大中小学生命教育发展中的重大事项,组织推进区域大中小学生命教育工作并加强监督、指导,统筹协调解决推进工作中的实际困难和问题,推动区域大中小学生命教育工作稳步、健康、持续发展。2014年组建完成区域大中小学生命教育联席会议制度,下设若干个小组。

(二)督导评估

建立区域大中小学生命教育督导评估制度。制定区域大中小学生命教育发展督导评估制度的要求,由区政府教育督导部门对学校生命教育的开展工作进行监督、指导,2014年开展教学常态监测、2015年组织随机性督导评价、2016年开展专项目标监控评价,促进生命教育可持续发展。构建区域学生生命教育评价体系,依托区未成年人心理健康指导中心和区学生体质健康监测中心,构建学生生命成长质量指标体系。2016年完成小学生命教育督导评估指标体系。

(三)经费投入

市、区两级按1:1投入原则,共同承担试点经费,确保项目顺利实施。根据试点项目运作需求,在课题研究、教材编写、资源开发、师资培训、中心及基地建设、督导评估等方面给予大力扶持。

附件 2

上海市杨浦区生命教育课程指导纲要(试行)

为深入贯彻《上海市中长期教育改革和发展规划纲要(2010—2020 年)》《上海市中小学生生命教育指导纲要(试行)》的精神,杨浦区作为上海基础教育创新试验区,试图通过构筑大中小学相衔接的生命教育特色课程,促进学生生命成长,培养学生健全人格,体现教育本原价值。为帮助杨浦区广大中小学教师、教育行政管理人员、学生家长和社会其他人员理解和实施生命教育课程,特制定本纲要。

一、生命教育课程设置的背景

(一)生命教育课程的设置是追求教育终极目标的体现

教育是唤起人的生命意识,挖掘人的生命潜能和提升人的生命质量的一种活动,只有促进人不断发展的教育才是真正的教育。生命教育课程试图借助课程形态,规范地启发和引导学生直面生命的挑战,不断获得生命成长,发挥生命的潜能,不断提升生命境界,追寻生命的意义,不断实现自我超越。因而,生命教育课程的设置与教育的终极追求相符合。

(二)生命教育课程的设置是应对青少年生命成长所面临的挑战的需要

21 世纪以来,随着经济的迅速发展与社会的快速变迁,青少年的生存状态发生了巨大的变化:物质生活虽日益便捷,但同时面临道德伦理观念模糊、多元文化价值观念冲突、人际关系疏离、人生观肤浅消极、行为取向不健康等一系列挑战。为应对新时代的挑战,生命教育课程希望通过系统的课程设置帮助学生建立正确的人生观、价值观和自我身份认同,追求身心和谐发展与知情意行统一的整体教育,进而促进整个社会的良性发展。

(三)生命教育课程的设置是对原有学校生命教育活动的继承、规范与发展

为有效帮助和正确引导青少年的生命成长,许多学校通过学科渗透、专题教育等形式开展了诸多的生命教育活动,但由于没有相应的课程指导纲要,总体上比较分散,缺乏系统性,难以发挥应有的作用。生命教育课程根据青少年生命成长规律,在整合各类生命教育活动基础上,试图建构具有明确的目标、适切的内容、有序的实施和恰当的评价的生命教育课程形态。

二、生命教育课程的性质

(一)内涵

生命教育是小学、中学、大学教育阶段有目的、有计划、有组织进行的,旨在帮助受教育者

认识与了解生命、珍爱与享受生命、提升与完善生命的系统教育活动。生命教育课程则是着眼于生命与自然、生命与社会、生命与自我维度,旨在提升学生关于生命议题的概念与原理、判断与决策、探究与行动、态度与责任等方面核心素养的教育活动及其进程安排。

(二)特征

1. 全人性

生命教育课程将人作为整体的生命存在,是自然生命、社会生命、精神生命的综合体,是知情意行的统一体。生命教育课程指向从完整的人的意义上建立生命与自然、生命与社会、生命与自我的和谐关系。此外,生命教育课程的全人性也具有全体性的意义,即注重全体师生共同参与、分享和成长,生命教育是每一生命个体之必需,理应为每一个学生所享有,生命教育面前,不允许有一个学生掉队。而生命成长的终身持续性决定了教师在生命教育课程中不应是施教者,而是和学生共同成长的忘年伙伴。

2. 综合性

生命存在及其活动的复杂性决定了生命教育课程涉及的内容异常庞杂,包括环境教育、健康教育、安全教育、性教育、公民素养、人际关系、自我认同等,这些决定了生命教育课程必然具有内容上的综合性。而相关内容在已有的某些学科课程(如体育与健康、品德与生活、语文、生物等)或专题教育(如安全教育、心理健康教育等)中已有体现,为避免课程重复"超载",尤其需要注重课程内容统整设计及其与其他相关课程关系的处理。

3. 渗透性

只要个体生命存在,对生命发生影响的可能就存在,生命教育的契机便存在。生命教育课程不仅仅存在于专门或相关的学校课程中,更是渗透在学校生活的方方面面,它有时以有形的方式存在,有时以无形的方式存在;有时以显性的方式存在,有时以隐性的方式存在。生命教育课程的弥散性特点决定了其渗透性样态,也决定了其实施需要教育者树立牢固的生命教育意识并具备敏锐的教育机会捕捉能力。

4. 实践性

生命教育课程的目的不仅止于提升学习者对于生命的"知"与"思",更重要的是要学习者在对自身生命、与自然和社会关系相关议题的判断与决策、探究与行动中能够采取适切的行动,能够承担起自身作为人类命运共同体之一员所应当承担的责任和义务,从而做到"知、行、思"的统一;而要做到这一点,非经过亲身的经验体验,借助在学校、家庭、社区参与开展的内容广泛的"做中学"不可。

三、生命教育课程的基本理念

(一)立足学生的生命需求,发展学生不断超越自我的生命意识与能力

人的一生是一个对生命不断追求、不断探索、不断领悟和不断前进的过程,这是生命的需

求与意义所在。生命教育课程的开发与实施因而需要关注生命的持续性与创造性,既立足于学生的生命需求,反映大中小不同学段学生生命发展所面临的问题与挑战,积极寻求可能的因应策略,又引导学生实现对已有存在状态的不断否定和对新的存在状态的不断超越,从而不断扩展自我的生命意义与生命空间,创造新的自我。

(二)面向学生完整的生活领域,提供学生生命成长的开放空间

学生的生活过程即是其生命成长的过程,因而生命教育不能剥离学生的生活。只有融入学生的生活实践中,才能为学生的生命成长提供广阔的空间。生命教育课程面向学生完整的生活领域,其内容的来源和组织立足于学生的现实生活,在学生的生活中展开,并试图通过引导学生正确处理生活中生命与自然、社会和自我之间的关系,实现学生更美好的生活。

(三)注重学生的生命体验、实践与感悟,促进学生生命素养的养成

个体生命的灵动独特决定了其只能被经历,而无法被识知。生命教育课程因而无法凭借生命知识的积累去发展个体生命,只能借助源于具体生活的生命实践与体验去感悟生命的绵延与发展,把握生命的内涵与真谛。因而其开发与实施要防止以知性的抽象肢解分割生命的丰富,注重通过学生的生命体验、实践与感悟,发展学生整体的生命素养。

四、生命教育课程的目标

(一)生命教育课程的总目标

生命教育的终极追求是培养认识与了解生命、珍爱与享受生命、提升与完善生命的个体,以促进其生命素养的发展。从素养的视角出发,生命教育课程的总目标指向学生生命知识、能力和态度的整合,关注学生生命认知、行动和情意的统一。各年段的分目标采取"内容维度+分类目标"的二维表述方式。其中,内容维度确立为生命与自然、生命与社会和生命与自我三大板块,分类目标则划分为概念与原理、判断与决策、探究与行动和态度与责任四个方面。其中前两者对应认知层面的目标,后两者则分别对应行动和情意层面的目标。基于此,生命教育课程的总目标是:

概念与原理:理解并掌握与"生命与自然、生命与社会和生命与自我"相关的基本概念和原理。

判断与决策:搜集并分析与"生命与自然、生命与社会和生命与自我"相关的信息,并在此基础上做出明智的判断和决策。

探究与行动:参与"生命与自然、生命与社会和生命与自我"相关议题的探究,并采取适当方式开展生命行动。

态度与责任:形成对待"生命与自然、生命与社会和生命与自我"议题的正确态度和价值观,承担生命对自然、社会和自我应尽的责任。

(二)生命教育课程的学段目标

基于总目标,小学、初中、高中和大学生命教育课程的学段目标如下:

年段\维度\目标		生命认知	生命行动	生命情意	
		概念与原理	判断与决策	探究与行动	态度与责任
1—2年级	生命与自然	·初步认识自然世界以及人与自然的相互依存关系。	·能对周围人们对待自然的行为方式是否恰当做出判断。	·运用各种感官体验感知大自然的美，并能通过语言、文字、图画等形式予以表达交流。	·初步形成热爱自然、保护自然的意愿。
	生命与社会	·初步了解并遵守家庭生活、学校生活中的基本规范。 ·初步了解日常生活中的安全常识，掌握基本的防范技能。	·辨别个人行为是否符合家庭生活和学校生活的基本规范。 ·初步识别身边的危险源，知道何时需要寻求他人的帮助。	·体验并分享有序的家庭生活和学校生活带给自己的美好感受。 ·学习并演练防范常见危险的基本方法。	·具有基本的规则意识，自觉自愿遵守家庭、学校生活中的基本规范。 ·具有初步的安全意识，关注身边可能存在的风险，自觉参与安全演练。
	生命与自我	·初步了解人体的基本构成，知道科学的个人卫生、饮食和作息知识。 ·了解男女性别差异，知道哪里是自己身体的隐私部位，了解正常的身体接触与限度。	·分辨自己的基本卫生、饮食和作息习惯是否科学合理。 ·辨别别人接触自己隐私部位的意图是否正当，知道何时及如何向家长或其他值得信赖的人寻求帮助。	·制定简单、科学的个人作息、卫生和饮食行动计划并执行。 ·分享、交流保护自己隐私部位的方法并在需要时懂得如何运用。	·认同良好的个人生活习惯的重要性，并据此关心或提醒他人。 ·具有保护自我隐私部位的意识，并在交往中避免碰触他人的隐私部位。
3—5年级	生命与自然	·进一步了解大自然生物的同一性、多样性及适应性。 ·了解基本的生态原则，并说明人与大自然和谐共生的关系。	·辨识人们的行为是否有利于保护大自然。 ·做出自身保护环境的承诺。	·通过与大自然的多样化互动，感受生命成长的内在力量，体察人与自然的和谐关系。 ·在日常生活中做出有利于保护自然环境的力所能及的行动。	·具有参与环保行动的意愿，主动、愉快地参与学校与社区的各类环保活动。 ·鼓励他人做出有利于环保的选择。

（续表）

目标 年段　维度	生命认知 概念与原理	生命行动 判断与决策	生命情意 探究与行动	态度与责任
3—5年级 生命与社会	·初步了解家庭成员、朋友等社会关系的性质及相互之间的权利和责任。 ·认识社会上安全类突发事件的危害和范围，掌握防范和处理的技能。	·识别良好的家庭关系、朋友关系、异性关系，分辨有利于良好关系的行为。 ·辨识社会环境中导致意外发生的危险因素，并提出防止受到伤害的措施。	·反思家庭和学校生活中的关系现象，探究其合理性和改善途径。 ·探索安全隐患存在的成因，并演练正确处理这些隐患的方式。	·主动、愉快地承担自身作为家庭成员、朋友的义务。 ·有意识地关注或提醒他人生活中潜在的社会安全隐患，乐于展现安全的行为方式，积极践行减少或避免危险的方法。
3—5年级 生命与自我	·正确描述人体主要器官的功能，了解健康的一般含义。 ·增强性别意识，学会接纳自己的性别特征，避免性别歧视。	·分辨自身身体状况、生活方式是否健康，并对其做出恰当的调整。 ·辨别自我或他人对性别差异的态度是否恰当。	·简单调查周围人们的行为习惯，分析其是否健康。 ·调查了解不同人对性别差异的态度，形成健康的性别观念。	·接受科学的健康观念，并愿意向身边的人进行宣传。 ·接受正确的性别观念，并愿意向身边的人进行传播。
初中 生命与自然	·了解各种自然资源的开发利用情况及其对环境的影响。 ·知晓国内的环境法规与政策的基本内容。	·分析家乡周围自然资源的开发状况，掌握周围环境的基本生态。 ·辨别周围的自然资源开发及社会生活现象是否符合环境法规、政策规定，并提出改进建议和对策。	·围绕身边的环境和资源问题开展有计划的调研并分享结果。 ·积极参与学校社团或社区的环境保护活动。	·接受环保政策、法规的原则、规定，并愿意对他人进行宣传。 ·乐于在自发或有组织的环保公益活动中承担力所能及的工作。

（续表）

年段	目标维度	生命认知 概念与原理	生命行动 判断与决策	生命情意 探究与行动	态度与责任
初中	生命与社会	·了解基本的社会性交往技能，正确地看待友谊与爱情。 ·认识了解社区里的公共设施和社区机构及其职能，以及作为社区成员的基本规范、权利和责任。 ·初步掌握基本的法律常识及其意义。	·辨别友情与爱情，以及与人交往中的常见问题，知道恰当的处理方式。 ·明确社会基本规范和准则对公共生活的意义，并做出遵守基本规范的承诺。 ·明辨依照法律处理公共生活的独特性，并做出遵守法律的承诺。	·就常见的交往问题进行分享、讨论、交流，探讨合适的处理方式。 ·积极参与社区服务活动，了解社区，发展服务社区的能力。 ·就常见的法律事件展开讨论，探讨法律在解决社会事务中的作用。	·乐于与他人交往，接受不同个体有不同的个性特点。 ·乐于向他人分享社区服务经验，发起或参与发起社区服务活动。 ·认同法律调节社会关系的必要性和重要性。
	生命与自我	·了解青春期男女在身体、社会、认知和情绪等方面的改变。 ·认识并阐述健康的完整内涵，了解生活方式与健康的关系，知道保持生理、心理、情绪健康的基本方法。 ·正确认识个人优缺点，悦纳自我，形成积极的自我认同。	·分辨自身在青春期发生的变化是否正常。 ·辨明自身生活、学习方式是否健康，知道哪些方式需要调整。 ·分析自己的兴趣、性格特征，对自身有恰当的认识。	·就青春期中遇到的问题进行坦诚的、建设性的交流，探索恰当的处理方式。 ·分析生活中有利于和不利于健康的要素因素，并能恰当应对。 ·尝试在分析个人兴趣、性格特征的基础上设计自我生涯规划。	·愿意向他人分享应对青春期身心变化的有效方法并鼓励大家共同践行。 ·接受、认同全面的健康观和健康生活方式的重要性。 ·接受、认同结合个人兴趣、性格特质规划人生的重要性，并鼓励他人共同尝试进行生涯规划。

（续表）

年段 \ 维度 \ 目标		生命认知	生命行动	生命情意	
		概念与原理	判断与决策	探究与行动	态度与责任
高中	生命与自然	• 阐述可持续发展观的内涵，及走可持续发展之路的重要意义。 • 关注全球性的环境议题，了解重要的国际环保公约、环保组织。	• 辨别国家、地方层面有利于和不利于可持续发展的因素。 • 思考全球性环境议题的价值，明确自身在全球性环境中应承担的角色。	• 对关涉全球性环境议题和可持续发展战略的问题展开较为深入的探究，并在不同范围内交流探究结果。 • 在力所能及的范围内制定并执行环保行动方案和计划。	• 坚信可持续发展观，乐于通过多种方式宣传推广可持续发展观。 • 坚信每个人都负有应对全球性环境议题的责任和义务。
	生命与社会	• 知道爱情与婚姻的区别和联系，了解婚姻中双方的权利和义务，学会处理人际交往中的冲突和矛盾的方法。 • 描述公民的概念、意义及其权利和义务，并了解日常生活中与人权有关的基本问题。 • 了解我国的政治体制与机构设置。 • 熟悉常见的法律法规及其对社会生活的意义。	• 分辨与异性交往方式的恰当与否，识别处理人际交往中冲突与矛盾的适当方式。 • 辨析作为一名负责任的公民应有的行为。 • 明晰我国政治体制和机构设置的意义。 • 分析常见的法律法规对个体生活和社会生活的意义。	• 分享、交流人际交往，包括异性交往中常见问题的恰当处理方式。 • 观察、分析、体验模拟或真实情境中的公民参与活动。 • 比较我国与其他国家的政治体制与机构设置的异同，增进国家认同。 • 多渠道整理、分析、探讨关于自身权益的法律法规，并探索其运用于解决自身问题的方法。	• 乐于与家长、同伴、教师分享、交流人际交往中的问题和经验。 • 关注并积极参与有关公共事务的讨论和行动。 • 乐于向他人解释我国政治体制与机构设置的特征，增进他人对国家的认同。 • 确信法律是争取保障自身及他人权益的合理途径。

（续表）

年段	目标 维度	生命认知 概念与原理	生命行动 判断与决策	生命情意 探究与行动	态度与责任
高中	生命 与 自我	• 了解何为健康的性行为与性关系；知晓并能尊重不同的性取向；了解正确的避孕方法。 • 正确看待他人对自己的评价，增进积极的自我认同；了解生命的唯一性、不可重复性等特性。 • 了解个人发展与生涯规划的关系，掌握生涯规划基本技能，正确处理闲暇生活和学习生活之间的关系。	• 辨别特定性行为与性关系的安全与风险，选择恰当的处理方式。 • 辨析不同生命观的合理性，正确看待他人对自己的看法。 • 辨别影响职业生涯选择规划的重要个人特质。	• 讨论分析现实生活中与性伦理有关的社会现象，形成自己的合理观点。 • 搜集体现不同生命观的事例，并分享交流自己的看法，澄清有意义的生命特征。 • 探索、制定适合自己的科学合理的职业生涯规划。	• 接受并认同健康的性伦理观。 • 坚信合理的生命观对于个体生命质量的意义和价值，乐于传播积极健康的生命观。 • 接受并确信符合个人特质的职业生涯规划对于个人发展的价值和意义。
大学	生命 与 自然	• 概述全球生态危机的特征表现、现状、保护措施及其背后的生态伦理。 • 了解人类与环境关系的发展轨迹及当代全球性环保政策与行动。	• 辨析我国环保政策、行动在全球生态治理中的地位、作用。 • 评估当前环境政策、行动对于未来环境变化的可能影响，并提出建议。	• 批判性思考、探究地区性和全球性的环境现象或环境问题。 • 设计适应未来环境发展变化趋势的环保政策或行动方案，并积极倡导实施。	• 认同并确信我国环保政策、行动与世界环保政策、行动的紧密关系。 • 形成自身负有参与国家及全球环保行动责任的价值观。

（续表）

年段 \ 目标维度	生命认知	生命行动	生命情意	
	概念与原理	判断与决策	探究与行动	态度与责任
大学 生命与社会	• 了解全球化的进程及其特点，知道全球化时代对于人才素质的基本要求。 • 阐明文化多样性的含义，形成对文化多样性及其社会意义的理解，增强文化自觉。 • 了解重要的国际组织及其关注的主要议题，熟悉其运作方式。	• 辨别全球化时代与以往历史时期的不同。 • 判断文化多样性的价值和意义，并做出尊重文化多样性和平等对待的承诺。 • 明晰国际组织对解决国际重要议题所发挥的价值和作用。	• 反思个体行为与作为全球公民应有的行为之间的差距，谋求自我改进。 • 探讨全球化影响下本土文化与外来文化的关系。 • 考察、模拟国际组织的运作方式，并就相关国际议题展开探讨，提出自己的观点。	• 认同自身作为全球公民应承担的责任和应采取的行为。 • 形成理解、尊重、保护、发展多元文化的价值观。 • 乐于与他人分享自己关于某些国际议题的观点，并参与某些国际组织发起的活动。
生命与自我	• 了解正确积极的性价值观与性道德观。 • 认识死亡概念的内涵与发展，理解临终关怀与悲伤辅导的基本理念；理解提升生命价值的意义和方法。 • 理解个人生涯发展与社会发展、国家发展的关系。	• 辨析有关性取向、性伦理、性道德的多元观点，并提出自己的看法。 • 辨析对死亡的认识与对生命价值认识之间的关系。 • 恰当评估个人生涯规划中个人、社会、国家发展之间的关系的处理并做出改进。	• 探索多元视角下不同性伦理观、道德观背后的价值与文化意涵，并形成自己的合理认识。 • 调查、比较不同文化中的生死观并形成自己的合理看法。 • 探究平衡个人发展、社会发展和国家发展的生涯规划制订及完善方法。	• 形成健康科学的性伦理观、道德观。 • 确信生死课题对于人生议题的重要价值。 • 坚信平衡个人、社会和国家发展对于成功规划人生具有重要意义。

五、生命教育课程的内容架构

生命教育课程内容的选择与组织以学生为核心,主要围绕三条线索进行——

生命与自然的关系。该条线索涉及人与自然、环境之间的关系,旨在引导学生亲近自然,尊重生命的多样性,珍惜生存的环境;关怀自然界的生命,培养热爱自然的情怀,实践保护环境的守则;直面生存危机和可持续发展的挑战,以维持一个永续生存的自然生态环境。

生命与社会的关系。该条线索涉及家庭生活指导、社会公共生活、安全教育、爱情与婚姻、全球公民与伦理、文化多样性等议题,旨在引导学生了解生命成长的社会环境,直面社会生活的多元挑战;开展和谐的人际互动,发展良好的道德情操和社会观念;关怀并帮助需要帮助的人,承担应有的社会责任。

生命与自我的关系。该条线索涉及健康教育、性教育、死亡教育、生涯规划等议题。旨在引导学生掌握性及健康生活的基本常识,形成健康的生活方式;对生与死有充分的认识与体悟,积极思考人类存在的意义与价值;理清自己的人生方向,建立正确的人生观与价值观,发展潜能,达成自我实现。

六、生命教育课程的实施

(一)学校管理者、教师要充分认识生命教育的重要价值及自身所应承担的职责

我国学校教育受应试指挥棒的影响,追求成绩排名的现象仍然存在,极易冲淡对生命教育的实施动机和热情。广大学校管理者、教师应立足为民族复兴、社会进步培养建设者和接班人的使命感、责任感,充分认识教育的生命本性和生命教育的重大价值,积极主动、富有创造性地承担起推进生命教育课程实施的职责。

(二)采取专门课程与学科渗透、专题教育、综合实践活动相结合、多渠道并举的实施方式

生命教育内容的广泛性、综合性、生活化决定生命教育课程的实施途径必然是多元的。整合已有资源,设置专门的生命教育课程是实施生命教育的基本途径,有助于引起重视,推动生命教育的系统开展;而挖掘利用不同学科中已有的生命教育资源能够在不扩充课程内容的前提下提高课程效益;有针对性的专题教育是引导学生就某一生命问题展开深入探讨的课程载体;综合实践活动在课程性质、实施方式等方面与生命教育的相似性使得两者的融合能够取得相得益彰的效果。

(三)贴近学生的生活实际,力求活动形式生动活泼,使生命教育课程的实施本身充满生命的多彩魅力

生命教育课程的实施本身应该是充满生命的多彩魅力的,而不应是枯燥、干瘪的。要做

到这一点，首先要求生命教育课程能够真诚回应学生在成长旅途上切实关切的问题，不回避、不粉饰。同时应注意吸收青少年喜闻乐见的新颖时尚的活动形式，积极健康、充满正能量。

（四）注重学习方式的多样化，尤其突出借助相关实践活动达成对生命的体验和探究

生命教育课程涉及多方面的不同性质的学习结果，这些学习结果只有借助多样的学习方式才能得以实现。例如对于与生命事实或现象相关的概念、技能，可以通过听讲、练习等方式学习，但对珍惜、尊重生命的情感，对生命价值、意义的体认、挖掘、提升等，就必须通过体验、探究等学习方式获取，而拥有通过体验、探究获得的直接经验，又会为概念、技能的掌握奠定基础，因此体验、探究的学习方式在生命教育课程实施中尤为重要。

（五）注重生命化课堂、学校环境等隐性课程因素作用的发挥

生命教育课程的实施，不仅可以通过显性的渠道进行，而且可以通过隐性的渠道进行。其中，生命化的课堂和学校环境建设就是重要的隐性渠道。如果课堂活动的运行、学校环境的创设本身就充满生命关怀，体现生命的活力、魅力，学生置身其中将受到潜移默化的熏陶和影响；反之，不仅隐性课程因素的作用难以发挥，还会削弱显性课程的教育效果。

七、生命教育课程的评价

（一）整合评价与课程学习，树立评价与学生生命成长一体化的理念

生命教育课程的评价是作为生命的主体——教师与学生通过协商对话，共享生命体验、建构生命认识、升华生命意义和实现生命价值的过程。因而评价不是课程学习外部赋予的行为，其本身即是学生认识生命、反思生命和完善生命的学习历程。所以说，生命教育课程的评价从根本上说是师生以主体身份进行生命创造，自由地进行选择，本真地创造生命意义的过程。生命教育课程评价在理念上要将评价视为学生生命成长的重要契机，实现评价与学生生命成长的一体化。

（二）重视自我反思性的评价，以促进学生的生命发展为评价目的

评价过程即是学生的生命成长历程。基于此，生命教育课程的评价要重视学生的自我反思，引导学生反省自我对生命的认识与判断、探究与行动、态度与责任是否恰当合理，并在此基础上以评价为引领，将评价标准内化为自己的奋斗目标，明确为了拓展自己的生命自由和提高自己的生命质量应当做些什么，从而进行自我指导的学习，自行承担学习的责任。显然，这是对课程评价的发展性功能的落实有促进作用，它使评价经由学生的自我反思成为自我教育和自我发展的契机，有助于实现促进学生生命发展的评价目的。

（三）关注学生真实情境中的生命表现，将学生的生命素养作为评价内容的核心

生命教育课程是无法通过标准化的纸笔测验记录学生生命成长的足迹或评价学生生命潜能的发挥状况的，只能通过创设具有现实意义的真实问题情境，让学生运用自己所学习的生命知识和掌握的生命技能解决这类与现实情境相似的真实任务，以便通过自己的生命创造活动展示和证明处理这些任务所需要的生命知识、能力和态度，才能在生命建构中真实地评价学生的生命素养。评价倘若围绕学生真实情境中的生命表现展开，教师便可以通过观察学生在解决具体问题过程中的表现，开展与学习过程一致的情境化评价，而这正是基于生命素养的生命教育课程评价的内在要求。

（四）强化评价活动的参与性，采用能够增强学生内部动机的评价方式

学生是生命教育课程评价的主体。教师在评价创设阶段，就应让学生以全面负责的合作者身份参与评价规则的开发与制定，并尽可能采用表现性评价、档案袋评价和协商研讨式评价等评价方式让学生参与学习过程记录。表现性评价致力于设置学生个人或小组合作完成的表现性任务，观察和记录学生在任务完成过程中的生命表现，并依据事先制定的表现性标准和评价量规对学生的生命表现做出综合评价。档案袋评价则通过搜集和整理学生在生命教育课程中的活动、反思、心得和感悟等，记录其生命成长和变化过程，并通过自评或互评等方式总结生命经验、改进生命行为和完善生命历程。协商研讨式评价关注学生在班级参与和课堂讨论中的表现，通过让学生直面各自的生命处境，展开对生命议题的探讨，辨明对生命事务的正确态度，从而树立正确的价值观。生命教育课程采用上述使学生能够自行记录、观察和分析自己的评价方式，不仅促进学生对评价活动的主动参与，更能让学生习得对学习成功的内在控制的感觉，进而产生对自己生命事务的内在责任感，从而有助于增强学生不断完善自我生命历程的内部动机。

八、生命教育课程建设的推进机制

生命教育课程的实施有赖于教育行政部门、教育研究机构、学校、社区和家庭等各方的协作配合，因而需要建立民主健全、多方协同的课程推进机制，以保障和促进生命教育课程的落实。

（一）教育行政部门的推进机制

教育行政部门依照纲要的精神，需要整体规划区域生命教育课程，在经费投入、条件创设、资源配置等方面进行统筹安排，围绕下列机制的建设开展工作：一是建立生命教育课程开

发的培育激励机制。鼓励各学校从本校学生的生命成长需求及学校办学特色需要出发,遵循课程纲要的要求,积极建设不同主题的生命教育课程。二是推进区校联动的生命教育课程共享机制。建立生命教育课程的网络共享平台,遴选各学校开发的优秀生命教育课程上传至网络平台,供区内其他学校选择借鉴,以节约课程开发成本,提升区域生命教育课程质量,推进区域教育均衡发展。三是建立生命教育课程师资培训机制。以生命教育课程开发者为主体,同时引入专业团队,建立较为稳定的生命教育师资培训队伍和培训基地,并逐步建设生命教育师资培训课程,对承担生命教育课程的师资开展定期培训。四是强化区域生命教育课程资源的整合机制。充分挖掘区域课程资源,建立各类生命教育实训场馆或基地,强化管理协调与资源统配,为区域推进生命教育课程建设提供强有力的资源支撑。五是建立区域生命教育课程实施督导评估机制。由督导部门负责开发生命教育课程实施的评估标准,对区域生命教育课程的实施状况开展专项督导,以导促建,为区域生命教育课程建设提供专业支持。

(二)教研部门的推进机制

区教研室、德育室和科研室作为生命教育课程事务的专业指导机构,需要积极开展生命教育科研课题和教学研究工作,为各学校开发和实施生命教育课程提供专业指导与服务。教研部门推进生命教育课程建设的机制主要包含两个方面:一是建立区校联动的团队式教研机制。由教研员牵头,组织以共享课程联盟为载体的教研团队,借助跨校的教研联合体开展生命教育课程开发的校际研讨和分享活动,以帮助学校提升生命教育课程开发能力,确保课程实施的质量。二是督促学校建立生命教育课程的校本研修机制。指导学校制定生命教育课程校本教研制度,整体设计生命教育课程研修活动,同时引介市、区相关专家给予指导,协助学校积极解决生命教育课程开发中的问题,并系统总结生命教育课程开发经验。

(三)学校层面的推进机制

学校作为生命教育课程开发的实际承担机构,需要整体推进生命教育课程的设计、实施与评价工作。在实践中,学校要以下列机制的建设为重点寻求课程建设的突破:一是建立生命教育课程开发的激励机制。鼓励教师在理解纲要精神的基础上,积极投身生命教育课程开发工作,不仅通过绩效手段给予参与课程开发的教师一定的精神或物质奖励,更要通过价值引领和专业领导激发教师开发生命教育课程的积极性。二是建立教师持续开展生命教育课程行动研究机制。生命教育课程的开发只能借助教师的课程行动研究不断走向完善,学校要建立教师开展课程行动研究的机制,以保证教师通过"开发—实施—观察—反思—再开发"的循环过程,不断解决课程开发所面临的实际问题。三是构建家、校、社生命教育课程一体化运作机制。学校要结合自身的课程传统,基于学生的兴趣需求,通过广泛吸收社区和家庭资源,开发或选用适合校情的生命教育课程,并在课程实施过程中积极争取社区和家长的支持,精心策划和协同组织校内外生命教育实践活动,从而构建家、校、社生命教育课程建设共同体,使之发挥合力,共同推进生命教育课程的落实。

附件 3:

"学校生命教育区域试点"大事记

2014 年:

4 月 2 日,上海市教育委员会与杨浦区人民政府关于开展"学校生命教育区域试点"框架协议签约暨启动仪式在杨浦区人民政府召开。

6 月 4 日,试点工作小组协同上海市教委德育处邀请区域内复旦、同济、上理工、体育学院,共同召开试点工作高校推进会议。

9 月 2 日,试点项目组结合《区域推进"生命教育"大中小学衔接的实践研究》申报 2014 年全国教育科学规划课题(教育部重点课题)。

10 月 10 日,《杨浦区生命教育的实施现状与课程建设需求调研》正式启动。

10 月 24 日,上海市学生德育发展中心主办的市"学校生命教育优秀案例研讨会"的系列活动"沪港两地生命教育交流"在上海理工大学附属小学进行。

2015 年:

1 月 5 日,区域生命教育学生校外实训基地、教师联合研训基地正式成立。

4 月 8 日,由上海市教育委员会主办、杨浦区教育局承办,"奠人生之基 助幸福成长"——杨浦区学校生命教育区域试点推进会暨《区域推进"生命教育"大中小衔接的实践研究》开题会召开。

5 月 13 日,区生命教育区域试点项目组邀请上海市教育科学研究院谢诒范教授,开展生命教育专题讲座。

5 月 28 日,与华东师范大学课程与教学研究所协作开展《杨浦区生命教育课程指导纲要》研究项目启动。

10 月 24 日,Running-baby 杨浦区首届生命教育定向越野比赛正式启动。

11 月 9 日,区生命教育联合研训基地试点校申报校交流活动。

2016 年:

1 月 18 日,启动区域生命教育教师区本培训,由华东师范大学课程与教学研究所安桂清博士对《杨浦区生命教育课程指导纲要(修订稿)》进行专题解读。

4月11日,区域生命教育联合研训基地在同济小学开展《杨浦区生命教育课程指导纲要》主题研讨活动。

5月11日,生态教育联合研训基地——复旦科技园小学风筝专场展示活动召开。

5月14日,杨浦区首届"快乐家庭阳光行"小学亲子户外正式启动。

7月2日,开展区域生命教育教师区本培训,由华东师范大学课程与教学研究所安桂清博士对区域生命教育各特色课程指南进行修改专题讲座。

10月10日,召开区域生命教育案例撰写辅导会议,由杨浦区教师进修学院科研室主任、特级教师王白云主讲。

11月19日,杨浦区生命教育教育情绪辅导联合研训基地在2016年度上海市心理学术年会交流展示。

2017年:

1月16日,七彩课程·斑斓年华——杨浦区生命教育联合研训基地展示活动召开。

4月28日,由上海市教育委员会德育处、上海市学生德育发展中心主办,杨浦区教育局承办的"启蒙·叩问·哲思"生命教育一体化建设交流展示活动暨2017年度上海市心理健康教育活动月启动仪式召开。

11月27日,杨浦区创智季生命教育课程展示活动。

附件4:

杨浦区生命教育实施现状和课程建设需求调研报告(目录)

（三）教育需求与教育难点

（四）家长情况与生命教育

1. 知晓度与重视程度

2. 家庭教育与学生生命教育情况相关性分析

附件 5：

成 果 清 单

1. 邵志勇.为生命之树成长奠基[J].上海教育,2017(03B):22.

2. 吴增强.推进生命教育的三个建议[J].上海教育,2017(03B):23.

3. 赵静菡.衔接有道,"好心情"伴学生一路成长[J].上海教育,2017(03B):24-25.

4. 沈俊佳.爱情教育——生命的必修课[J].上海教育,2017(03B):26-27.

5. 徐群.关护成长指导手册:回应家长对生命教育的需求[J].上海教育,2017(03B):28-29.

6. 杨岚.生命教育:从课程建设开始——基于《杨浦区生命教育实施现状和课程建设需求调研》的思考[J].上海教育,2017(03B):30-31.

附件 6：

杨浦区生命教育课程指南集(试行)

(1)《健康安全》课程指南(试行)

(2)《性别与爱》课程指南(试行)

(3)《情绪智力》课程指南(试行)

(4)《生涯发展》课程指南(试行)

(5)《自然生态》课程指南(试行)

(6)《户外生活》课程指南(试行)

(7)《家庭生命指导》课程指南(试行)

《健康安全》课程指南(试行)

为进一步贯彻落实《上海市中长期教育改革和发展规划纲要(2010—2020 年)》《上海市中小学生生命教育指导纲要(试行)》的精神,提高青少年群体应对突发事件和意外伤害的应急救护能力,创建了以"学习生存技能,助力生命成长"为特色的中小学健康安全课程体系,拓展生命教育的内容和实施途径,以此丰富区域生命教育内涵,为便于使用者了解《健康安全》课程的使用范围和使用方法,特制订了本指南。

一、课程的理念

(一) 注重培养学生必要的生存能力

学校结合自身的课程传统,立足学生的生命成长需求,基于学生的兴趣需求,通过广泛吸收社区和家长资源,开发适合校情的健康安全课程。从课程对接、功能延伸和培养学生的创建防灾应急意识和安全应急能力等几方面入手,培养学生防范和应对危害生命的突发事件的基本能力。发挥杨浦区红十字青少年生命健康安全体验教室的作用,让学生在模拟真实的场景和情境中,学习救护技能,提高面临突发安全事件自救自护的应变能力。将《健康安全技能宝典》作为学校实施生命教育课程的主要教材,从而为创建良好的校园生命教育环境,起到宣传导向作用,以此拓展学校生命教育的内容与途径。

(二) 重视课程内容结构的基础性

借以"生命教育"推动健康安全教育活动课程化,针对社会需要、学生兴趣以及后续发展需求,开创青少年健康安全教育新领域,结合生命安全健康课程建设和学校德育工作,以现场初级救护和包扎为抓手,精选现实生活必需的应急避险知识与技能,对每个学生进行不同年龄阶段的救护技能、突发灾害和避险逃生能力的培训,发挥学校的周边区域辐射作用,开展以识险、避险与应急救护常识的普及活动为载体,以生命教育为主题的探究活动,创建具有校本特色的生命教育课程体系,形成让学生在体验中学习和应急救护知识的有效科学方法,培养学生敬畏生命,尊重生命,对自身及社会负责的能力。

(三) 提倡多样化实施的课程实践活动

学生的生活过程即是生命成长的过程,尽早教给他们一些必要的安全常识和处理突发事件的方法是非常必要的。根据学生年龄特点和个性发展的实际需求,我们设计一些切实可行的预防办法与急救措施,通过情境模拟、角色扮演和实地训练等方法,开展创伤护理、心肺复苏、自救互救体验等系列活动,力图使广大儿童从中掌握必要的安全知识,学会简单而科学的伤口处理方法和应对技能,培养他们良好的应急心态。在开发与实施中注重通过学生的生命体验、实践与感悟,发展学生整体的生命素养,使学生能够在活动体验中健康成长。

（四）强调开放性和个性化相结合的评价方式

个体生命的灵活独特性决定了其只能被经历,而无法被识知。而"健康安全教育"课堂教学常常通过设置生活情景,组织学生认识和处理生活中的紧急事件,使学生掌握应急知识和技能,增强同学间的交流,培养合作能力。为此,学校评价特别注重学生在学习过程中的表现。

健康安全课程面向学生完整的生活领域,其内容的来源和组织立足于学生的现实生活,在学生的生活中展开,面对突如其来的自然灾害与社会安全事件,我们将如何在具体的情境中应急避险和自救与助人,健康安全课程的评价因此是情境化的,通过观察和评估学生在生活中如何处理生命与自然、社会和自我之间的关系,评价活动试图引导学生从小就学会凭借科学的智慧、理性和技巧,避免伤害,减少损失,实现个体更美好的生活。

二、课程目标

健康安全课程是一门培养学生正确应对影响自身生命的突发事件或特殊状况能力的拓展型课程,旨在增强学生日常生活中的应急避险意识,使学生获得非常规状态下进行自我保护的知识与技能,并为学生形成正确的生命观和价值观以及实现终身发展打下基础。

了解"卫生与健康、日常自救、常见意外伤害救护、应对自然界伤害"的有关常识,用科学、准确、简洁的语言阐述在突发事件中应如何采取有效措施进行应对及如何采取相应措施进行预防。

通过情境模拟、角色体验和实地训练等方法,体验创伤护理、心肺复苏、自救互救体验等系列活动,从中掌握必要的安全知识,学会简单而科学的伤口处理方法和应对技能,培养良好的应急心态,树立和发扬友爱互助的道德风尚。

提高自我保护意识和自救自护的应变能力,认识到自我保护的必要性。懂得求救、互救、自救是每个人的权利、责任和义务,树立人道主义精神。

三、课程内容

针对学生的年龄特点和个性发展,将生命健康安全技能的学习与应急救护常识的普及融合在一起,形成"现场应急救护"体验活动式的生命健康安全课程。其教学内容包括应急避险、救护常识以及与这些内容配套的课件、探究学习单和活动评价卡等课程资源。通过有目的的引导、有资源的指向、有体验的观摩等系列活动,形成一种新颖的中小学生紧急救护常识体验式活动模式,促进中小学生在活动中学会自我保护,能识险避险,并将其灵活地运用到日常生活中,从而提高中小学生面临突发事件自救自护的应对能力。

(一)遵循原则

丰富性原则:学习内容力求丰富,从常见救护小常识方面选取课程内容;选取的内容必须便于教师从多角度设计形式多样的活动。

自主性原则:学习内容力求自主,既易于教师对活动的预设和随机的结合,提供现场急救技巧指导,又有利于学生根据自身兴趣和特长,开展紧急避险救护小常识的相关探究学习活动。

体验性原则:课程学习内容的设计必须注重学生的亲身体验,应充分考虑到各年级学生年龄和心理发展特点。在互动环节中,强调学生的亲身体验、感悟和参与,促进学生全面提升综合素养。

(二)内容框架

本课程分为"卫生与健康""日常自救""常见意外伤害救护"和"应对伤害"4个模块,每个模块又分为若干个主题学习板块。

· **小学阶段**

模块名称		年级	活动内容		活动目标
			必修	选修	
卫生与健康	个人卫生	1—2	1. 学做眼保健操 2. 洗手六步法	1. 正确的读写姿势 2. 正确的刷牙方法 3. 正确坐立卧行姿势	·养成良好的个人卫生习惯。 ·掌握正确的洗手、刷牙方法以及读写姿势。 ·学习打喷嚏时的正确方法以及正确的坐立卧行姿势。 ·认真做好眼保健操。 ·初步掌握体温的测量方法。
		3—5		4. 文明打喷嚏、咳嗽的方法 5. 体温的正确测量方法	

（续表）

模块名称		年级	活动内容		活动目标
			必修	选修	
日常自救	求助及报警	3—5	3. 拨打救助电话的技巧		• 掌握日常自救的各种方法。 • 知道遇到突发状况时会求助及报警;注意交通安全。 • 知道鼻出血的止血、包扎、伤员搬运等具体方法。 • 了解心肺复苏的操作步骤。 • 了解公共安全和居家安全,具备良好的安全意识。
	交通安全	1—2		6. 常见的交通标识 7. 行人的交通规则	
	公共安全	3—5		8. 安全乘坐厢式电梯和自动扶梯 9. 远离无证的小商小贩	
	居家安全	3—5		10. 安全使用电源插座	
	安全意识	3—5	4. 外出走散时的应对方法	11. 不进入任何"施工现场" 12. 安全使用文具 13. 安全使用药品	
	止血方法	3—5		14. 鼻出血的止血方法	
	包扎方法	3—5		15. 三角巾头部、手部包扎 16. 三角巾膝关节包扎	
	搬运方法	3—5		17. 伤者的救护扶行法	
	CPR 和 AED	3—5		18. 心肺复苏(一)	
常见意外伤害救护	烧烫伤	1—2		19. 预防烫伤	• 具备一定的预防意外伤害的自我救护意识及能力。 • 知道如何预防狗猫伤害以及如何预防烫伤、溺水和中暑。
	动物抓咬伤	1—2		20. 预防狗猫伤害	
	游泳溺水	3—5		21. 预防溺水	
	中暑	3—5		22. 预防中暑	

（续表）

模块名称		年级	活动内容		活动目标
			必修	选修	
应对伤害	预警	1—2		23. 识别公共场所的逃生路线图或标志	· 应对伤害时，能正确地逃生与求助。 · 认识学校、居家或公共场所的逃生路线或标志。 · 学会发生火灾或地震时的逃生与求助。
	火灾	1—2		24. 随意玩火的危险	
		3—5	5. 火灾时的逃生与求救		
	自然灾害	3—5		25. 地震逃生技巧	

· 初中阶段

活动名称		年级	活动内容		活动目标
			必修	选修	
卫生与健康	个人卫生	6	1. 知道独自就医的流程	1. 体质指数计算方法 2. 胸围、腰围、臀围的测量方法 3. 测量脉搏的方法	· 知道独自就医的流程。 · 学会自我健康监测方法。 · 掌握简单的用药安全常识。 · 知道预防呼吸道传染病的方法。
		6		4. 常用药物服用方法 5. 预防呼吸道传染病	
日常自救	求助及报警	6		6. 知道食品安全举报电话 7. 被困轿车内的求助与逃生	· 知道食品安全举报电话。 · 掌握车内、电梯内遇险的求助与逃生技能。 · 掌握基本的自我保护技能，掌握扭伤包扎。 · 掌握预防食物、煤气中毒的基本知识。 · 知道交通事故的正确报警和应对方法。 · 进一步熟悉心肺复苏的操作步骤。
	交通安全	6		8. 公交车遇险时自救 9. 交通事故的应对方法	
	公共安全	6		10. 厢式电梯下坠的应急处理	
	居家安全	6		11. 预防食物中毒 12. 预防煤气中毒	
	包扎方法	7		13. 三角巾双胸包扎 14. 三角巾腹部包扎 15. 三角巾双眼包扎 16. 伤口的处理和包扎 17. 绷带环形包扎法	

（续表）

活动名称		年级	活动内容		活动目标
			必修	选修	
日常自救	骨折及扭伤	7		18. 扭伤的自救法 19. 前臂骨折固定法	
	搬运方法	8		20. 伤者搬运法	
	CPR 和 AED	8		21. 心肺复苏（二）	
常见意外伤害救护	异物堵塞	6	2. 气道异物堵塞的自救法		· 学会对意外伤害进行应急处置的方法。 · 掌握异物堵塞、轻微烫伤的处理方法。 · 学会处理游泳时腿抽筋、动物咬伤或抓伤的应急处理方法。
	烧烫伤	7		22. 轻度烫伤的处理	
	动物抓咬伤	8		23. 动物咬伤或抓伤后的应急处理	
	游泳溺水	8	3. 游泳腿抽筋的自救		
应对伤害	火灾	7	4. 灭火器的使用方法	24. 火灾逃生技巧	· 学会寻求帮助和逃生。 · 学习遇雷电、台风自然灾害的自我保护方法。 · 学会灭火器使用方法与火灾逃生技巧。
	自然灾害	8		25. 遇雷电、台风时的安全措施	

· 高中阶段

活动名称		年级	活动内容		模块目标
			必修	选修	
卫生与健康	个人卫生	10	1. 血压的正确测量	1. 识别常见的食品标识 2. 学会阅读药物说明书 3. 识别处方药、非处方药和保健食品的标识	· 学会如何测量血压。 · 能认识常见的食品与保健食品的标识。 · 学习识别处方药与非处方药的方法。
日常自救	交通安全	10		4. 轨道交通事故安全逃生	· 学会应对校园暴力以及敲诈、恐吓等突发事件。 · 知道急性食物中毒的紧急处理的技巧。
	居家安全	10		5. 食物中毒的紧急处理 6. 触电处理与急救	

（续表）

活动名称		年级	活动内容		模块目标
			必修	选修	
日常自救	安全意识	10	2. 校园欺凌的应对方法	7. 遇险时常用求助方式 8. 电话诈骗的应对方法 9. 安全上网的应对方法	• 掌握基本的应急救护技能。学会绷带包扎、三角巾包扎和心肺复苏的方法；能正确使用自动体外除颤器。 • 掌握基本的自我保护技能。 • 文明上网，知道电话诈骗的几种应对方法。 • 知道轨道交通的事故发生的逃生方法；学习双人担架、四人担架的搬运方法。
	止血方法	10		10. 加压止血法	
	包扎方法	10		11. 前臂骨折临时固定 12. 三角巾单眼包扎 13. 三角巾单肩包扎 14. 三角巾下颌包扎 15. 三角巾双肩包扎 16. 绷带螺旋形包扎 17. 踝关节扭伤固定	
	搬运方法	11		18. 双人担架、四人担架搬运法	
	CPR 和 AED	11		19. 自动体外除颤器的使用 20. 心肺复苏(三)	
常见意外伤害救护	异物堵塞	10		21. 气道异物堵塞互救	• 学会发生踩踏时的自保方法。 • 学会应对意外伤害与海姆立克法，进行应急互救处置的方法。 • 知道溺水事件与触电事件的处理方法。
	游泳溺水	10		22. 溺水施救方法	
	中暑	10		23. 中暑的正确处理	
	踩踏	11		24. 踩踏伤害的应对方法	
应对伤害	火灾	11	3. 逃生结的系法		• 学习逃生结的系法，知道雾霾天气的自我保护措施。
	自然灾害	11		25. 雾霾天气的自我防护	

四、课程实施

（一）依托多元的建设途径

生命教育内容的广泛性、综合性、生活化,决定了生命教育课程的实施途径必然是多元的。健康安全课程内容涉及了生活中多个领域里的资源,教师在教学活动中不但需要运用诸多专业性较强的知识,而且需要体现课程的实践性以及应对能力的可操作性,这就要求任课教师不仅自身要具有较宽的知识面和较强的实践能力,同时还要善于挖掘生活中及其他形式课程中的各种资源。

校内、社区、互联网乃至本校教师和学生本人都具有可开发利用的资源。家长委员会、社区教育部门及其他相关部门建立密切的联系。聘请治安、消防、医疗急救等方面的专业人员来校开设讲座,具体指导或进行现场的模拟演示;同时,教师要重视利用网络资源,可以登入相关专业网站,如卫生部、中国安全网等,还可以利用网络强大的搜索工具查找相关资料,综合梳理信息并融入教学中。

借助高校医学院、社区街道等社会力量,采用多渠道并举的实施方式,提供应急救护技能专业支持,促进生命健康安全教育有效实施。

（二）注重多样的活动体验

生命教育课程涉及多方面的不同性质的学习结果,这些学习结果只有借助多样的学习方式才能得以实现。因此体验、探究的学习方式在生命教育课程实施中尤为重要。

利用"生命健康安全体验"教育基地,在真实的场景和情境中,将识险、避险、应急救护常识传播、初级急救普及培训等内容融合在一起,以实践活动为主线,将健康安全教育、技能培训、情操陶冶融于生动活泼的活动中,通过体验、探究等学习方式获取救护技能。

把健康安全教育与课程教学紧密联系起来,使其逐步成为学校课程特色的一个窗口和亮点,成为学校教育的延伸和拓展。健康安全教育是长期教育,需要不断深入与强化。学校要在各学科、各主题活动中渗透生命教育,将其与学校教育资源相整合,针对学生年龄特点和个性发展,关注生命的启蒙教育,关注学生的兴趣爱好与个性发展,将健康安全教育作为生命教育校本课程,把浅显的生命教育融于生动活泼的学习中,使健康安全课程逐步融入学校特色教学活动之中,让更多的学生参与生命教育活动,提高面临突发安全事件自救自护的应变能力。

（三）汇聚多方的师资队伍

利用社会资源,聘请有医学背景的志愿者,家长、教师、社区居民或医学院大学生,针对健康安全课程所涉及的"卫生与健康""日常自救""常见意外伤害救护"和"应对伤害"等多个层面,组织教师积极参与区域生命教育教师研训活动;学校可以成立健康安全教育的宣讲团或救护队,为更多的教师提供参加应急救护技能的培训的机会,充实应急救护师资队伍,确保一支稳定的师资队伍,使更多的教师能够承担起所在学校的健康安全教育工作,为学生提供优质的生命教育服务。

（四）遵循均衡的课时安排

为保证课程实施成效,学校一旦将该课程纳入校本课程体系,就需遵循指南内容框架的安排,开足开齐各模块的课程。课时安排可参考如下表格进行,以便形成学生均衡的健康安全方面的素养。

模块名称	学段	学时安排													
		必修							选修						
	年级	小学		初中			高中		小学		初中			高中	
		1—2	3—5	6	7	8	10	11	1—2	3—5	6	7	8	10	11
卫生与健康	个人卫生	2		1			1		1	1	1			1	
日常自救	求助及报警		1								0.5			0.5	
	交通安全								1						
	公共安全										0.5			0.5	
	居家安全									0.5					
	安全意识	1				1					0.5			0.5	
	止血方法									1				1	
	包扎方法													1	
	骨折及扭伤											1			
	搬运方法									0.5		1			1
	CPR 和 AED									1			1		1

（续表）

模块名称	学段	学时安排													
		必修							选修						
		小学		初中			高中		小学		初中			高中	
	年级	1—2	3—5	6	7	8	10	11	1—2	3—5	6	7	8	10	11
常见意外伤害救护	异物堵塞				1				1	1			1		
	烧烫伤								0.5			1			
	动物抓咬伤									0.5			0.5		
	游泳溺水					1			0.5					0.5	
	中暑										0.5				
	踩踏														1
应对伤害	预警								0.5						
	火灾		1			1	1								1
	自然灾害										1		0.5		
小计		2	3	1	1	2	3	0	3	7	4	3	2	6	4
合计		5		4			3		10		9			10	

备注：小学 15 学时，初中和高中各 13 学时，各校可以根据实情做调整。

五、课程评价

该课程的学生评价以过程评价为主，自我评价、同学互评和教师评价相结合形式进行。除根据学生在整个活动学习中的表现，以及在《上海市学生成长记录册》的相关栏目中记录学生自我体验的内容、形式或感受外，本课程还期望各学校以下列不同学段的技能检核达标评价表为依据，注重提升学生的健康安全技能和意识，发展学生的健康安全素养。

1. 小学学段技能评价表

内容	操作要点	评价			备注
		自评	互评	师评	
学做眼保健操	做操时闭眼，安静无小动作	☆☆☆☆☆	☆☆☆☆☆	☆☆☆☆☆	1—2 年级
	穴位按揉准确				
	节拍力度适度				

（续表）

内容	操作要点	评价			备注
		自评	互评	师评	
洗手六步法	一湿：水龙头下把双手淋湿	☆☆☆☆☆	☆☆☆☆☆	☆☆☆☆☆	1—2 年级双手的各部位是指：手心、手背、腕部、指尖、指关节、指间隙等。
	二抹：在手掌上涂抹肥皂或洗手液，均匀涂抹并搓出泡沫				
	三搓：反复搓揉双手的每个部位				
	四冲：在流水下，将双手冲洗干净				
	五关：关闭水龙头				
	六擦：用干净的毛巾、纸巾把湿手擦干或用自动干手器烘干				
拨打求助电话的技巧	准确说出报警电话、火警电话、交通事故与急救电话	☆☆☆☆☆	☆☆☆☆☆	☆☆☆☆☆	3—5 年级模拟拨打 119，120，122 求助电话。
	说清时间				
	说清地点				
	说清求助内容及目前情况				
	说清联系人及联系方式				
外出走散时的应对方法	原地等待	☆☆☆☆☆	☆☆☆☆☆	☆☆☆☆☆	3—5 年级说出外出走散时的应对方法。
	不哭闹				
	及时通知家长				
	求助警察				
火灾时的逃生与求救	尽快沿着消防通道逃生	☆☆☆☆☆	☆☆☆☆☆	☆☆☆☆☆	3—5 年级说出火灾逃生的要点。
	逃生中，用湿毛巾、手帕或者衣袖捂住口鼻弯腰逃生				
	挥动鲜艳物品呼救				
	正确拨打 119 报警电话				
综合评价					
评价说明	1. 按照操作要点进行评价，每个内容满分 5 颗☆，考核过程中，每少一个操作要点，扣 1 颗☆。 2. 综合评价：将自评、互评和师评成绩进行合计，共 75 颗☆。其中优秀（≥67 颗☆）、良好（≥60 颗☆）、合格（≥45 颗☆）、不合格（<45 颗☆）。 3. 选修课的评价要求与必修课一致。				

2. 初中学段技能检核达标评价表

内容	操作要点	评价			备注
		自评	互评	师评	
知道独自就诊的流程	第一步:预检				说出独自就诊部分的流程。
	第二步:持医保卡,预检单挂号				
	第三步:到相关科室就诊				
	第四步:到窗口刷卡、交费(如无须做检查,直接到第六步)				
	第五步:完成检查,取报告,交于医生诊断				
	第六步:取药				
气道异物堵塞的自救法	方法一:上腹部冲击法 1. 一手握空心拳,拳眼置于脐上两横指处 2. 另一手紧握此拳,双手同时快速向内、向上冲击 5 次				方法二中的硬物可以为:桌边、椅背或栏杆处。
	方法二:椅背冲击法 1. 将上腹压在硬物上 2. 向内、向上冲击 5 次				
游泳时腿抽筋自救	第一步:用力把脚掌向上翘				
	第二步:用手按摩揉捏腿肚子				
	第三步:自己无法解决时,尽早呼救				
	第四步:游泳结束后用热水冲淋抽筋腿部肌肉				
灭火器的使用方法	一拔:拔掉插销				正确使用灭火器的四字口诀。
	二握:迅速握住瓶把及橡胶软管				
	三瞄:瞄准火焰根部				
	四扫:扫灭火焰部位				
综合评价					

（续表）

评价说明	1. 综合与教师评价:优秀、良好、合格、不合格。 2. 3 个或以上考核内容单项操作要点完成 3 项为合格,3 个或以上考核内容单项操作要点完成 4 项为良好,3 个或以上考核内容单项操作要点完成 5 为优秀,否则为不合格。 3. 选修课的评价要求与必修课一致。

3. 高中学段技能检核达标评价表

内容	操作要点	评价			备注
		自评	互评	师评	
血压的 正确测量	保持安静状态				提示: 1. 注意臂带、手臂位置与心脏位置,空气管在手臂内侧,与中指处于同一条直线上。 2. 臂带的下缘应高于肘部 2—3cm,袖带卷扎松紧度。
	上臂和心脏处于同一水平				
	血压计平放				
	手心向上自然放松				
	绑扎臂带				
	按钮测量				
校园欺凌的 应对方法	心理状态(沉着冷静)				
	应对措施(采取迂回战术,尽可能拖延时间,公共场合受到胁迫的应向路人呼救求助)				
	事发后处理方法 (父母要保持冷静,并把发生的情况告知老师、咨询员、校方等)				
	严重的暴力行为应对处理(以法律方式来维护自身权益)				

（续表）

内容	操作要点	评价			备注
		自评	互评	师评	
逃生结的系法	第1圈绕法				提示：第2圈绕法（压在下方的绳索顺势绕到第1圈上方，并穿过绳索拉紧）。
	第2圈绕法				
	穿过绳索				
	拉紧绳索两端				
	打两个半口结				
综合评价					
评价说明	1. 综合和教师评价：设为"优秀、良好、合格、不合格"。 2. 3个以上考核内容单项操作要点完成3项为合格，3个以上考核内容单项操作要点完成4项为良好，3个或以上考核内容单项操作要点完成5项为优秀，否则为不合格。 3. 选修课的评价要求与必修课一致。				

六、课程管理

健康安全课程的实施有赖于教育行政部门、研究机构、学校、社区和家庭等各方的协作配合，因而需要建立民主健全、多方协同的课程推进机制，以保障和促进健康安全课程的落实。

（一）教育行政部门的推进机制

1. 培育激励机制

建立课程开发的培育激励机制，鼓励各学校从本校学生生命成长的需求和学校办学特色需要出发，遵循课程纲要的要求，积极建设不同主题的生命教育课程。例如，课程项目推进、家庭项目推进、技能培训助教、救护课程开发管理等，明确并落实具体的工作职责。创建管理制度，确定活动对象及活动时间、管理员工作职责、领导小组岗位职责、活动制度等管理制度。做好工作细致分工、明确各责任。创建课程管理机制是有效实施健康安全教育的保障。

2. 创建共享平台

学校活动常受时间与场地的限制，学校创建健康安全平台或依托健康教育特色学校资源共享平台，丰富课程资源，为教师、学生与家长提供在线学习、在线评价；提供娱乐性、趣味性的生命健康安全教育平台，为教师与学生提供资源库，体验区语音导览等。提供线下拓展，开设医生讲台和社区家庭亲子体验活动等,向社区居民、学生家庭提供生命健康安全技能的指导和服务。同时扩大社会效应,促使更多的公民增强公共安全意识。

推进区校联动的"生命教育课程"共享机制,建立健康安全课程的网络共享平台,精心遴选各学校开发的优秀生命教育课程上传至网络平台,供区内其他学校选择借鉴,以节约课程开发成本,提升区域生命教育课程的质量,推进区域教育的均衡发展。

3. 建立课程师资培训机制

建立健康安全课程师资培训机制,以健康安全课程开发者为主体,强化区域生命教育课程资源的整合机制。充分挖掘区域课程资源,建立各类生命教育实训场馆或基地,强化管理协调与资源统配,为区域推进生命教育课程建设提供强有力的资源支撑。引入专业团队,组建较为稳定的健康安全教育师资培训队伍和培训基地,建设并逐步完善健康安全教育师资培训课程,并对承担健康安全课程的师资开展定期培训。

4. 构建督导评估机制

建立区域健康安全课程实施督导评估机制,由督导部门负责开发健康安全课程实施的评估标准,对课程的实施状况开展专项督导,以导促建,为区域健康安全课程建设提供专业支持。

(二) 教研部门的推进机制

区教研室、德育室或科研室作为生命教育课程建设与推行的专业指导机构,需要积极开展生命教育科研课题和教学研究工作,为各个学校开发和实施生命教育课程提供专业指导与服务。教研部门推进生命教育课程建设的机制主要包含两个方面:一是建立区校联动的团队式教研机制。由教研员牵头,组织以共享课程联盟为载体的教研团队,借助跨校的教研联合体开展生命教育课程开发的校际研讨和分享活动,以帮助学校提升生命教育课程的开发能力,确保课程实施的质量。二是指导学校建立健康安全课程的校本研修机制。指导学校制定健康安全课程校本教研制度,整体设计生命教育课程研修活动,同时引入市、区相关专家给予指导,协助学校积极解决生命教育课程开发中的问题,系统总结生命教育课程开发经验。

(三) 学校层面的推进机制

学校作为生命教育课程开发的实际承担机构,需要整体推进生命教育课程的设计、实施与评价工作。在实践中,学校要以建设如下机制为重点寻求课程建设的突破。

1. 建立激励机制

建立生命教育课程开发的激励机制,鼓励教师在理解本纲要精神的基础上,积极投身生命教育课程开发工作,不仅需要通过绩效手段对参与课程开发的教师给予一定的精神或物质奖励,更要通过价值引领和专业领导激发教师开发生命教育课程的积极性。

2. 组建课程组

建立教师持续开展健康安全课程行动研究机制,以健康安全课程开发者为主体。健康安全教育课程的开发必须借助教师的课程行动研究才能不断走向完善,学校建立教师开展课程行动研究的机制,成立健康安全课程组。以保证教师通过"开发—实施—观察—反思—再开发"的循环过程,不断解决课程开发所面临的实际问题。

3. 构建一体化运作机制

构建家、校、社区健康安全课程一体化运作机制,学校应结合自身的课程传统,基于学生的兴趣需求,通过广泛吸收社区和家庭资源,开发或选用适合校情的健康安全课程,并在课程实施过程中积极争取社区和家长的支持,精心策划和协同组织校内外生命教育实践活动,从而构建家、校、社区健康安全课程建设共同体,使之发挥合力,共同推进生命教育课程的落实。

《性别与爱》课程指南(试行)

为贯彻《教育部大中小学健康教育指导纲要》《上海市中长期教育改革和发展规划纲要(2010—2020年)》《上海市大中小学生命教育指导纲要(试行)》精神,在当前我国社会文化环境下,综合考虑各阶段学生身心健康发展的现实需要,以及课程改革的建设任务,在已有的良好心理健康教育的基础上,需要对大中小学生专门开设性别教育的相关课程,为杨浦区大中小学教师、教育行政管理人员、学生家长和社会其他人员理解和实施性别与爱课程提供基本依据,特制定本纲要。

一、课程理念

性别教育是以特定社会背景中的性别观念为基础,通过显性和隐性的方式融入教育的各个环节,影响受教育者性别认知发展和性别认同接纳,产生相应性别行为的社会化教育过程。

性别与爱课程的开发与实施坚持如下基本理念:

(一)强调性别教育十二年一贯的整体设计

大中小学性别与爱课程是一门将性别教育深化为课程形态、按照课程要素进行系统构建的德育拓展型校本课程。依据小学、初中、高中、大学等年段学生的年龄特点和《杨浦区生命教育课程指导纲要》,从整体角度出发,对一至十二年级性别教育的内容与目标进行整体规划,对不同学段性别教育的需求重点予以彰显,从而形成规划合理、编排有序、重点突出的性别与爱课程。

(二)以人格教育作为性别教育的引领方向

大中小学性别教育不能仅仅局限于性生理上的自我保护,更要激发孩子们对自我性别的认同,对生命的珍惜,对自我的悦纳,对他人的了解和接纳,体会成长的快乐。总之,要视性别教育为人格教育的一部分,以尊重人性精神为基础,促进青少年对自我性别的积极认同和对自我行为的正确评判,让青少年更好地保护自己,形成完善的人格。

(三)注重通过实践感悟践行性别教育

性别教育是生命教育的重要组成部分。而生命的真谛不是传授、模仿出来的,而是学生在亲身实践中感悟出来的。在生命教育中,没有固定的教育者和受教育者,学校中每个人都是影响者，也是受影响者。教育者和受教育者通过正式或非正式地交流和感悟，致力于促进每一个人的性别认知和性别认同的发展。

二、课程目标

（一）总目标

大中小学性别与爱课程的实施，使大中小学生逐步丰富对生命的认识，了解生命的意义和价值，珍惜生命，并尊重他人；了解大中小学不同年龄段男孩、女孩生理上、心理上的差异和变化；认同自己的性别，了解和接纳异性，体会成长的快乐；懂得自己是身体的主人，爱护自己的身体，不允许他人侵犯；学会基本的身体保护方法和技能，应对实际生活中的突发事件；最终谋求自我健康心理、健全人格的发展。

（二）学段目标

基于性别与爱课程的总目标，小学、初中、高中和大学性别与爱课程的学段目标如下：

1. 小学阶段的目标

通过开展"性别意识、性别认同、身体保护"方面的性别启蒙教育，初步了解生命的意义和价值，珍惜生命，并尊重他人；初步了解小学不同年龄阶段男孩、女孩生理、心理上的差异和变化，认同自己的性别，了解和接纳异性，体会成长的快乐；初步懂得自己是身体的主人，爱护自己的身体，不允许他人侵犯，学会基本的身体保护方法和技能，应对实际生活中的突发事件。

2. 初中阶段的目标

通过开展"性别意识、性别认同、身体保护"方面的性别教育，觉察生命的变化与发展历程，体会生命的意义和存在的价值；分享与探索与青春期相关的身体、社会、认知和情绪变化的处理方法；正确看待爱情，掌握与异性同学交往的技能；加深对家庭成员角色和责任的理解；懂得避免受到性伤害的恰当方法；初步了解避孕的基本原理；初步了解社会公共生活的基本规范和准则，掌握运用最佳处理策略来求得问题的解决，学会用法律手段保护自己。

3. 高中阶段的目标

通过开展"性别意识、性别认同、身体保护"方面的性别教育，了解合乎伦理的性行为与性关系；知晓并能尊重不同的性取向；了解避孕的方式和途径；初步了解爱情与婚姻的区别和联系，对爱情与成长、学业的三者关系有正确认识；辨别网络交往和现实交往的利弊，进一步掌握避免受到性侵害的方法；对现实生活中与性伦理有关的社会现象能有合理的观点。

4. 大学阶段的目标

对大学生开展"性别意识、性别认同、身体保护"方面的性别教育,了解本课程的实用性和必要性,了解两性的社会性别和不同的性文化,接受自我,尊重不同的性文化、性取向,学习如何成为一个合适的社会性的男人或女人;掌握婚恋中与异性沟通和交往的技巧,正确看待爱情与婚姻的关系,提升心理调节能力,培养家庭和社会责任感;对相关法律法规有一定的了解,进一步掌握避免受到性伤害的方法,懂得如何求助;学会付出与感恩,学会相互体谅与宽容,培养年轻一代的人格力量。

三、课程内容

大中小学性别与爱课程内容的选择,整体上从"人"的角度,围绕大中小学生"身体、心理、伦理"等方面,以尊重人性精神为基础,以完善人格和丰富人性为核心,依据《杨浦区生命教育课程指导纲要》,以及大中小学生性别与爱课程研发的指导思想、大中小学生身心发展特点(包括心理成熟度、可接受性)、课堂教学特点等方面,分别构建小学、初中、高中、大学四个学段的课程内容结构和课时建议。

(一)课程内容

1. 小学阶段的课程内容

模块	小学段		
	课题	主要内容	目标
两性的身体成长	生命的足迹	生命的存在形式,珍爱生命	1. 了解大自然创造了无数的生命,生命是无处不在的,生命以不同的形式存在。懂得生命是延续不断的,生生不息。 2. 了解在逆境和困难中,生命具有无与伦比的力量,感受生命的力量和珍贵。 3. 懂得自己的生命是父母生命的延续,学会感恩,珍惜生命。
	我从哪里来	生命的诞生,生命自豪	1. 初步了解了动植物生命成长的过程,了解人是哺乳动物的一种,知道哺乳类动物,从受精到妊娠、到出生的生命诞生过程。 2. 了解生命诞生背后的故事,理解生命诞生中蕴含的巨大喜悦和爱意,感受生命是无比尊贵的。 3. 了解生殖对人类生存发展的重要性,初步了解人类历史文化中经典的性别故事,例如:阴阳太极、女娲造人、亚当夏娃食禁果。

（续表）

模块	小学段		
	课题	主要内容	目标
两性的身体成长	生日赞歌	人类孕育过程,感谢养育之恩	1. 初步了解母亲十月怀胎、生产方式,体验孕育的辛苦,学会尊重礼让孕妇。 2. 了解父母养育的故事,体会这其中的甘苦,懂得尊重,学会感恩。 3. 懂得生命是父母给予的最珍贵的礼物,理解在爱的浸润下,生命才得以幸福地成长,父母给予孩子的爱是无私的,父母是孩子的依靠。
	性别密码	男女性别的由来,神奇性别	1. 了解生命无贵贱之分,每个生命都是尊贵的,无论是什么性别,父母多是爱自己的。 2. 了解男女性别的由来,知道基因决定性别,在自然状况下,性别的产生是偶然的、随机的、是不可选择的。重男轻女是错误思想,人为决定性别,造成男女比例失衡。 3. 知道社会所赋予男女性别不同的要求,认同自己的性别,接纳不同的性别特点。 4. 了解世界上杰出的男女人物,懂得无论男女都可以通过努力获得生命的价值。
	生命如歌	人的成长不同阶段,珍爱生命	1. 了解生活中因为有爱,我们才会感受到幸福。 2. 从一些微不足道的小生命创造的奇迹中,感受生命的力量和顽强。 3. 了解生活常会遇到不如意,但是持着热爱生活、珍爱生命的态度,积极乐观地微笑面对生命中的寒冬,生活变得更精彩。
	走进花季	准青春期身心变化,感受成长	1. 了解成长发育将伴随人的一生,性是其中的一部分。了解性的发展是分阶段的,有成熟期和衰退期的,关注自己身体的感受和变化。 2. 初步了解第二次性特征,知道女子将会经历月经,男子将会经历遗精。 3. 了解准青春期的心理变化,能够坦然面对青春期,悦纳性别。 4. 知道身体发育的个别差异和性别差异。明白个体成长中存在差异是很正常的,没有必要因为暂时的羸弱而自卑,更不能因为强壮而欺负弱者。

（续表）

模块	小学段		
	课题	主要内容	目标
两性的关系与互动	男孩和女孩	男女差异和互补	1. 寻找男女孩在外貌、爱好和性格等方面的差异，意识到男女有别，差异也是因人而异。 2. 发现男女都有其长处、劣势，男女可以在生活工作中，取长补短，互相协作，共同创造美好的世界。 3. 认同和接纳男女差异，懂得正是因为有了这些差异，世界才会和谐精彩。
	身体小秘密	爱护自己的身体	1. 初步认识身体各部分及作用，包括性器官和排泄器官等隐私部位，了解要保护和隐藏起来的必要性。 2. 了解性器官和排泄器官清洁的重要性和具体方法，促成良好的卫生习惯。 3. 认识到自然赋予我们的身体是奇妙的、美好的、美丽的，学会欣赏人体艺术作品。
	我爱我家	学会与父母沟通	1. 感受家是每个人心中最温暖、最可亲的地方。 2. 了解父母所代表的男女性别所承担的不同责任，理解和关心父母，包括爱的选择。 3. 了解爱是伴随着男女相亲相爱，父母对孩子的爱是无私的，是深沉的，是割不断的。 4. 分析亲子冲突的原因，学习沟通之道，了解责怪背后的良苦用心，学会感恩。
	不同的爱	生活中的感情	1. 了解感情的不同种类：爱情、亲情、友情。了解每个人都需要美好的感情，也需要用心培植和付出。 2. 让学生观察生活中的异性交往、如父母、兄妹等，使其对男女关系有正确理解。 3. 了解男女生心目中受欢迎的异性特点，不断地完善自我。 4. 尊重每一个生命，学会用语言和行动来表达自己的爱心，接纳他人，关怀生命。
	性别名片	构筑自己的性别身份	1. 观察男女在日常生活中指向性的心理差异，使其知道男女脑发育、心理发展等方面不同，达到相互理解的作用。 2. 为自己构筑社会认同的性别身份，认同和悦纳自己的性别身份。

（续表）

模块	小学段		
	课题	主要内容	目标
两性的关系与互动	亲密有"间"	男女生交往方法	1. 知道男女生互相关心、结交朋友，是正常的心理活动，培养基于男女平等精神的两性沟通态度和行为。 2. 知道男女生心中喜欢的异性性格行为特征，学会男女生相处的方法。 3. 理解男女生交往应建立在友善信赖、人格尊重的朋友关系基础上。 4. 了解人际交往的四个距离，做到因人而异，有礼有节。
两性的身体保护	你我碰碰车	交往中的礼仪	1. 了解身体接触是生命传递信息和情感的方式之一。 2. 了解人际互动中身体接触方面的基础礼仪，如：握手、接吻、拥抱等。 3. 感受身体亲密接触后的快乐和不悦，重视自己对事物的不适感受，懂得亲密行为要适度，学会分辨和观察。
	不当小红帽	防止诱拐和伤害	1. 知道世界上绝大多数的人都是善良的，但生活中存在诱拐、骚扰、伤害等事情，要提高自我保护意识。 2. 思考当遇到有人提出要送自己回家等情形时，如何机智应对。 3. 了解不能因为个别的案例，而因噎废食，对人存有过度戒心。
	身体红绿灯	身体保护与界限	1. 了解身体有禁区，即隐私部位，要有自我保护意识，但也不要侵犯他人。 2. 了解身体保护和秘密保守的基本准则，分辨身体接触和秘密保守的不同感受，学会保护自己。 3. 懂得尊重他人也是尊重自己，人与人相处，应该互相尊重。
	勇敢说"不"	学会对性侵害说"不"	1. 面对遭遇侵犯后，不要害怕，不要羞愧，要勇敢地大声说"不"。 2. 了解侵犯后的应对措施，克服遭遇侵犯后，怕事、羞耻的心理，学习勇敢地说"不"。 3. 了解面对意外和伤害，要冷静机智，知道生命是第一位的。 4. 相信爱的力量，通过互相帮助，可以平安渡过难关。

（续表）

模块	小学段		
	课题	主要内容	目标
两性的身体保护	远离诱惑	信息的甄别和选择	1. 了解信息技术改变了人们的生活,网络给我们带来了全新的学习生活方式。 2. 通过调查活动,了解影视、网络、漫画是学习娱乐的方式之一,其中有些内容是不合适未成年人的,学会区分选择和机智应对。 3. 提防网络、声讯陷阱,培养积极、多样的兴趣爱好,让生活富有意义、丰富多彩的。
	加强自我防范	防范侵犯保护自己	1. 每个人的身体是属于自己的,有自己做主的权利。要爱惜自己的身体,做好身体的主人,保护好自己! 2. 了解关于性侵害方面的知识,例如易受侵害者的心理、对象,以及侵害者身份等,认同性侵犯不一定是陌生人,性侵犯不一定是男生的观点。 3. 初步了解避免和遭遇性侵害的方法和技巧,尽力防范心理,懂得用法律的武器保护自己。 4. 基于尊重生命尊严和人性的精神,初步了解违背社会道德和法律的各种性侵犯以及严重后果,增强法律意识。

2. 初中阶段的课程内容

模块	初中段		
	课题	主要内容	目标
两性的身体成长	生命的美好	生命诞生的美好,感恩家人,畅想未来	1. 了解生命诞生是偶然、幸运和美好的。 2. 了解孩子成长需要家人的细心呵护照顾,能够感恩家人陪伴自己一路成长。 3. 畅想自己的未来,期待美好的明天。
	奇妙的变化	第一性征和第二性征	1. 知道什么是第一性征、什么是第二性征。 2. 深入了解第二性征与青春期的关系。 3. 了解青春期身体发育中的个体差异和性别差异。

（续表）

模块	初中段		
	课题	主要内容	目标
两性的身体成长	成熟的标志	月经与遗精	1. 知道月经和遗精的形成。 2. 知道月经和遗精是生长发育的标志，了解月经期的保健，知道遗精以后如何处理以及如何清洁身体。 3. 懂得爱护自己的身体，知道安全度过青春发育期的方法。
	五彩的青春	体相烦恼，情绪调适，未来期许	1. 能够消除因青春期变化带来的体相烦恼，并学会欣赏自己的青春美。 2. 能够调试自己的心情应对急速发展的身心变化。 3. 了解每一种体貌都是生机勃勃的生命力量，对自己的未来留下一个美好期许。
两性的关系与互动	喜欢我的性别	不同阶段性别差异；个体差异和性别差异；悦纳自己的性别	1. 了解不同阶段男孩女孩的性别差异，知道性别没有优劣。 2. 了解自己的性别偏好，认识到人的兴趣偏好会受性别因素的影响，但每个人都是独特的。 3. 能够接受悦纳自己。
	欣赏 TA 的性别	性别要求；欣赏异性；欣赏自己	1. 了解不同时期、地区、社会对性别的要求。 2. 了解不同性别各有其优势，学会欣赏异性，并能学习异性优秀的性别特质。 3. 了解如何才能成为一个让人欣赏的人，学会欣赏自己。
	当我喜欢 TA	青春萌动；两性交往的方法	1. 知道在青春期欣赏和喜欢异性是正常现象。 2. 了解青春期两性情感的特点。 3. 学会用适当的方式进行异性交往。
	父母的爱情故事	爱情与婚姻的关系；生活中的爱情与婚姻。	1. 通过观察自己的原生家庭，初步知道爱情与婚姻的关系。 2. 了解身边真实发生的婚姻爱情故事，初步建立健康幸福的爱情和婚姻观念。
两性的身体保护	筑安全屏障	了解性骚扰；应对性骚扰。	1. 了解"性骚扰"是侵犯他人人格的行为。 2. 能够辨别和避免骚扰行为，掌握应对的技巧和方法。 3. 增强自我保护意识，了解生命是第一位的。

（续表）

模块	初中段		
	课题	主要内容	目标
两性的身体保护	网媒中的正确选择	学会选择；抵制诱惑	1. 面对网络媒体中各种不良信息，能够做出正确选择。 2. 能够主动抵制网媒中的损害身心健康的"诱惑"，及时避免，明辨是非。

3. 高中阶段的课程内容

模块	高中段		
	课题	主要内容	目标
两性的身体成长	生命的延续	正确的性行为；怀孕、妊娠、避孕。	1. 知道人类的性行为不只是为了生殖，它是包含文化、社会等多种要素的行为，培育正确态度。 2. 知道受精和妊娠的原理，了解分娩的知识，培养在育儿上的男女责任感。 3. 了解避孕所牵涉的道德伦理，了解避孕原理及使用方法并讨论其局限性，以避免意外怀孕。 4. 懂得意外怀孕时，需要寻求专业辅导的重要性及途径，了解堕胎对身心的负面影响。
	羞于启齿的秘密	性成熟、性发育	1. 学会处理与性成熟有关的行为需求，例如：自慰、对异性产生兴趣、对色情刊物感到好奇、性幻想等。 2. 对性发育中出现的自己和他人的有些"难以启齿的小秘密"，能采取客观和理解的态度。
两性的关系与互动	明明白白我自己	自我形象和自我观念	1. 全面了解自我，包括生理自我、心理自我和社会自我。 2. 引导多从正面肯定自我的价值，扬长避短。
	与生俱来的拥有	性身份、性别角色、性取向	1. 了解性别差异是随着人类进化而逐步形成的，社会传统和文化模式共同影响着男女性别特点。 2. 了解具有社会代表性的男性与女性形象。 3. 了解每个人都有属于自己独特的性身份、性别角色，知道具备双性特质的男女生更符合社会发展需求。 4. 能够多元包容地看待同性恋、双性化等性取向问题。

（续表）

模块	高中段		
	课题	主要内容	目标
两性的关系与互动	潘多拉宝盒	爱情理论；性的态度、价值观。	1. 了解有关爱情的内涵、要素和成分等理论。 2. 了解男女生不同的对性的态度，能够更为慎重考虑性行为。 3. 探讨与性有关问题的技巧和价值观，懂得异性交往中做负责任的决定，学会拒绝。
	生命的港湾	人类的性、婚姻、家庭和社会	1. 了解婚姻、婚姻关系、夫妻关系、婚姻动机等的婚姻与家庭关系。 2. 了解性行为和婚姻家庭的关系，包括社会文化对性的影响所产生的问题，培养对性的客观态度。
两性的身体保护	勇对"咸猪手"	不同程度的性侵害	1. 了解不同类型的性骚扰、性侵犯和性暴力，以及预防及应对的方法。 2. 懂得运用法律手段，对性骚扰、性侵犯和性暴力进行自我保护。 3. 认识到世界的复杂性，提升自我保护的意识与能力。
	情系红丝带	预防性传播疾病	1. 认识经性接触传染的疾病，例如艾滋病。 2. 了解性传播疾病的传播途径。 3. 懂得在日常生活中避免感染或传染"性传播疾病"的方法。

4. 大学阶段的课程内容

模块	大学段		
	课题	主要内容	目标
两性的身体成长	生命与爱	爱与责任	1. 认识大学生性教育现状，对大学生同居、流产等现象有正确认识。 2. 认识婚前性行为对年轻人的影响。 3. 了解男女亲密交往的界限，懂得爱与责任的关系。

（续表）

模块	大学段		
	课题	主要内容	目标
两性的身体成长	蓬勃的青春	性冲动及调节	1. 了解大学阶段正处于生命力旺盛阶段,能够正确对待自己的性冲动,学会调节。 2. 了解性诱惑,能够用合适的行为态度去面对。
两性的关系与互动	是男是女,没那么简单	性别取向的多元化	1. 了解两性的社会性别差异。 2. 能够尊重不同的性文化、性取向。 3. 学习如何成为一个适应社会、受人欢迎的男人或女人。
	男生来自火星,女生来自金星	基于性别差异认识的性别平等	1. 了解两性的思维观念上的差异。 2. 提升与异性沟通和交往的技巧,学会异性间彼此体谅与宽容,懂得付出与感恩。 3. 形成性别平等观念,并在生活中有所践行。
	爱情与婚姻	爱情与婚姻的关系	1. 正确看待爱情与婚姻的关系。 2. 正确看待"宅男宅女"等社会现象,学习亲密关系的相处之道。 3. 了解家庭中性别角色的不可缺失,培养家庭和社会责任感。
两性的身体保护	身体的权益	性侵犯相关伦理和法律	1. 了解大学生容易遭遇的性骚扰、性侵犯、性暴力案例,懂了自我防范,掌握避免受到性伤害的方法。 2. 了解相关制约性骚扰、性侵犯、性暴力的法律法规和伦理。

（二）课时建议

小学阶段课时建议每学年不少于 6 课时的专题教育,每课时建议 20 分钟。

初中阶段课时建议每学年不少于 3 课时的专题教育,每课时建议 40 分钟。

高中阶段课时建议每学年不少于 3 课时的专题教育,每课时建议 40 分钟。

大学阶段课时建议每学年不少于 2 课时的专题教育,每课时建议 45 分钟。

各学段衔接要点

学段	年级	两性的身体成长				两性的关系与互动				两性的身体保护	
		要点	对应课程	要点	对应课程	要点	对应课程	要点	对应课程	要点	对应课程
小学	1—2年级	认识大自然的生命	生命的足迹	了解生命繁衍方式	我从哪里来	了解男女外貌差异	男孩和女孩	了解男女生理差异	身体小秘密	了解适度亲密行为，防止诱拐	你被拐骗车不当小红帽
	3—4年级	了解人类孕育过程	生日赞歌	了解性别的由来	性别密码	了解父母的爱与角色	我爱我家	认识亲情等情感	不同的爱	了解身体界限，学会说"不"	身体红绿灯 勇敢说"不"
	5—6年级	了解成长的不同阶段	生命如歌	体验准青春期身心变化	走进花季	了解男女脑和心理差异	性别名片	了解青春期异性交往方法	亲密有"间"	提升防性侵的警觉性	远离诱惑 加强自我防范
初中	7年级	了解为生命诞生的准备	生命的美好	了解第二性征发育	成熟的标志 月经与遗精	悦纳自己的性别	喜欢我的性别	了解青春萌动期交往方法	当喜欢对TA	认识并学会应对性骚扰	筑安全屏障
	8—9年级	学会调适青春心情	五彩的青春	解除青春期烦恼	奇妙的变化	学会欣赏异性	欣赏TA的性别	了解现实生活中的爱情	父母的爱情故事	学会选择 抵制网媒诱惑	网媒中的正确选择
高中	10—12年级	了解性与繁衍	生命的延续	了解性和性行为	羞于启齿的秘密	了解自我观念、性别角色	明明白白我自己 与生俱来的拥有	了解性、爱情、婚姻、家庭的关系	潘多拉盒 生命的婚姻	了解不同程度的性侵害，预防性传播疾病	勇对"咸猪手" 情系红丝带
大学	大1—大4	了解爱与责任	生命与爱	了解性冲动及调节	蓬勃的青春	了解性取向的多元化，践行性别平等	是男是女没那么简单 男生来自火星、女生来自金星	了解爱情与婚姻的关系	爱情与婚姻	了解性侵犯与相关法律伦理和法律	身体的权益

四、课程实施

（一）课程实施的基本策略

性别与爱课程是一门特殊的课程，虽然它作为学校心理辅导课的一部分进入了学校课堂，但课程谈论的话题不仅涉及生理、心理、伦理、还将涉及学生隐私，教师在课程研发中不仅要顾及文化传统、社会阻力，还要考虑自身的观念。因此，课程实施需要关注性别与爱课程的灵活独特性，制定"慎重选择、游戏活动、家校联动"的实施策略，以推进性别教育的开展。

1. 慎重选择策略

大中小学性别与爱课程内容涉及性教育、心理健康教育、感恩教育、伦理教育、法制教育等，根据大中小学生的认知特点，需要遵从循序渐进原则，适时、适当、适度的选择与大中小学生性别教育相关的课程内容，并通过课堂实践完善课程内容。

内容选择上——在性别与爱课程内容的选择上，要讲求适度适当原则。首先，选择我们的文化可以接受的内容。其次，选择大中小学生可以接受并能够满足成长需求的内容。

课堂实践中——每堂课都要事先有预讲；从初始到成熟，通过课程评价来检验，不断完善，修改后的教案还要听取他学科老师意见，保证教学的有效性。

2. 活动体验策略

性别教育形式需要教师智慧地运用不同年龄学生感兴趣的教育形式，让有些隐晦的教学内容显得生动活泼、明朗干净。因此，教师在设计教学中，要充分考虑学生的年龄特点，创造性地运用游戏、辩论活动形式，让学生在活动中体验感悟、迁移提升。

3. 家校联动策略

学校针对家长们在性别教育中有所顾忌和不知所措的困扰，结合国情，联系大中小学生的家庭教育，通过联动式课程评价方式，让家长了解近阶段学校性别教育主题，共同参与到课程建设中，协助学校不断完善课程。

（二）课程实施的基本原则

1. 系列性原则

性别与爱课程在内容选择和材料组织时，宜兼顾阶段性和系统性，并在具体的主题活动中注重程序性和层次性。小学低年级学生正处于性潜伏期，需要了解生命诞生、认识性器官等内容；小学高年级学生和初中学生正处于青春期，身心发生迅速的变化，可选择男女生交往、第二性征等内容；高中学生正处于青春后期，培育对性的健康的正确态度，以及认识和接纳自我是这个阶段重要的教育内容。大学生正处于性成熟期,树立正确的择偶、婚姻价值观是最佳阶段,从社会调查、课题研究等方式让学生着手研究性别社会化,有助于他们健全个人的形成。

2. 预防性原则

许多孩子在成长发展过程中,尤其是"青春期"的大中小学生,会对"性"有许多疑惑,还有些学生可能本身性别角色认同混乱,如果不及时进行教育,容易形成不健康的性心理和人格。性别与爱课程要力求走在问题前面,及时疏通和解决青少年现实的困扰,预防学生身心发展中可能出现的问题,完善学生的人格,为其一生的幸福奠定基础。

3. 差异性原则

性别教育受到家庭教育、性格气质、生长发育等因素的影响,学生个体的相关认识千差万别,程度不同。因此,性别与爱课程既要研究群体带有共性的行为,又要研究个体具有个性的行为。关注个别学生的成长需求,通过个别教育、家庭辅导来满足需要,促进孩子人格的健康发展。

4. 发展性原则

随着社会的发展与进步,需要不断选择、拓展性别与爱课程资源,以顺应大中小学生的身心发展特点,培养学生性别意识、生命观念和人文素养。

(三)课程实施途径与组织形式

性别与爱课程的实施途径可以通过课内活动和课外实践这两个途径来实施。课内活动是由在课堂教学中,教师组织引导的有目的、有计划地开展团队竞赛、主题分享、小品演绎、情境游戏等活动。课外实践是指课堂教学后学生或独立或小组开展的主题绘画、资料查找、社会调查等活动,目的在于进一步关注学生在课程活动中的收获和体验,让学生在同伴的关注和影响下,大家共同健康发展。建议学校除了组织学生开展课内活动外,宜根据课程内容的需要广泛开展课外实践。

(四)课程实施的多元方法

学校根据课程内容的特点和需要,在性别与爱课程各年级教学中,采用"直观式、游戏式、情感式、情境式、合作式"等多样灵活、有趣直观的教学方式,让性别与爱课程趋向"活泼又干净,明了又渐进"。

1. 直观式

直观式教学是教师充分利用多媒体设备,生动形象地展示生命孕育、降生等课程内容,既吸引学生的注意力,激发学生的学习兴趣,又让学生通过文字和画面的暗示,尽快地进入情景的一种促进学生的认知、体验和理解的教学方式。

2. 游戏式

游戏式教学是教师根据学生年龄特点,自创学生喜爱的游戏活动,让学生在游戏中得到充分体验的教学方式。在游戏内容的设计和选择上,教师要尽量关注游戏的参与性、难易度等问题,让学生在"玩"中学。

3. 情感式

情感式教学是教师利用音乐、图像等多媒体教学辅助手段,激发学生情绪,引起情感上的共鸣,并及时引导积极情感的产生,促进教学目标达成的教学方式。

4. 情境式

情境式教学是针对学生腼腆、不肯说的特点,教师把孩子们可能会遇到的事情设计成几个情境,让他们去思考、应对,提升各学段学生解决问题和思维能力的教学方式。

5. 合作式

合作式教学是教师为学生创造一种生动活泼、师生共同合作完成学习任务的氛围和任务,让学生感受到自己是学习的主体,是教学活动的参与者与推动者的教学方式。

五、课程评价

（一）评价原则

1. 过程性原则

通过评价要让每一个学生都有成功的体验,不仅要注重学生参与性别与爱课程活动的结果,更要重视学生参与的探索过程、学习情感和学习热情,使学生在性别教育课程的学习过程中不断获得生命的成长和学习的快乐。

2. 主体性原则

把学生作为评价的主体,以激励为主,注重学生在性别与爱课程活动中的体验与感受。

3. 差异性原则

评价承认学生发展的差异性,尊重学生发展的不均衡性,从多元化的视角来客观评价学生性别认知与性别认同发展的差异性,满足不同学生的人格发展需求。

（二）评价内容

1. 关于学生发展的评价

学生发展评价主要从三个方面展开,即学生所获得有关性别与爱课程的知识与技能、过程与方法和情感态度价值观。其主要目的是让每个学生都获得生命健康快乐成长的体验,都在原有认知水平上有新的发展。

2. 关于教师发展的评价

教师发展评价主要从四个方面展开,具体包含教师所具备的关于性别与爱课程的专业知识,教学活动设计能力、实施能力、反思与改进能力等。其主要目的是帮助教师发现性别与爱课程实施中的问题,并引导教师对自身的教育行为进行反思和调整,促使教师提高教学水平,积累教育经验。

3. 关于课程发展的评价

课程发展评价主要从四个方面展开,具体包含课程目标定位是否科学适宜,内容组织是否科学化、人性化,过程设计是否重体验与感悟,是否有效利用了各种教育资源等。其主要目的是通过科学的评价来及时诊断性别与爱课程的主要问题与不足,促使课程不断发展完善。

(三)评价方法

基于性别与爱课程目前仍是一项比较敏感的研究课题,建议运用"联动式、模糊式、追踪式"等评价方式对课程效果进行评价实践。

1. 促进家校合作的联动式评价

针对家长们在性别教育中的有所顾忌和无所适从,在课程教学后,学生向家长反馈教学内容,让家长了解近阶段学校性别教育主题,并填写简单的反馈单。家长们共同参与到课程建设中,也协助我们不断完善课程内容。

2. 反馈课堂效果的即时式评价

对于课堂教学和教师教学能力,我们认为评价宜粗不宜细,可以采用满意度调查的评价方式。我们开展课程满意度调查,内容涉及课程内容、教学方式、教师态度、同伴合作、课堂收获等五项,将抽样评价与全样评价相结合。

3. 拓展课内教学的追踪式评价

我们根据课程内容、学生发展、课堂效果等需要,开展与课内活动内容相匹配的课外实践,让学生或独立地、或小组地开展主题绘画、资料查找、社会调查等活动,并指导学生开展追踪式评价(见下表)。教师在评价活动中,关注学生的成长需求是否得以满足,以鼓励、欣赏、支持的评价态度回应与认可学生的感受和努力。

(四)评价主体

性别与爱课程的评价吸收多元主体的参与。评价主体可包括大中小学生与家长(课程受益者)、教师(课程实施者)和校长(课程领导者),以及其他参与或指导大中小学性别教育活动的有关人士。

六、课程保障机制

大中小学性别与爱课程的顺利实施,需要建立民主健全、多方协同的课程推进机制,以保障和促进课程的落实。

（一）建设性别教育研训和共享机制

依托区教育行政部门,教师进修学院,建立区域性别与爱课程研训基地,一是整合社会、学校、家长、专家各方力量,把性别教育作为生命教育重要的实施内容,确保课时,拓宽实施途径,保证教育质量。二是推进区校联动的"性别教育课程"共享机制,建立性别与爱课程的网络共享平台,精心遴选各学校开发的优秀性别与爱课程上传至网络平台,供区内其他学校选择借鉴。

（二）提升教师培训机制

依托区域性别与爱课程研训基地,一是建立区校联动的团队式教研机制,即由教研员牵头,组织以共享课程联盟为载体的教研团队,借助跨校的教研联合体开展性别与爱课程开发的校际研讨和分享活动;二是以性别与爱课程开发者为主体,逐步建设性别教育师资培训课程,对承担性别与爱课程的师资开展定期培训;三是建立性别与爱课程开发的激励机制,鼓励各校从本校学生的生命成长需求及学校办学特色需要出发,遵循杨浦区大中小学性别与爱课程纲要,构建不同主题的性别与爱课程实施方法。

（三）建立性别教育的专项督导和经费使用机制

依托区督导室,研究区域性别与爱课程实施的评估标准,以导促建,有效推进课程落实和组织实施,为区域性别与爱课程建设提供专业支持。

确保性别教育经费投入,用于专家指导、课题研究、教材编写和印刷、教师培训、调研评估,以推动性别与爱课程的有效开展。

（四）构建家校社性别与爱课程一体化运作机制

学校要结合自身的课程传统,基于学生的兴趣需求,通过广泛吸收社区和家庭资源,开发或选用适合校情的性别与爱课程,并在课程实施过程中积极争取社区和家长的支持,精心策划和协同组织校内外性别教育实践活动,从而构建家、校、社性别与爱课程建设共同体,使之发挥合力共同推进性别与爱课程的落实。

《情绪智力》课程指南(试行)

为贯彻落实中小学生命教育项目的开展与推进,加强儿童青少年思想道德、科学文化素质的全面培养,参考《上海市中小学生命教育指导纲要》,将情绪智力培养课程纳入生命教育体系之中,做好小、初、高各年段情绪课程的有效衔接,将其推广至全区各学校。特制定《情绪智力教育课程指南(试行)》,作为中小学情绪智力教育课程设计、教材编制、课程实施和课程评价的依据。

一、课程理念

情绪智力对于人一生发展的各个方面都具有相当大的影响。研究发现,情绪智力不仅会影响儿童的社会交往状况,还与学校不良行为、心理健康等方面存在关联。因此,情绪智力的培养和提升计划有助于增进儿童青少年的社会交往能力、行为表现和心理健康水平。对于自己情绪的理解和掌控也能增加儿童未来生活的主观幸福感,提高生活质量。同时,情绪智力与学业能力之间亦存在相互关联,因此通过情绪智力能力的培养,有助于提高儿童的整体智力水平,实现儿童学习能力的提升。基于此,以专业课程方案为基础的情绪智力培养与素质教育、全面发展的教育理念完全一致,该主题课程的开发与实施具有重要的特殊意义。

情绪智力教育课程的基本设想是:

(一)以科学理论为基础构建课程体系

情绪智力教育要在国家教育方针指导下,以关于情绪及情绪智力国内外研究的前沿进展和权威结论为基础进行课程的设计和编排。

目前心理学界公认的情绪智力权威理论是梅耶等人的情绪智力"能力模型",在该理论中,情绪智力包含四个能力分支,它们分别是:情绪感知、情绪理解、运用情绪促进思维和管理情绪以促进个人发展和人际交往。情绪智力教育课程可以在此情绪智力理论的基础上,结合国外成功的教育案例和中国儿童的实际发展情况进行设计,构建有科学基础的课程体系。

(二)知识与实践并重的课程模式

情绪智力作为一种能力,通过简单的知识讲授并不能使实际能力得到有效提升。因此,在设计课程内容时需要将情境和实际案例引入课堂,用灵活丰富的授课方式展示情绪智力的丰富内涵。同时更需要将情绪智力教育拓展到课堂之外,与课后活动相结合,在知识和实践两个方面共同促进儿童、青少年对于情绪智力的理解和运用。通过布置相关的课后练习,将课堂知识转化为实际经验,获得切实的情绪智力能力提升。

(三)学校与家庭配合的实施过程

要实现情绪智力教育课程效果的最大化,家长的配合必不可少。情绪智力是遗传和环境(教养、教育)因素相互作用的结果,国内外研究已经证实在相对稳定的家庭、社会文化环境中,通过一个周期(2—3年)的训练和干预,可以促进情绪智力的发展。为了营造好情绪智力教育的整体氛围,也需要学校与家长进行配合,在学校环境和家庭环境两方面入手进行干预,为课程的开展和预期目标的实现创造条件。

(四)配套测试跟进的科学评估方式

运用与情绪智力教育课程配套的儿童情绪智力测试工具,通过比较接受课程前后的情绪智力水平变化,对照同年龄段普通儿童情绪智力水平和情绪智力发展情况,获得课程效果的科学评价。同时,结合配套测试中各个部分的结果,还可以对课程进行内容和进度上的调整,使接受相关教育课程的儿童能循序渐进地建立起良好的情绪智力能力,在学业能力、适应能力、社交能力、整体心理健康水平和主观幸福感等方面有所提升,获得全面的发展。

二、课程目标

本课程的目标是通过课堂讲授以及相应的课外练习与活动,培养儿童对情绪的识别、理解、运用和控制能力,帮助儿童更好地适应学校的生活环境,促进有效的人际交流,积极面对情绪问题,提升社会性发展,促进儿童的健康成长。

(一)具体目标

1. 提高对情绪的理解。了解情绪是什么,知道各种情绪如何产生、具有什么意义,认识到情绪在生活中的普遍性和重要性,理解个体情绪的差异。

2. 训练识别情绪的能力。了解情绪有不同的表达层次(面部表情、身体动作、心理活动等),学会识别自己和他人不同的情绪,了解自己和他人产生相应情绪的合理性,能在一定程度上预测在某种特定环境下会产生某种特定情绪。

3. 正确认识情绪。觉察和接纳自己的情绪,知道与情绪相关的个性、情境等因素,认识正性情绪和负性情绪对自己和他人的影响,理解情绪本身没有正确与否的划分,认识到表达情绪的不同方式会影响情绪的最终结果。

4. 掌握情绪表达规则。知道什么时候可以毫无顾忌地表现自己的情绪、什么时候要对自己的情绪进行克制或不能再某些场合表现出特定的情绪。掌握不同情境(包括学校、家庭和社会情境)下情绪的表达规则。学会适时、适当地表达自己的情绪,并运用情绪促进社会交往。

5. 学会情绪调控的方法。在了解情绪表达规则的基础上,学习如何应对自己的情绪问题,包括如何恰当地宣泄情绪、如何一直情绪表露或者转化情绪,掌握不同场合的情绪应对方法,理解积极情绪的作用,学习产生积极情绪的方法,帮助学生挖掘自身积极心理潜能,运用情绪提高学习效果、营造和谐人际关系。

（二）各学段目标

情绪智力教育课程根据学龄划分,可以分别在小学、初中、高中开展。

在小学阶段主要向儿童传授情绪相关的知识,培养对于情绪的识别和理解能力。可以根据儿童的实际发展情况细化为三个阶段:第一阶段针对小学低年级儿童,教育的情绪主题以初级情绪为主,主要训练情绪智力四个能力分支中的情绪识别和情绪理解能力;第二阶段针对小学中年级儿童,教育的情绪主题可以扩展到初级情绪的组合上,训练的能力也延伸到情绪运用和情绪管理能力;第三阶段针对小学高年级儿童,着重介绍高级复杂情绪的识别和理解,以及在各种具体的生活场景中如何加以运用,如何在对自己和他人的情绪有效觉察的基础上,驾驭自己的情绪,以符合具体社会生活场景的需求。

在初中阶段,除了继续提高青少年对于情绪的识别和理解之外,还应将情绪智力培养的重点放在情绪运用和情绪管理上,因此可以分为三个阶段:第一阶段是对情绪的识别和理解能力的强化,发展通过外部表现或者社会情境做出情绪推测以及分辨各种简单和复杂的情绪或者情绪组合的能力,掌握在不同社会环境条件下的情绪表达规则;第二阶段是养成对自己情绪的应用和管理能力,发展情绪的自我觉察,能对自己的正性情绪和负性情绪有全面的认识,愉悦地接纳自己,并根据情绪表达规则进行恰当的表达以及合理地宣泄情绪;第三阶段着重情绪的调整能力,在认识到正性情绪和负性情绪不同效果的基础上,发挥情绪的积极作用,锻炼控制情绪的能力。

高中阶段的目标是通过对几组特定的积极情绪和消极情绪的全面解读,进一步提高学生情绪运用和情绪管理的能力,发展正确看待自身的情绪并进行妥善管理的能力,掌握自我激励的方法和运用情绪促进人际交往的技能。在这一阶段的教育中,能结合自身面临的压力事件,包括青春期问题、升学与专业选择等,体验针对这些特殊的事件或者环境限制进行情绪表达和情绪管理的模拟实践训练,通过以积极的方式重新定义带来负性情绪的生活实践、合理归因以转换情绪、尝试积极的自我暗示等技能锻炼自我的情绪调节能力,积极运用情绪解决问题。

从上述目标出发,在每一阶段的教育课程结束后都会对情绪智力进行评估,一方面考察课程安排的合理性和课程实施的有效性,对于效果不明显的课程进行调整,效果明显的课程加以巩固和推进。另一方面考察学生的具体情绪智力能力发展,掌握情绪智力发展规律,结合阶段目标进行有侧重的培养,也可以根据测试结果决定是否进入下一阶段的教育。情绪智力的教育不是一蹴而就的,需要立足于儿童的实际学习能力和认知水平进行课程设计,通过及时的反馈和调整让儿童逐步建立起完整的情绪智力能力。

三、课程内容

整体构想的情绪智力教育课程以 1 学年 12 课时为基准,融入各年级的学校教育体系中,根据不同的学校、学生的不同情绪智力水平进行相应的调整。

学校开展的情绪智力教育课程主要由课堂授课和课后练习两个部分组成。

(一)课堂授课

1. 课程主题

情绪智力教育课程主要依据情绪智力的能力模型,以"情绪——四种能力(喜怒哀乐)"以及不同年龄阶段特有的情绪进行展开。各学段具体设计的情绪包括小学以初级情绪为主,包括快乐、生气、害怕、伤心、厌恶和失望;初中以中级情绪为主包括自豪、紧张、愤怒;高中以高级情绪为主,涉及自卑与自信、孤独与亲密、嫉妒与欣赏、内疚与释然、抑郁与幸福。高中学生相对于小学、初中学生而言,他们的情绪更为复杂和内敛,基于这种特性,我们选择了几种有代表性的消极情绪,这些情绪也是对于初中生进入高中后会产生消极的程度更为严重,所以配合相应的积极情绪进行解读和引导。能力内容包括:①情绪识别;②情绪理解;③情绪运用;④情绪管理。

学段	内容	情绪识别	情绪理解	情绪运用	情绪管理
小学	快乐 生气 伤心 害怕 失望 讨厌	了解六种情绪的表现方式。（面部表情/语音语调/身体动作；自身主观的感受；指认漫画中人物的有关情绪，也学会在模拟或真实的学校、社会环境中识别这六种情绪）	每一种情绪一般会发生在什么样的生活、学习之中；还会伴随有其他什么样的事情发生。体会当该情绪发生时自己的状态、心情与身边人的感受。	使用时存在哪些规则。通过活动、讲解、交流，基本了解这些情绪该在什么场合下表现。	作为小学阶段学生，了解最基本的控制与管理情绪，甚至只需认识情绪，不需要刻意管理自己的情绪。但要知道什么时候可以充分表现该情绪？表现时应该注意哪些环节？
中学	愉悦 愤怒 自豪 沮丧 孤单 紧张	体验和觉察自己六种情绪产生的情境（结合具体的生活事件）以及其具体表现。（包括身心反应、表现形式和层级。）学会感知他人的情绪。	体会不同的情绪反应给自己和他人带来的影响。了解情绪背后内在需求。当该情绪发生时，自己的诉求、需要以及体察身边人的感受。	了解各种情绪产生的原因。通过寻找原因找到解决的具体措施。初步了解该情绪产生的积极意义，学会接纳自己的情绪。学习适时适度地表达和运用自己的情绪。	学习控制和管理情绪的一些基本技巧。诸如放松训练、合理宣泄、注意转移等，积极应对自己的情绪。同时，掌握一些积极应对他人情绪的基本方法，让情绪为生活添彩。
高中	自卑与自信 孤独与亲密 嫉妒与欣赏 内疚与释然 抑郁与幸福	知道并能分辨这些情绪不同的表达层次（生理、外部、心理）。同时也能及时察觉周边他人的情绪。	知道情绪常与个体的心情、性格、脾气、目的等因素互相作用，也受到激素等生理因素的影响。	学会更好地表达情绪。能及时觉察自身的过激情绪，尝试用适当的方式加以表达、宣泄。知晓情绪表达具有个体差异性，尊重他人的情绪表达方式。	作为高中阶段学生，要培养积极情绪。学习、尝试营造和谐人际关系。掌握调节情绪的方法和技巧，学会管理情绪，构建愉悦心情。用适当的方式、积极的情绪影响周围人，营造温暖的人际环境。

主要的授课内容是各种情绪的四种情绪智力能力,在具体课程教育过程中,也可以结合学生在实际生活中遇到的情绪问题和相关的生活事件,让他们了解情绪对学习和生活质量的重要影响。另外,也可以结合不同年龄的情绪发展特点,比如青春期的情绪问题等,开展情绪教育,让学生正确认识自己的情绪,学会接纳自己的情绪。

2. 课程顺序

一方面可以按照情绪的等级,从简单情绪到复杂情绪,循序渐进;另一方面对于每一种情绪,课程中涉及的能力培养也按照能力的等级,从识别与理解到运用与管理,逐渐推进。同时,也可以根据学生实际的发展水平和前一阶段的教育情况对情绪选择和能力培养进行有侧重的教育与训练。对于小学高年级和初高中学生也可以将几种相关或相反的情绪进行组合,加深其对情绪的理解和分辨能力。

3. 教育形式

教师在讲授过程中既要涵盖情绪智力的理论知识,也要强调对实际能力的培养,比如对每一种情绪要让学生学会怎样识别这种情绪、理解这种情绪是什么、为什么会产生这种情绪、如何表现这种情绪、如何控制或应对这种情绪的产生和表现等,将课堂上所掌握的知识和技能运用到日常生活中。在课程形式上既有传统的教师讲授的部分,主要是对情绪的认识和应对方法等知识性和指导性的内容,也有以互动交流和表演等学生活动形式进行的体验性课程,一方面创设情境让学生亲身体验之前所学的理论知识,加深对情绪智力的理解,另一方面也可以通过实际活动测试学生对情绪的理解和情绪应用能力。国外相关课程所采用的戏剧(角色扮演)表演训练、艺术表现训练(绘画、音乐等)以及故事阅读(讲故事)等方式,取得了较好的效果。因此在形式上适当结合这些活动或者运用心理游戏、录像、音乐、讨论等多种手段,使全体学生在实践中体验情感、学习方法,使课堂氛围更加融洽,课堂效果也会更加明显。

(二)课后练习

主要针对课堂知识和技能在实际生活中的运用,学会排除学习中负性情绪所带来的不良影响,并运用积极情绪促进其他课程的学习。另外,通过运用课程同步设计的活动手册,也鼓励他们在与同伴的交往和父母的交流中尝试运用课堂教授的情绪策略,提升情绪的理解和控制能力。

(三)配套学校活动

除了课堂教育之外,心理课堂、专题讲座、团体辅导、心理咨询、学生社团等渠道也是重要的情绪智力教育途径,可以辅导、帮助不同阶段的学生了解情绪相关的知识,引导他们正确面对情绪问题,学习科学的态度和应对方法,使学生提高自我悦纳能力,从而更加热爱和欣赏自己的生命。

学校可以采取自主报名的方式,招募有某些特定情绪困惑的学生成立情绪主题辅导团体,由心理教师、同伴去触动、启迪学生,使他们对情绪有正确的认识,并能掌握特定的情绪控制技能,促进学生对自身情绪的关注与管理,积极面对学习生活。

学校也可以积极探索适合本校学生心理特点的心理健康教育活动,如讲座、心理主题教育活动月、心理社团等,注重与学校日常的教育教学活动相结合,注重实践,突出以活动为主的特点,提高学生心理素质,真正让学生放松身心,健全人格,完善自我。

四、课程实施

课程实施的总体要求是:

1. 加强课程的研究和开发,制定科学有效的课程计划。

2. 根据学生的实际情况,选择和组织课程内容。

3. 优化教与学的过程。

4. 积极推进信息技术在课程实施中的有效应用。

5. 加强与家庭、社区的密切合作以及与相邻学段的衔接。

在具体开展情绪智力教育时,除了需要包含情绪智力中情绪识别、情绪理解、情绪应用和情绪管理四个方面以外,授课过程可以借鉴以下环节展开:

（一）引入

可以通过故事、漫画、视频等案例引入具体的情绪。既可以是简单的表情图片,也可以是一个完整的故事(漫画、动画等),如果采用故事的话可以以故事为主线贯穿整个课程。

（二）讲解与启发

通过提问、互动的形式,逐渐形成每个主题涵盖的各个方面,比如这个情绪是什么、是怎么产生的、在生活中是否常见等,正确认识这一情绪。

（三）联系自己

让孩子自己举几个关于这一情绪的例子,可以是在学校里、在家里或者其他地方,引导他们尽可能详细地说明这个例子,特别是情绪体验相关的部分。比如,每个孩子讲出三个"快乐"发生在自己身上的例子,尽可能详细地将场景、人物、事情经过描述出来。

（四）联系他人

让孩子举几个关于别人的例子,既要包括对方是怎么产生这一情绪的,以及自己是如何判断对方产生了这一情绪。比如举出三个他人的"快乐"例子,可以是家长、同学,或者是自己看过的各种作品之中的人物,也需要尽可能详尽地描述,并加入自己的理解。

（五）表现与表达

让孩子表演某种情绪产生的时候自己或者别人的表现,可以通过面部表情、音乐(唱歌、击打或任何乐器来表现"快乐")、图画(指认连环画,自己画画)和口头表述方式。除此之外,还可以由教师设定某个场景,询问孩子在那种场合会有怎样的感受和怎样的反应,让学生学会觉察自己的情绪,并且讨论不同的处理方式所带来的不同的结果以及影响。

（六）互动环节

对于其他同学的表述、举例、行为(音乐/图画表现)进行交流和点评,加深对这一情绪的理解。在进入情绪运用和情绪管理部分时,也可以进行这样的反应是否合适的讨论,指出他人例子中是否有不妥之处,在老师的指导下逐渐建立对情绪表达规则的认识,之后也可以训练在有限制的场合如何合理地表达情绪。

（七）作业和练习

可以对某个情绪主题进行场景、人物和脚本的调整,考查学生触类旁通的能力,并以"迁移"发生作为学习有效的指标。可以让学生观察身边的人和发生的事情,识别并记录他们在现实情境中的情绪反应、表现出的言行和随之带来的结果,也可以观察和记录自己的情况,然后在老师的指导下进行分析,得出适合自己的最佳方案,促进对情绪的理解和识别能力。除了体现在书面或口头作业上以外,也可以进行相关的实践,比如和同伴一起排练小情景剧,也可以与家长进行交流和互动等。

（八）主题间建立联系

启发、引导学生在不同主题之间进行思考,寻找情绪之间的联系和不同,加深对特定情绪的理解,也可以建立对于共生情绪的认识,通过区分不同的情绪训练有针对性的反应。

五、课程评价

情绪智力课程评价是情绪智力教育的重要环节,它贯穿于课程发展的全过程。情绪智力课程评价的过程是对课程建设进行正确导向,促进情绪智力提升课程区本化的过程,是教师运用专业知识对教育实践进行分析、调整的过程,也是促进学生情绪智力全面发展的过程。

（一）关注真实情境中的情绪表现,将全面的情绪智力能力作为评价核心

对于学生情绪智力能力的测量主要借助配套的情绪智力测试工具。针对情绪智力测试

的结果,为了进行科学的评价,一方面会对儿童参加课程前后的情绪智力的表现进行比较,另一方面会将参与情绪智力教育课程儿童的情绪智力水平与同年龄未进行相关教育的儿童进行比较,考查学生在整体情绪智力水平和发展情况上是否有提高。

在该测量工具中,除了用问答、选择题的方式对情绪理解、情绪识别、情绪运用和情绪管理的知识进行测量之外,也加入了表现测试,记录学生对设定的情境的真实反应,由专家打分后得到相关的情绪运用和情绪管理方面的得分,用多种方式全面测量学生的情绪智力能力。

由于该测量工具主要对参与课程的学生总体进行情绪智力的评价,精确到个体的课程效果评估还需要依赖教师的评价。对于作为一种能力的情绪智力,日常生活中的表现更能体现实际的发展情况。教师可以在课堂上创设具有现实意义的真实问题情境,让学生运用自己所学习的知识和掌握的技能来解决问题,展示和证明自己所具有的处理这些任务所需要的知识、能力和态度,从而教师可以通过观察学生在解决具体问题过程中的表现,进行与理论知识相对应的情境化评价,完善对个体的情绪智力提升情况的评估。

(二)坚持评价的多样化取向,构建健全的情绪智力评价方式

在具体进行评价的过程中也要注重评价内容的多元性、评价视角的全面性、评价方法的多样化和评价者的广泛性。注重评价内容的多元性,不仅将学生的表现与课程目标相比较,也注重学生在活动中的投入程度;注重评价视角的全面性,既要了解学生的现有水平,更要看他们的成长过程,关注学生的潜在能力与发展方向;注重评价者的广泛性,评价过程中还要注意收集来自家长及其他相关人员的信息。在具体方法上,首先可以使用调查与访谈的方法,对象可以是学生本人、家长、教师或者同伴等,了解学生在校内和校外的生活和学习情况,广泛收集学生情绪发展的信息。其次,也可以由教师对于学生的课程和其他活动表现进行观察和记录,观察记录可以采用文字描述、核查表等,也可以运用录音、录像、照相等方式。另外,教师也可以使用档案袋评价法,通过搜集和整理学生在情绪智力课程中的活动表现、反思、心得和感悟等,形成对其情绪智力成长和变化过程的评价。

(三)建立学生的自我评价体系,提升学生,促进自身情绪智力发展的责任感

学生的自我评价也是课程评价的重要组成部分之一,通过对自己的情绪智力进行评估,一方面有助于加深自我了解,实际上是自我觉察能力的训练,另一方面也能提高学生参与的动机。具体的方法可以是与教师的档案袋评价进行有机结合,让学生对自己和他人的情绪智力课程表现和成果有所了解,并通过自评或互评来总结经验,鼓励主动进行改进。另外,由于学生是情绪智力教育课程评价的主体,教师也可以让学生以合作者的身份参与开发与制定评

价标准的过程,这种方式能让学生习得对学习成功的内在控制的感觉,并进而产生对自己生命事务的内在责任感,从而有助于增强学生不断完善自我生命历程的内部动机。

六、课程管理

按照上海市中小学生命教育的统筹安排,由上海市相关部门主导,实行市、区、学校三级管理。而在学校中,也可以实行从校领导和心理老师到班主任的分级管理,由主管德育的校领导担任主要负责人,领导学校的心理老师团队进行情绪智力教育课程总体的把控,包括课程体系的建立、主题和授课方式的选择、教材的编写、学校环境的布置等,而心理老师则主导具体课程的开展或者培训相关的老师进行授课,实际的授课过程和授课效果评估则需要班主任老师进行安排和配合。两组人员形成联系紧密的团队,进行即时的监督和反馈,由负责统筹的心理老师进行整体的规划,负责实施的班主任老师将课程进展情况、学生和家长对课程内容的评价、情绪智力测试的结果反馈给主要负责人,再通过对反馈情况的整理和研究,进行课程内容和进度的调整。各联合校宜根据各校情况制定课程保障推进制度、课程实施与管理制度、课程评价制度,以保障课程的有效推进。

由情绪课题主持校(杨浦小学)牵头,定期开展学校教研活动和区域联合教研活动,制定好计划并进行相关计划落实。各学校既可以根据以上提出的情绪智力教育课程建议,结合学校的实际情况开展情绪智力教育,也可以参考正在修订的情绪智力培养教材落实课程的实施。

情绪智力测试作为课程效果的主要评价方式,在每个阶段的情绪智力教育开始之前和之后都要进行记录和备案。通过前期研究建立的各年龄段的情绪智力基础值可以作为课程实施效果的指标之一,作为学生情绪智力水平和情绪智力发展状况评价的主要标准。除此之外,也要把情绪智力测试结果作为课程内容和进度调整的参考之一,对相关的静态和动态数据要进行保存,测试结果可以作为学校情绪智力课程实施状况的评价指标,但具体的评价并不是以得分高低进行评判,教师们要用更建设性的眼光来看待这些测试结果。

情绪课题主持校在课题研究中起到引领作用,将所设计课程定期进行区域内或区域外的推广,并设立相应资源库,将复旦大学的优质专业教授、学生资源纳入资源库中。

七、高校培养方案

情绪智力教育不仅要在中小学推进,同时也需要在高校开展。情绪智力的发展是贯穿一生的,在大学阶段,或者说成年之后,情绪智力的培养也有其存在的意义。良好的情绪智力能力将有助于大学生更好地适应大学生活、获得学业成就,同时对之后进入职场、步入社会亦起到很好的辅助作用。因此,在大学中开展情绪智力知识宣传、推进情绪智力培养活动也有很大的现实意义。为促进情绪智力教育的大中小衔接,对高校的情绪教育课程做如下规划:

（一）大学生情绪智力教育目标

情绪识别:能够对自己的情绪状态进行觉察;能够通过观察他人的动作、表情、语言等外部表现,结合自己的生活经验,准确识别出他人的外部情绪,同时,可以结合情境线索或者共情等方式基本准确地推断出他人的内部情绪。

情绪表达:能准确并且恰当地表达自己的情绪,具体表现为能在觉察自己产生某种情绪的基础上,有意识地考虑当下的社会情境和情绪表达方面的规则要求,可以以此标准对自己的情绪进行夸大、弱化、隐藏、伪装,选择符合情境要求、能满足周围人期望、达到自己预期目的的方式来表达自己的情绪。

情绪运用:理解情绪的产生和可能产生的后果,能够从不同的角度看待自己和他人的情绪;能有意识地将情绪作为决策因素之一,并在学习与社会交往中有意识地运用情绪因素来提高结果。

情绪管理:能有效应对自己的情绪问题,能对不良情绪通过恰当的方式进行发泄、排解或者转化,能积极利用好情绪促进自己的学习与生活,在特定的社会情境或者学习工作任务中能排除特定情绪干扰或者有针对性地表达出特定情绪。

（二）大学生情绪智力培养方式

1. 以大学生所面临的问题为中心开展情绪智力教育

大学生的情绪智力发展状态已经基本成熟,不需要像中小学培养课程那样根据情绪智力的不同分支进行循序渐进、有针对性的培养,而是可以以问题为中心,进行整体的教育和提高。

对于大学生来说,情绪智力培养的意义不只是个体心理发展的一部分,也将与他们的学习、工作息息相关。大学生会在大学阶段面临一些特殊任务,比如他们需要进行自主的学习,因为没有老师为他们制定学习计划,他们需要进行自主规划并考虑控制计划实行过程中的额外因素;比如将不良情绪的影响降到最低并有意识地运用情绪促进学业发展。对大学生来说面临的另一项挑战是宿舍生活,一贯的走读生活会带来宿舍生活的不适应,而外出求学又会引发不同地区文化带来的各方面适应问题,由此引发室友间、同学之间的冲突不可避免会带来的情绪问题,这些问题如何应对和解决,也可以是大学情绪智力关注的主题之一。除此之外,在与老师和同学进行交往的过程中,也存在如何在不同的角色之间进行转换、如何快速适应不同角色的情绪表达要求、情境转换中带来的情绪问题如何有效处理等问题。在大学的最后阶段还会遇到从学校走向职场的重大决策,他们需要应对未知环境、不一样的情绪要求,这对于个体的整体的情绪智力能力将会是一场很大的试验。

2. 采取多种方式宣传和普及情绪智力相关知识

在大学进行情绪智力相关知识的宣传和普及可以运用海报、宣传手册、邮件、微信推送、公众号建设等多种丰富的方式的进行传播。具体内容可以涉及情绪智力在大学生活中的体现、情绪智力对于大学生的重要性、情绪智力自我提升的方法以及如何有效应对情绪问题等方面,也可以根据实际情况进行设计。

3. 开展丰富多彩的情绪智力培养活动

除了简单的宣传之外,在大学里也可以通过丰富多彩的活动形式来推进情绪智力的培养。

(1) 心理剧表演

可以与学校学生组织、社团进行合作,学习心理剧的表演技巧,并通过公演促进学生群体对情绪问题的重视,掌握情绪识别和情绪表达的正确方式,提升情绪运用和情绪管理能力。

(2) 情绪智力提升课程/讲座/沙龙

可以根据大学生在不同阶段遇到的主要情绪问题设置主题,比如:适应学习生活、宿舍冲突中情绪问题的应对、学习与娱乐的协调、学校向职场的过渡等。

活动内容可以包括:分享自己生活中曾经遇到的情绪问题、交流各自的建议、专家点评并提出建议等。

(3) 心理互助小组/团体心理训练

针对在情绪智力发展上出现较大问题的个体,可以把这些拥有相似情绪方面障碍或者问题的人集中起来组成团训小组,由专业的培训师或心理咨询师主持开展团体训练,让他们在交流中获得社会支持,并通过咨询师的指导逐步接纳自己,积极探索情绪问题的解决方法,最终改善情绪状态,提升情绪智力能力。

《生涯发展》课程指南(试行)

为深入贯彻《上海市中长期教育改革和发展规划纲要》《上海市学生职业(生涯)发展教育"十二五"行动计划》《上海市中小学生生命教育指导纲要(试行)》和《杨浦区中小学生生命教育课程指导纲要(试行)》等文件的精神,作为上海基础教育创新试验区,杨浦区试图通过构筑大中小学相衔接的生涯发展课程,帮助学生认识生涯历程,实现生涯发展,体现促进学生终身发展的教育价值。为帮助杨浦区广大中小学教师、教育行政管理人员、学生家长和社会有关人员理解和实施生涯发展课程,特制定本纲要。

一、生涯发展课程的基本理念

(一) 基于学生的生涯发展需求,培养学生对生涯的认识能力和规划能力

人的一生要经历许多的阶段,是不断追求、探索、领悟本我的过程。人生不能盲目地度过,应该有意识地去了解各个阶段以及每个阶段自己所要承担角色的特点、意义、使命和培养这一使命所需的能力素养。生涯发展课程的开发与实施,符合《上海市中小学生生命教育指导纲要(试行)》《杨浦区中小学生生命教育课程指导纲要(试行)》等相关文件精神,旨在帮助学生了解生涯发展的有关知识,认识各阶段、各角色面临的问题与挑战,积极应对,制定生涯规划,建立各个生涯阶段的连续性,更好地发挥生涯发展的自觉性和主动性,促进学生生命成长。

(二) 面向学生的生涯发展领域,帮助学生理性自主地构建生涯发展阶段

人生历程是一个伴随着有意及无意建构的过程,外力和内力共建的过程,理性和非理性共同作用的过程。生涯发展课程要引导学生积极理性地关注自身的生涯发展,十二年一贯地持续培养学生生涯规划的能力。使学生对自己的过去、现在和将来的家庭生活、学校生活、职场生活等进行自觉认知和规划,对自己的身心特点、兴趣爱好、价值需求等有理性的反思,并在制定契合的培养计划基础上,使自己现阶段的学习和生活得到更为理性的指导,为未来的人生发展奠定坚实的基础。

(三) 注重学生的生涯体验、实践与感悟,促进学生生涯导航能力的发展

个体生涯发展是灵动而独特的,没有完全适用于每个个体生涯发展的统一规划模式。生

涯规划不能仅凭生涯知识的积累去促进学生的生涯发展,而是要让学生进行各自具体的生涯实践与体验感悟生涯发展的方向和脉络,把握生命的内涵与真谛。因此,生涯发展课程的开发与实施要密切联系学生、家长、教师等主体的生涯实践经历来组织课程资源,设计教学方式,让生涯规划生动活泼,给予学生更多真切、直观的感受。

二、生涯发展课程的目标

(一) 总目标

生涯发展课程的开设是为了引导学生对自己的人生进行不断探索和领悟,在充分自我认识的基础上树立生涯发展目标,帮助学生培养生涯规划的自主意识和规划能力,促进其现阶段的生涯发展并为未来奠基。从素养的视角出发,生涯发展课程的总目标指向学生生涯知识、能力和态度的整合,关注学生生涯认知、行动和情意的统一。各年段的分目标采取"内容维度 +分类目标"的二维表述方式。其中,内容维度确立为生活适应、学业导航、自我塑造和职业探索四大板块,分类目标则划分为概念与原理、判断与决策、探究与行动和态度与责任四个方面。其中前两者对应认知层面的目标,后两者则分别对应行动和情意层面的目标。基于此,生涯发展课程的总目标是:

1. 概念与原理

理解并掌握与生活适应、学业导航、自我塑造和职业探索相关的基本概念和原理。

2. 判断与决策

搜集并分析与生活适应、学业导航、自我塑造和职业探索相关的信息,并在此基础上做出明智的判断和决策。

3. 探究与行动

参与生活适应、学业导航、自我塑造和职业探索相关议题的探究,并采取适当方式开展生涯发展行动。

4. 态度与责任

形成对待生活适应、学业导航、自我塑造和职业探索议题的正确态度和价值观,承担生命对自然、社会和自我应尽的责任。

(二) 年段目标

基于生涯发展课程的总目标,小学、初中、高中和大学的生涯辅导学段目标如下:

年段 \ 目标维度		生命认知		生命行动	生命情意
		概念与原理	判断与决策	探究与行动	态度与责任
1—2年级	生活适应	・完成幼儿园到小学生活的平稳过渡，适应小学学习生活； ・了解小学阶段新的人际关系。	・能辨别出小学生活与幼儿园生活的不同； ・能够辨别自己的行为是否符合新集体的规则； ・能对自己的行为是否有利于良好的师生关系、生生关系做出判断。	・熟悉小学日常学习生活环境，拥有良好的纪律意识，养成良好的行为习惯； ・逐步熟悉新的师生关系和同伴关系。	・树立融入集体生活的荣誉感和责任感； ・能够积极地与同学、班主任和科任教师相处。
	学业导航	・了解自己已有的学习习惯； ・学会合理安排作息； ・掌握有益于小学学习生活的行为习惯。	・能判断出自身已有的行为习惯对小学学习生活是否有利； ・能判断学习习惯是否有利于自己的学习。	・在父母的指导下，注意分配学习、生活、娱乐的时间； ・能通过语言、文字、图画等形式展示自己的学习成果，感受学习的乐趣。	・意识到拥有良好的学习习惯对自己的发展很重要。
	自我塑造	・能够正确认识自己的情绪、兴趣； ・初步了解自己的性格优势，培养良好的自我感觉； ・能够正确表达自己的喜好； ・用积极的态度正视自己。	・能够判断并正视自己性格中的优势与不足； ・能辨别出"我"与"他人"的差异。	・积极关注并参与自己感兴趣的各项活动，发展自己的兴趣爱好； ・用积极的行为改善自己性格上的不足； ・学会管理自己不恰当的言行举止； ・避免打斗，用言语表达愤怒。	・具有对自我与外部事物的好奇心与兴趣； ・能正视自己的不足，并积极、自信地看待自己。

（续表）

年段 \ 目标维度		生命认知		生命行动	生命情意
		概念与原理	判断与决策	探究与行动	态度与责任
1—2年级	职业探索	• 了解班级小岗位的职责； • 了解父母的职业，以及他们的工作方式。	• 能够判断哪些小岗位适合自己； • 能够判断哪些行为对于自己所承担的小岗位是负责任的，哪些是不负责任的； • 感恩父母，意识到父母对自己很重要； • 感知父母工作的辛苦。	• 能够做好小岗位的工作，并分享工作感受； • 能够在成人的帮助下，在日常生活中制定相关的活动计划，进行职业初步体验； • 能向小伙伴介绍自己的父母； • 作为家庭的一员，能为父母做力所能及的事。	• 乐于分享从父母这里了解到的职业内容及基本特点； • 能平等看待每个小岗位，乐于各项小岗位的体验与经验的分享； • 感受父母对自己的情感，体验并分享家人带给自己的美好感受。
3—5年级	生活适应	• 接受并适应所面临的环境和人际关系中的各种变化； • 能应对各种同伴压力； • 适应与家长、老师和同学等不同人群的交往。	• 能辨别他人的情绪、尊重他人的观点； • 能辨别自己和他人语气中的情感，主动倾听，赞扬他人，表示理解； • 能辨别所遇到的环境或人际中好的或坏的变化； • 能辨别积极同伴压力与消极同伴压力。	• 能积极、主动地与家人、老师和同学交往，具有分享与互相帮助的行为； • 能够积极接纳同伴压力； • 有能力抵制消极同伴压力，有能力对其说"不"。	• 能积极参与家庭劳动、社区服务等实践活动，学会逐步适应不同环境； • 能够用尊重与包容来处理人际关系中的矛盾与冲突。
	学业导航	• 培养选择、规划及运用时间的能力； • 培养勤奋的学习和工作态度； • 明确小学中、高年级面临的学习和发展任务； • 掌握小学阶段的各种知识与技能。	• 能够辨别、筛选出适合自己的有效学习方法，并用其提高自己的学习能力。	• 学会集中精力完成任务，忽视干扰； • 有意识地调整自己的学习方法； • 努力完成学业任务。	• 有意识地制定学习计划，意识到合理利用时间的重要性； • 意识到学习对个体未来的发展很重要。

（续表）

目标维度 年段		生命认知		生命行动	生命情意
		概念与原理	判断与决策	探究与行动	态度与责任
3—5 年级	自我塑造	·学会尊重自己； ·学会管理自己的愤怒； ·认识自己的独特之处； ·学会对自我行为的约束； ·初步培养解决问题的自信与能力。	·能识别激怒自己和他人的言语并积极避免； ·能根据自己的性格，初步辨别适合自己的职业方向； ·能够正确判断自己当下的角色，如：学生、儿女、同伴、工作人员等。	·能够正确表达自己的愤怒； ·能在压力下保持冷静与自控； ·能够做到适当的自我肯定。	·认可自己的独特品质； ·拥有一定的"抗压"心理能量； ·勇于为自己不当言行承担后果； ·意识到人要不断自我完善。
	职业探索	·在老师与父母的指导下，初步了解各种职业的信息，初步了解成人的工作； ·能够认识社会分工、了解自己感兴趣的职业； ·通过岗位体验，增强责任心的培养。	·能辨别出从事某职业需要的核心品质； ·能够区分职业与岗位的区别。	·经有多种途径搜集、了解各种职业的相关信息； ·结合少先队社会考察，通过"角色扮演""职业小先锋"等体验活动，切身体会职业人的工作生活。	·因自己是一个负责任的人而自豪； ·明白社会需要各行各业的人才，不轻视任何一个职业； ·在老师和父母的指导下，能够初步制定职业发展方向，并为之努力。
6—7 年级	生活适应	·增强生活自理意识和服务意识； ·认识自我培育的人生智慧，懂得时间、情感、兴趣都需要管理的道理； ·理解长辈和老师对自己的关心； ·认识个人与社会的密切关系，了解多样化的社会人群及其生活方式。	·辨别在家中或学校的劳动态度，做出正确的选择； ·能辨析浪费时间、不良兴趣、不当情绪的问题，并正确决策； ·能怀感恩之心分析亲子或师生情感，正确处理相关的问题； ·辨析社会规范，支持社区活动，正确对待社会人群的差异。	·了解家庭或校园生活中的管理任务，分析自己的自理能力； ·访谈成功人士或校友的自我培育经验，开展自我培育计划； ·感悟家长或老师对于自己付出的关心，制定自己的感恩计划； ·认识身边社区的功能，尝试独立参加健康有益的社区活动。	·增强认真负责的劳动态度，用实际行动担负自理和服务任务； ·强化自主发展意识，树立珍惜时间、远离不良爱好的态度； ·树立薪火相传、哺育后代和反哺长辈的生命伦理和责任意识； ·强化自己的社会公德，树立社区共同体意识和社区服务精神。

（续表）

目标维度 / 年段		生命认知		生命行动	生命情意
		概念与原理	判断与决策	探究与行动	态度与责任
6—7年级	学业导航	• 了解国民教育体系和义务教育法，认识初中阶段对人的重要意义； • 认识初中校园生活和课程的特点，了解四年的课程安排和评价办法； • 了解初中阶段的课堂特点、学习要求和有效的学习路径与方法； • 认识正确的学习观，了解自主学习、网络学习、校外教育等途径。	• 能辨析违反义务教育法的事件，正确对待有关的问题； • 能分析学校各类课程的核心育人价值，积极为之做好准备； • 能分辨好的学习态度、学习习惯、学习方法，并去追求； • 能正确认识学习的目的，根据需要选择不同的学习路径。	• 探究不同国家或地区的义务教育情况和成功者的初中生活； • 探究学校的历史、文化、特色课程，在校友中找到学习榜样； • 访问高年级学友或师长，分析自己的学习方法并予以改进； • 调查班级同学的学习观、多样化的学习方式，并进行讨论。	• 树立学习是对个人、家庭和社会负责的态度，增强学习意识； • 树立向优秀榜样学习的决心和努力完成各类课程的信心； • 树立培养良好班风的责任意识，践行好的学习习惯和方法； • 树立和实践时时能学、处处可学、事事需学的学习型人生观。
	自我塑造	• 了解每一个人都很尊贵和每一个人生都要不断塑造的生命哲理； • 了解理性评价自己并将美丽的一面呈现给他人和悦纳自我的重要性； • 初步了解多元智能理论，认识兴趣特长对生涯发展的重要意义； • 认识规划对于个人、团体、社会发展的意义和个人发展规划的结构。	• 能对生命价值和生涯发展主体性问题作出正确判断； • 能辨别美与丑，正确看待人和人之间的能力、外表等差异； • 利用多元智能评价表进行测试，分析自己的兴趣特长； • 能分析个人发展规划的完整性，反思自身发展的规划性。	• 探究普通人甚至残障人士生命中的闪光点，讨论人生可塑性； • 认知自己和身边人的优点和缺点，开展"靓丽新自我"计划； • 调查有助于培养兴趣特长的课程资源，选择自己的发展方向； • 分享初中阶段个人发展规划，初步制定个人的发展规划。	• 树立对每一个生命的敬重和关爱之心，增强自我塑造的意识； • 增强宽容他人缺点、改进自己缺点、发扬自己优点的意识； • 树立远离不良兴趣爱好的态度和培养健康兴趣特长的决心； • 树立用规划来引导人生的意识，强化规划的执行力。

（续表）

年段 \\ 目标维度		生命认知		生命行动	生命情意
		概念与原理	判断与决策	探究与行动	态度与责任
6—7年级	职业探索	·认识职业对于人生和社会的价值，了解当前社会中常见的职业； ·了解职场生活的主要规范和基本的职业素养，认识团队合作的方法。	·能对职业价值观和职业态度方面的问题做出正确的判断； ·能辨识正确的职场规范和职业素养，认同团队合作的要领。	·调查亲人或老师的职业生涯，感知其中的任务和意义； ·开展职场体验活动，探究职场中的典型事迹，撰写心得感想。	·树立对职业角色的向往之情和对各行各业的平等尊重之心； ·强化团队规则意识和合作意识，参照职业素养来提升自己。
8—9年级	生活适应	·认识人生的责任担当，理解人和人之间相互关心合力创造的生活哲学。	·能正确分析自己在家庭、校园、社区中的角色地位和责任。	·了解长辈的心愿和难处，予以理解支持，讨论班级建设问题。	·树立成为长辈的知心朋友的态度和成为班级建设主人的责任心。
	学业导航	·认识奋斗精神和学习成绩的价值，了解科学缓解学习压力的方法； ·了解高中阶段学校的类型、初三阶段的课程安排和中考的有关政策。	·能辩证地看学习成绩与人生发展的关系，选择正确的减压方法； ·能正确看待各类高中阶段学校的价值，选择适合自己的路。	·收集各类成功的案例和面对学习压力的正反案例，调整心态； ·科学分析自己的学习方法和学科状况，定位升学目标和计划。	·认同多样化的人生成长道路，树立乐观、自信的学习心态； ·激发饱满的学习热情，不断优化学习方法，落实发展计划。
	自我塑造	·认知青春期身心特征和卫生知识，了解青年人使命和性别形象； ·认识异性好感和爱恋、恋爱之间的差异，学习合理的异性交往方法。	·能正确处理青春期心理生理问题，识别不同性别行为表征； ·能正确对待对异性的好奇心和好感，做出理性的行为选择。	·探究青年人对于国家和社会的重要意义，塑造青年人形象； ·访谈长者并获得关于青春期成长经验，开展"呵护友谊"行动。	·立志成为优秀青年人，树立男生或女生的形象与气质； ·确立让好感保持距离，为自己和他人的未来负责的态度。

（续表）

目标 年段 维度		生命认知		生命行动	生命情意
		概念与原理	判断与决策	探究与行动	态度与责任
8—9 年级	职业 探索	• 了解现代职业类型和入职条件，认识职业与学习的重要关系。	• 能列出感兴趣的若干个职业方向，认同学习的奠基作用。	畅想自己未来的职业，设计迈向这个职业的成长路径。	• 树立美好职业愿景和为之努力奋斗的决心。
高中	生活 适应	• 了解高中阶段自己身心、学业、生活的特点和挑战； • 了解人际间沟通的内在模式，知道人际交往的基本技巧； • 知道情绪的基本内涵，分类及其影响； • 认识"合作共赢"的内涵和重要性。	• 学习适应新环境的途径，并能针对性地选择有关应对策略； • 分辨人际交往方式的适切与否，识别处理人际交往中冲突与矛盾的恰当方式； • 辨识自己及他人的情绪，看到负面情绪的正面意义； • 能辨识自己的团队角色，形成良好的角色定位。	• 积极投入新的学习生活，主动解决困难或问题，提高适应水平； • 与身边的人建立良好的交往，能够处理好交往中的常见问题； • 能够恰当表达和管理自己的情绪，以健康的方式处理负面情绪； • 通过观察、分析、体验等方式学习掌握团队合作的技巧。	• 喜欢新的学校和学习生活，勇于探索和实践； • 乐群、守信、友爱、互助，乐于与同伴、教师、家长分享或交流人际交往中的问题和经验； • 接受并认同情绪的积极意义，能乐观地面对困难和问题，保持正向情绪和乐观心态； • 养成积极主动合作的态度和勇于承担责任的担当意识。
	学业 导航	• 了解高中的课程体系、目标、学习任务、任务完成节点和要求； • 了解高中学习的特点和基本的学习策略； • 知道时间的价值与意义； • 知道考试焦虑的表现、原因、意义，理解考试的意义和价值。	• 明晰不同学科学业任务完成的途径； • 分析自己的学习类型、学习风格和学习习惯； • 辨析时间管理的影响因素； • 辨析不同程度的焦虑对考场发挥的影响。	• 能够根据实际情况制定学习计划，并能执行到位，学习习惯良好； • 能优化学习方法，通过观察、尝试、分析、反思形成自己的学习风格； • 检视个人时间安排，探索时间管理的有效方法，并运用于日常学习生活； • 主动学习缓解考试过度焦虑的方法，认真做好考前各方面准备。	• 对高中学科学习有积极正向的态度和情绪体验； • 喜欢学习，接受挑战，不怕困难； • 珍惜时间，乐于合理地管理时间，有效率地学习生活、自我效能感高； • 正确对待考试结果，摆正应试心态，积极面对考试。

（续表）

年段	目标 维度	生命认知		生命行动	生命情意
		概念与原理	判断与决策	探究与行动	态度与责任
高中	自我塑造	• 了解各种生活角色的内涵和意义，及其在生涯发展各阶段的持续性和阶段任务； • 对个人自我概念的形成有觉察和了解，学习认识自我的方法； • 知道兴趣、能力、个性、价值观的含义及其对于个人自我概念的影响； • 了解信念的含义及其对个体的影响。	• 明晰工作、家庭和其他生活角色与未来生活形态的关系； • 辨析兴趣、能力、个性与价值观与生涯发展规划之间的关系； • 辨析不同价值观的合理性，知晓与主流价值观之间的关系； • 能辨析合理信念与不合理信念，明确自己的人生信念并能指导自己的学习生活。	• 参与生涯探索活动，体验在工作、家庭和生活角色间的互动关系及影响程度； • 通过活动、测试探索自己兴趣、能力、个性特质和价值观； • 通过学习、交流、互动，澄清自身价值观，并做出必要的修正完善； • 探索自己的信念、理想，了解该信念对自我的影响，修正影响自己学习生活的信念。	• 对未来有积极正向的期待，接纳自己的各种角色； • 客观评价自我，悦纳自我，形成正向的自我态度； • 树立健康积极正向的价值观； • 建立积极正向的人生信念，将社会责任、国家使命融入个人理想，形成积极的人生观、价值观和世界观。
	职业探索	• 认识大学专业分类，知道高中生未来升学路径； • 了解职业分类、特征和未来的发展趋势，知道求职路径； • 了解生涯选择多变性和意义，知道自己的决策风格，掌握生涯规划基本技能； • 了解个人发展与生涯规划的关系。	• 能依据自己的个性、兴趣、能力和价值观初步确定自己的专业范围； • 辨析大学专业和职业间的联系与区别； • 能辨析个人生涯决策时须考虑的各种因素； • 能制定适切的生涯愿景和目标（近、中、远）。	• 通过调查、访问、网络等途径收集大学专业、课程、能力、要求等相关信息，提升生涯信息收集能力； • 通过职业访谈、见习、体验等活动，能描述不同职业的特点和要求； • 能收集生涯规划所需相关资料，并进行评估与分析； • 能运用生涯信息和生涯评估来制定可行的生涯行动方案并实施、反思、修正、完善。	• 激发对未来学业或职业的梦想并进而实践； • 扩展个人的生活经验，增进个人生涯适应力； • 接受并确信符合个人特质的生涯规划对于个人发展的价值和意义； • 积极乐观地规划人生，适性发展，并对自己的生涯规划负责。

（续表）

目标维度 年段		生命认知		生命行动	生命情意
		概念与原理	判断与决策	探究与行动	态度与责任
大学	生活适应	• 了解大学阶段自己心智发展需求和特点； • 了解大学阶段学业和日常生活的特征及挑战； • 知道如何处理好各种社会角色之间的平衡； • 认识团队协作的内涵和重要性。	• 学习适应新环境的途径，并能针对性地选择有关应对策略； • 能辨识自己在团队中的角色定位，做好团队协调沟通。	• 主动积极开展学习和课余生活，提升大学生活适应水平； • 积极建立良好的人际关系，能用建设性的方式处理好日常人际交往问题； • 通过主动参与、积极反思，总结出适合自身的团队合作方式。	• 喜欢并良好适应大学生活，勇于探索和实践； • 养成积极主动合作的态度和勇于承担责任的担当意识。
	学业导航	• 了解大学阶段的学习特点和基本学习策略和方法； • 了解选课方针、科研论文撰写和发表要求。	• 分析自己的学习类型、学习风格和学习习惯； • 辨析时间管理方案的合理性。	• 制定适合自己的学习计划，养成良好的学习习惯； • 明确专业发展方向，并推动自身学习发展，为撰写毕业论文做好前期知识铺垫； • 高效利用时间，做好时间规划。	• 对大学阶段的学习有积极正向的态度和情绪体验； • 做好选科及选具体专业发展的准备。
	自我塑造	• 了解大学生在生涯发展阶段的任务和挑战； • 深入了解自身的兴趣、能力、个性、价值观等，对自我有更明确的认识。	• 辨析兴趣、能力、个性与价值观与生涯发展规划之间的关系； • 辨析自身的合理想法和非理性想法，并能做出积极调整。	• 通过实践探索澄清自己的兴趣、能力、个性特质； • 澄清自身职业价值观。	• 对未来有积极正向的期待，平衡处理好自己的各种角色； • 对自身有准确而又客观的认识和评价，可以做到自我悦纳； • 形成健康积极正向的价值观。

（续表）

年段 \ 维度 \ 目标		生命认知		生命行动	生命情意
		概念与原理	判断与决策	探究与行动	态度与责任
大学	职业探索	·理解个人生涯发展与社会发展、国家发展的关系； ·了解专业就业情况和后续深造方向。	·恰当评估个人生涯规划中个人、社会、国家发展之间的关系的处理并做出改进； ·明晰自身的专业和职业发展目标。	·探究平衡个人发展、社会发展和国家发展的生涯规划制订及完善方法； ·通过实际活动和职业见习，探索并定位自身的职业发展目标。	·坚信平衡个人、社会、国家发展对于成功规划人生具有重要意义； ·积极主动开展职业生涯规划和探索，并对自己的生涯规划负责。

三、生涯发展课程的内容架构

（一）主体内容框架

生涯发展课程内容的选择与组织以促进各学段学生生命成长历程为核心，主要围绕以下四条线索进行探讨：

1. 生活适应：该条线索涉及了人适应社会环境的能力。旨在引导个体在面对发生变化的新环境时可以做出积极主动的调整，使自身能适应当前的身心特点、家庭生活、学习生活的发展需要。在多元化的社会生活中，开展和谐的人际互动，发展良好的道德情操和价值观念，以便更好地适应当下的环境，促进身心以及行为上的各种适应性调试，以达到平衡、和谐的发展状态。

2. 学业导航：该条线索是指为了提高学生的学习效率，对自身的学业进行系统的筹划和安排。促使学生了解自己的学习风格，养成良好的学习习惯，科学有效地管理自己的时间和学习任务，制定合理的学习计划，培养学生自主学习的能力，从而实现个人的可持续性的发展。

3. 自我塑造：该条线索着眼于学生身心和谐健康发展，为学生的终生幸福奠定基础。着眼于学生能理性地认识自己、悦纳自己、规划自己，提升自我效能感，使学生对生命价值、生活意义有新的诠释和理解，为未来生涯发展奠定基础。

4. 职业探索：该条线索是通过职业认知、探索和体验等各类实践性活动来开阔学生职业发展视野。对外了解社会发展趋势、需求和职业类型，对内了解自身的兴趣倾向、价值需求、能力匹配。畅想自己的职业发展,并将现阶段的生活、学习和兴趣培养与之联系。

(二) 具体课程内容

生涯发展课程的具体内容将围绕"生活适应""学业导航""自我塑造"和"职业探索"四个核心单元进行开展。根据小学、初中和高中各个学段的不同特点和要求,将安排 18—20 个课时量。具体内容详见下表:

1. 小学阶段课程内容

课程模块	单元主题	目标指向
生活适应 (4课时)	我是小学生了	• 逐步熟悉小学日常学习生活环境 • 能够辨别自己的行为是否符合新集体的规则
	我是生活小能手	• 懂得做家务,能提高自己的生存能力 • 在生活中培养自己的责任意识
	我是小小志愿者	• 能积极参与班级、学校、社区服务等实践活动
	生活中的你、我、他	• 逐步适应师生关系、家庭关系 • 构建和谐的同伴关系
学业导航 (4课时)	我的学习我做主	• 能判断行为习惯是否有利于自己的学习 • 能够辨别、筛选出适合自己的有效学习方法,并用其提高自己的学习能力
	快乐的课余生活	• 在父母的指导下,注意分配学习、生活、娱乐的时间
	学习的烦恼	• 能通过语言、文字、图画等形式展示自己的学习成果,感受成功的喜悦,积极应对学习压力 • 培养寻求帮助、解决问题的能力
	未来的我	• 明确小学阶段面临的学习和发展任务 • 意识到拥有良好的学习习惯对自己的发展很重要
自我塑造 (6课时)	独一无二的我	• 了解自己的性格优势,培养良好的自我感觉 • 能够正确表达自己的喜好,用积极的态度正视自己 • 初步培养解决问题的自信与能力
	我最喜欢……	• 具有对自我与外部事物的好奇心与兴趣 • 积极关注并参与自己感兴趣的各项活动,发展自己的兴趣爱好
	情绪哈哈镜	• 学会管理自己的负面情绪 • 学会管理自己的言行举止
	正视自我	• 能够判断并正视自己性格中的优势与不足并接纳 • 用积极的行为改善自己性格上的不足

（续表）

课程模块	单元主题	目标指向
职业探索 （4课时）	小岗位，大职责	·了解班级小岗位的职责，能够判断哪些小岗位适合自己 ·能够互助合作、做好小岗位的工作，并分享工作感受
	职业知多少	·初步了解各种职业的信息，能够认识社会分工、了解自己感兴趣的职业
	职业小先锋	·通过岗位体验，增强责任心的培养 ·通过多种途径搜集、了解各种职业的相关信息 ·结合少先队社会考察，通过"角色扮演""职业小先锋"等体验活动，切身体会职业人的工作生活 ·能辨别出从事某职业需要的核心品质

2. 初中阶段课程内容

课程模块	单元主题	目标指向
生活适应 （5课时）	身心适应	·逐步熟悉初中日常学习生活环境 ·能够对自己所处年段的生理、心理变化有初步了解（青春期的悦纳）
	人际交往	·逐步适应师生关系、生生关系 ·构建良好的亲子关系
	课余时间有效管理	·正确认识兴趣、爱好和特长 ·学会利用好课余时间有效培养兴趣、爱好和特长
学业导航 （4课时）	学习方法	·初步养成良好的学习习惯 ·形成适合自己的有效学习方法，并用其提高自己的学习能力
	学习时间管理	·学会如何对自己的学习时间进行有效管理
	缓解学习压力	·对缓解学习压力有初步的认识，并能够有效缓解轻度的学习压力 ·能够寻求帮助、解决问题、恰当地处理好学习带来的压力，并且转化为学习的动力
自我塑造 （5课时）	认识并悦纳自我	·了解自我的优缺点，并且接受自我、欣赏自我 ·用积极的态度正视自己、接受自己的不完美 ·培养自己解决问题的自信与能力，发挥自己的长处，弥补自己的短处

（续表）

课程模块	单元主题	目标指向
自我塑造 （5 课时）	兴趣爱好	·积极关注并参与自己感兴趣的各项活动,发展自己的兴趣爱好 ·认识兴趣特长对个人成长的重要意义
	自我管理	·建立积极的人生信念
	正视自我	·立志成为优秀青年人
职业探索 （4 课时）	岗位职责	·认识社会中常见职业类型及其入职条件
	职业认知	·认识职业与学习的重要关系
	职业体验	·通过多种途径搜集、了解各种职业的相关信息 ·通过岗位体验,增强责任心的培养 ·能辨别出从事某职业需要的核心品质 ·畅想未来职业,树立美好愿景

3. 高中阶段课程内容

课程模块	单元主题	目标指向
生活适应 （5 课时）	熟悉环境	·尽快熟悉高中日常学习生活的环境 ·能够参与制定新集体的规则并约束自己的行为,遵守规则
	人际适应	·学习各种沟通技巧方法,提升人际交往技能 ·了解友情与爱情,培养健康的异性交往观念态度与行为
	健康生活	·科学认识健康及心理健康 ·了解并完善自我的社会支持系统,学习处理突发事件,应对心理危机
学业导航 （4 课时）	学业规划	·明确高中阶段面临的学习和发展任务 ·学会制定计划、时间管理等技能,培养主动学习、积极思考的态度
	学习方法	·了解记忆的类型、种类及遗忘规律,学会利用记忆的特点识记 ·进一步优化学习习惯,尝试筛选出适合自己的高效学习方法,注重培养思维品质
	学业评估	·能正确评估自己的考试结果,调整考试心态 ·积累分析重大考试成绩数据,并以此为依据自我定位和改进学习方法

（续表）

课程模块	单元主题	目标指向
自我塑造 （5课时）	自我探索	·了解自己的个性、兴趣和价值观等,悦纳自己,建立自信
	情绪管理	·能辨识自己和他人的情绪 ·学会管理和调整自己的情绪及心态
	正视自我	·能够判断并正视自己性格中的优势与不足,用积极的行为改善自己性格上的不足
	生命意义	·回顾生命历程,探讨生命的意义与价值,初步设立人生目标
职业探索 （5课时）	走近大学与专业	·认识大学的类型和专业分类 ·了解专业选择与职业发展之间的关联
	了解职业	·了解职业分类、特征、要求和未来发展趋势 ·绘制个人家庭生涯树,搜集、了解各种职业的相关信息
	职业评估	·探讨自己的职业价值观 ·通过个性及职业倾向测试全面了解自己的兴趣及个性特质
	生涯决策	·了解个人规划与生涯规划的关系 ·能运用个人特质和职业评估学会制定生涯行动方案 ·实施、反思、修正、完善,积极乐观地规划人生

四、生涯发展课程的实施

（一）家校社共同合作,营造促进学生职业意识与能力发展的支持性环境

生涯发展教育一直是我国学校教育中相对忽视的主题。在新形势下为提升学生应对未来挑战的能力,学生的生涯教育亟待引起家庭、学校和社会的重视。生涯发展课程的开发与实施更需要夯实其思想基础,通过宣传和沟通,促进学校管理者、教师、家长等能够充分认识生涯教育的重要价值、主要内容及自身所应承担的职责。由传统的学校事务转向家、校、社三方通力合作,通过营造促进学生生涯发展的支持性环境,为学生职业意识与能力的发展提供实践、研讨和反思的机会。

（二）"三种课堂"相结合,打造体验式生涯发展课堂

生涯发展是覆盖全学段的教育,可以通过多种渠道渗透。如,第一课堂（校内的必修课,

指生涯课程等)、第二课堂(校内选修、社团课程以及互动体验课,指名人寻访、职业体验等)和网络课堂(指网络信息平台,辅助职业规划的研究、学习)三维开展指导相结合。充分挖掘家长、校友、社区以及大学等资源,建立校外实践基地。开展形式多样、生动活泼的各类生涯体验活动,使生涯发展课程的实施本身充满多彩魅力,引发学生学习兴趣,促进学生从多角度获得生涯知识、生涯体验,培养其生涯发展意识和规划能力。

(三) 提供多样化的学习支撑,促进学生对生涯规划能力的自主建构

教师要善于创设问题情境,引导学生从生活情境中选择适合自己的活动或体验主题;指导学生认识自我、认识外部世界的方法;提供升学、就业等信息;引导学生树立积极的人生观和价值观。教师在指导过程中要始终把鼓励学生自主选择、主动实践置于核心地位,把集体教育与个体辅导相结合,根据学生的个性特点,为学生提供个性化和全面的生涯发展指导。要整合学校多种资源,注重生涯教育全员化,充分发挥学科教师、班主任和心理健康教育教师等人员的专业优势,协同实施生涯教育课程,发挥教师团队的指导作用。

五、生涯发展课程的评价

(一) 过程性评价,关怀学生生涯体验

生涯发展课程的最终目的不是学生掌握预设的知识和技能,而是促进学生对美好人生的向往和热爱,对自己的自信、审视和规划。这就要求生涯发展课程的评价关注学生对生涯发展的感知力、创造力和行动力,记录活动感受,分享经验,做好过程记录,使评价与生涯发展保持一致性,使生涯发展课程促进学生生涯发展的理念得以体现。

(二) 反思性评价,重视学生生涯发展

生涯发展需要基于理性的规划,而规划的制定要依据对自身和环境的理性评价。培养学生的评价意识和能力是生涯发展课程的具体目标之一。评价是作为生涯发展教育的主体——教师与学生,通过协商对话,共享生涯体验、建构生涯认知、制定生涯规划的过程,要重视学生的自我反思性评价,使评价活动成为学生认识生涯、反思生涯和促进生涯发展的学习历程。

(三) 表现性评价,关注学生生涯发展课程中的真实表现

生涯发展课程本身就是学生生涯发展历程中的一个环节,对这个环节中学生学习效果的评价不能与学生生涯发展过程相脱离。通过创设具有现实意义的真实问题情境,让学生运用自己所学习的生涯知识和掌握的人生经验来解决这类与现实情境相似或真实的任务,让学生

展示和证明处理这些任务所需要的生涯知识、能力和态度，通过观察学生在解决具体问题过程中的表现，开展与学习过程一致的情境化评价。在表现性评价中，要鼓励学生通过搜集和整理在生涯发展课程中的活动、反思、心得和感悟等作品，记录其生涯发展成长和变化过程，并通过自评或互评总结生涯经验、改进行为和完善生涯发展历程，完成个人的生涯档案。

（四）鼓励自我评价，增强学生生涯发展积极性

学生是生涯发展课程评价的主体。教师在评价创设阶段，就应让学生以全面负责的合作者身份参与评价规则的开发与制定，让学生参与学习过程记录，以使相关信息与学生付出的努力、情感、思想、理想等密切相连，富含感染力，增强学生不断促进自己生涯发展的内部动机，促使学生自己完成贯穿学习阶段的生涯成长记录，承前启后，激励学生积极开展生涯探索。

六、生涯发展课程建设的推进机制

生涯发展课程的实施有赖于教育行政部门、教育研究机构、学校、社区和家庭等各方的协作配合，因而需要建立民主健全、多方协同的课程推进机制，以保障和促进生涯发展课程的落实。

（一）教育资源保障机制

2015年底，杨浦区学生生涯发展联合研训基地于上海交通大学附属中学成立。由上海交大附中领衔，联合高中组成员校：上海理工大学附属中学、控江中学、少云中学，以及初中组成员校：思源中学、新大桥中学、育鹰学校，和小学组成员校：打虎山路第一小学、控江二村小学、昆明学校（小学部）、育鹰学校（小学部）等研训基地的成员共同协作，一起推动生涯发展课程建设工作的开展。

学校作为生涯发展课程开发的实际承担机构，需要整体推进课程的设计、实施与评价工作，构建"家、校、社"生涯发展课程一体化运作机制。各学校要结合自身的课程传统，基于学生的兴趣需求，通过广泛吸收社区和家庭资源，开发或选用适合校情的生涯发展课程，并在课程实施过程中积极争取社区和家长的支持，精心策划和协同组织校内外生涯发展实践活动。

在成员校中已建立了小发明小创造体验室、少年造创师工作坊、科学创新画坊、机器人工作坊、少儿无线电台、摇篮农庄、"爸爸课堂"创新实验室、陶艺馆、民乐室、大队部的德育实践基地、天文教室、"仰晖讲坛"等校内特色教室及场馆。

除了用好校内资源，还与社区街道、杨浦少科站、延吉图书馆、野丰教育咨询公司、同济大

学、上海理工大学等社会企事业单位等一起合作,为学生的生涯发展提供实践平台。

（二）教研部门推进机制

区教研室、德育室或科研室作为生涯发展课程事务的专业指导机构,需要积极开展生涯发展科研课题和教学研究工作,为各学校开发和实施生涯发展课程提供专业指导与服务。一是建立区校联动的团队式教研机制,即由教研员牵头,组织以共享课程联盟为载体的教研团队,借助跨校的教研联合体开展课程开发的校际研讨和分享活动;二是督促学校建立生涯发展课程的校本研修机制,同时引入市、区相关专家给予指导,协助学校积极解决生涯发展课程开发中的问题,并系统总结课程开发经验。

（三）组织架构及制度建议

按照上海市中小学生命教育的统筹安排,生涯发展课程实行市、区、学校三级管理。首先根据市级的统一部署,区教育行政部门依照《杨浦区中小学生生命教育指导纲要(试行)》的精神,整体规划区域生涯发展课程,在经费投入、条件创设、资源配置等方面进行统筹安排。在项目推进过程中,对参与项目研究工作的校长、教师和研究者在一定程度上给予政策支持和资源支持,建立相应的配套激励机制,调动项目学校校长和教师的积极性,为研究工作高质量开展提供政策支持和人力保障。同时,各校由德育室教师、心理教师、班主任构成生涯教育联合教研团队,共同参与课程体系的建立、主题和授课方式的选择、教材的编写等。有条件的学校,建议安排学生生涯规划专职教师,并参照心理专职教师的绩效考核标准对其进行评聘,以增强生涯发展课程开设的专业性。

《自然生态》课程指南(试行)

为贯彻《上海市中小学生生命教育指导纲要(试行)》等相关文件精神,落实《杨浦区中小学生生命教育课程指导纲要(试行)》的要求,构筑中小学相衔接的自然生态特色课程,培养学生亲近自然,关怀、尊重自然界生命的意识,践行保护环境的能力,维持永续生存的自然生态环境,特制定本指南。

一、课程理念

(一)符合中小学生命教育的相关政策要求

本课程贯彻落实《上海市学生生命教育指导纲要(试行)》《杨浦区中小学生生命教育课程指导纲要》等文件精神,旨在推动生态教育的实施,发展学生的生态素养。

(二)凸显生命教育十二年一贯的设计思路

本课程指南依据小学、初中、高中等学段学生的年龄特点,系统思考 1—12 年级自然生态课程实施内容,形成具有中小学(1—12 年级)序列化的"课程设置安排、课程实施标准、课程教材读本、课程教学建议"等生态教育课程指南。

(三)依循实践体验的生态素养培育路径

本课程应提供丰富多样的实践活动,让学生在真实的生态环境中了解生态知识,认识周边环境的生态多样性,懂得保护生物多样性的意义,培养学生热爱生命、热爱自然的情感,在体验、实践中形成个体独到的生命感悟,进而产生对生态环境、生命的敬畏,树立人与自然和谐相处的理念,养成绿色生活、习惯和环保的生活方式。

二、课程目标

(一)总目标

概念与原理:理解并掌握与自然生态相关的基本概念和原理。

判断与决策:搜集并分析与自然生态相关的信息,在此基础上做出珍视和保护自然的判断与决策。

探究与行动:参与与自然生态相关主题的探究,采取适当的方式开展保护自然行动。

态度与责任:形成对待自然生态的正确态度和价值观,承担生命对自然及生态环境应尽的责任。

（二）学段目标

基于上述总目标，小学、初中、高中生态教育课程学段目标如下：

目标 年段	生命认知		生命行动	生命情意
	概念与原理	判断与决策	探究与行动	态度与责任
小学	·初步认识自然世界以及人与自然的相互依存关系； ·了解大自然生物的同一性、多样性及适应性； ·了解基本的生态原则，能说明人与大自然和谐共生的关系。	·能对周围人们对待自然的行为方式是否恰当做出判断； ·辨识人类的行为是否有利于保护大自然； ·做出自身保护环境的承诺。	·运用各种感官体验感知大自然的美，并能通过语言、文字、图画等形式予以表达交流； ·通过与大自然的多样化互动，进一步感受人与自然的和谐关系； ·在日常生活中做出有利于保护自然环境的力所能及的行动。	·初步形成关注自然、保护自然的意愿； ·具有参与环保行动的愿望，主动、愉快地参与学校与社区的各类环保活动； ·鼓励他人做出有利于环保的选择。
初中	·了解各种自然资源的开发利用情况及其对环境的影响； ·知晓国内的环境法规与政策的基本内容。	·分析家乡周围自然资源的开发状况，掌握周围环境的基本生态； ·辨别周围自然资源开发及社会生活现象是否符合环境法规、政策规定，并提出改进建议和对策。	·围绕身边的环境和资源问题开展有计划的考察并分享结果； ·积极参与学校社团或社区的环境保护活动。	·接受环保政策、法规的原则、规定，并愿意对他人进行宣传； ·乐于在自发或有组织的环保公益活动中承担力所能及的工作。
高中	·阐述生态可持续发展观的内涵，及走可持续发展之路的重要意义； ·关注全球性环境议题，了解重要的国际环保公约、环保组织。	·辨别国家、地方层面有利于和不利于生态可持续发展的因素； ·思考全球性环境议题的价值，明确自身在全球性环境中应承担的角色。	·会运用周边的资源进行生态调查调研，对关涉全球性环境议题和可持续发展战略的问题展开较为深入的探究，并在不同范围内交流探究结果； ·在力所能及的范围内制定并执行环保行动方案和计划。	·坚信生态可持续发展观，乐于通过多种方式宣传推广可持续发展观； ·坚信每个人都应对全球性环境议题承担责任和义务。

三、课程内容

（一）小学段课程内容

核心内容	课程模块		参考内容
生物与自然	植物与自然	植物"身体"探秘	认识校园中、生活中的植物,探究植物的根、茎、叶、花、果实,做好观察植物生长的自然笔记或观察日记。
		认识中草药	认识身边常见的中草药植物。
		探究实践体验	制作植物名片,给校园植物挂牌、制作落叶画、种植植物(大蒜、多肉植物等),开展植物类创意系列活动(制作植物花纹的 T 恤、扇面、麦秆画等工艺品),结合观察和制作过程完成植物类的科普小论文。
	动物与自然	观察身边动物	认识常见的昆虫、鸟类、常见水生动物,知道观察动物的正确方法。了解昆虫、鸟类与人们生活的关系。
		动物世界窥秘	了解、关心濒危灭绝的动物,开展一年一主题的宣传活动。
		探究实践体验	了解"五禽戏",尝试养殖小动物(如蚕、鱼等),进行观察、实践活动。
环境与自然	了解自然资源		了解湿地的基本情况,探究适合湿地生长的植物与动物,知晓保护湿地的意义。
	了解低碳生活		在生活中了解节能减排,开展拒绝一次性物品使用的各类活动,争当节能小卫士。
	思考环境问题		关心生活中的环境问题,了解常见环境污染问题的原因。
	生态主题活动		变废为宝创意制作、生态瓶制作。
人与自然	我爱自然		学做用自然笔记记录自然的方法;开展有关动、植物主题实践活动,如"莲文化"和寻鸟等主题实践。
	环保小卫士		参加爱鸟护鸟、植树添绿等志愿活动。
	中草药与健康生活		学做草本护手霜,做做中草药驱蚊香囊。

（二）初中段课程内容

核心内容	课程模块		参考内容
生物与自然	植物与自然	走近植物世界	知道植物的类群，以及对环境的作用。
		了解中草药	知道常见中草药在我国的分布，知道常见中草药植物的基本药性。
		探究实践体验	调查或种植一些常见植物或常见中草药，养成用自然笔记记录自然的好习惯和种植报告，制作中草药植物的蜡叶标本。
	动物与自然	了解动物分类	知道全球动物分布的情况，了解动物的种类及主要特征、动物类群的进化历程，知道动物化石的形成及其意义。
		探索动物世界	观察身边动物的生活习性，了解部分动物的生命周期。
		探究实践体验	学打"五禽戏"。饲养小动物，学做制作昆虫标本，撰写观察日记。
环境与自然	了解资源概况		了解全球资源概况；知道我国自然资源总体特征与开发现状。
	体验低碳生活		开展争做低碳小卫士(记录一天生活的资源消耗，以小组为单位分析生活中的浪费现象，提出节能减排的措施)活动。
	关注环境问题		知道全球目前主要环境问题，了解常见环境污染问题的成因；并知晓相关治理措施。对生活中的环境问题，进行调查，提出小方案，撰写相关小论文。
	保护环境行动		围绕主题开展活动，如世界环境日等，了解活动具体意义，讨论实施环保行动的举措和意义。
人与自然	走进自然		每年春、秋季开展"走进自然、感知自然"实践活动，确立课题，小组探究，交流分享，形成考察报告。每周定期参加生态园记录，百草园观察，公园护绿等志愿活动。
	环保小达人		组织学习《环境保护法》，在少代会提案中设立环保专题，鼓励对学校生态环境治理问题提出建议，展示学生变废为宝的环保创意。

（续表）

核心内容	课程模块	参考内容
人与自然	中草药与养生食疗	学泡养生茶:党参红枣茶、决明子茶、枸杞防暑茶等;学煮养生粥:大枣粥、桂圆红枣粥、山芋粥等;学做养生药膳:冰糖银耳、莲子百合红豆沙、生果清润甜汤等。

（三）高中段课程内容

核心内容	课程模块		参考内容
生物与自然	植物与自然	种植中草药	常见芳香植物种植。
		探究实践体验	校园植物普查和建立名录;制作植物树脂标本。
	动物与自然	动物进化知识	达尔文的自然选择学说和现代进化理论学习。
		动物世界探索	了解上海野生鸟类现状;鸟类形态特征以及与生理功能的适应。
		动物探究实践	可以根据学校的资源优势,选择一种或一个种群的动物,利用校内外的资源,进行长年、跨年级的跟踪观察和研究,并学会利用已积累的调查资料写出该种类动物的某个视角的系列考察报告或相关研究论文。例如:校园(市区)鸟类观察及分类调查;撰写鸟类观察报告或制作校园(某区域)鸟类分布地图。
环境与自然	关注生物多样性		生物多样性对生态系统稳定性的意义。
	践行低碳生活		学习实践生活中废物再利用的方法和技能。
	探究环境问题		探究河流水体的生态现状;污水净化中微生物的研究与应用。
	体验环境治理		水体污染及治理方法;垃圾分类主题活动;都市迷你菜园体验系列等。
人与自然	自然人文观		生态文艺作品赏析;校园生态系统研究;生物多样性有声读物广播等。
	敬畏大自然		生态伦理与道德;环境污染与公害。
	生态经济观		生态产业和绿色消费理念。

四、课程实施

（一）基本原则

1. 主题性原则

自然生态课程尊重学生的主体地位,引导他们在参观活动中自主发现探究、自主实践体验,促进学生生命知识、能力和态度的整合,关注其生命认知、行动和情意的统一,引导学生正确处理生活中生命与自然、社会和自我之间的关系,珍爱自然,享受生命,提升与完善生命个体,以促进自身生命素养的发展。

2. 整合性原则

自然生态课程内容具有广泛性、综合性和生活化的特点,为有效实施生态教育,需整合已有资源,挖掘利用不同学科中已有的生命教育资源,设计具有针对性的专题教育,开展丰富多彩的专项实践活动,借助观察、提问、合作、探究、体验等多样化的学习方式,激发学生对自然最朴素的兴趣,了解现实生存环境,直面生存危机和可持续发展的挑战,提高维护环境、改变环境的实践能力。

自然生态课程不但注重显性渠道构建,还将注重隐性渠道,课堂活动的运行、学校环境的创设要体现生命关怀,使学生在潜移默化中受到熏陶和影响。

3. 开放性原则

自然生态课程是一个开放的学习空间,学生应走出教室,走向大自然,充分利用校园、社区、公园、湿地、博物场馆等场所,有效运用现代信息技术和传媒技术,培养学生爱护环境、珍惜生命、感恩自然的情感。

（二）课程实施途径与组织形式

自然生态课程的实施途径可以通过课内活动和课外实践相结合来实施。课内活动是由教师组织引导的,在课堂教学中,有目的、有计划地开展知识讲解、主题分享、展示交流等活动。课外实践是指学生或独立或小组开展的参观活动、资料查找、社会调查等活动,目的在于进一步引导学生思考和践行在课程活动中的收获和体验,让学生与同伴实现健康的共同发展。

五、课程评价

自然生态的课程评价是学生认识自然、反思生命和完善生命的学习历程,亦是学生个体生命成长的历程。

（一）教师评价与学生评价相结合，激发学生生态保护的内在动机

学生自评：学生自我对照参与本课程以来的变化，自己对自己进行评价。内容包括：践行环境保护的意识、收集自然环境资料的能力、参与环境保护实践活动的能力等。

教师评价：教师运用档案袋等评价方式对学生在生态教育课程中的表现、参与生态教育实践的态度以及生态素养养成的情况给予适当的评价。

通过生生、师生共同参与的多元评价，引导学生感悟生态环境的重要性，激发学生产生保护自然、保护环境的内在愿望和具体行为。

（二）重视过程性评价与表现性评价，融评价于学生生态素养发展的全过程

教师要根据课程需要充分发挥评价的引导激励功能。过程性评价注重对学生生态素养的形成发展过程进行动态评价。关注学生在学习过程中采取的学习方式，注重学生个体性差异评价，将每个评价对象过去的认识与行动与现在进行比较，从而激励学生积极投入到学习、实践之中，养成良好的生态素养。

表现性评价需要教师创设有利于培养学生生态素养的一系列具体、实际的任务，如：种植实验、观察日记、探究报告、成果展示等，从中观察学生真实的生态行为表现和发展现状，以此评价学生掌握和运用生态知识的水平，促进学生不断提高解决生态问题的实践能力和相关素养。

六、课程管理

（一）课程资源管理

对与自然生态课程相关的公共教育资源、人力资源，以及学校的师资力量、学生的学业基础、学校的设施器材场地等方面的条件进行综合的分析与评估，获取自然生态课程设置的相关信息，构建课程设置的框架结构。在此基础上成立课程开发与管理领导小组，确定校本课程开发项目，聘请课程开发与实施教师，编拟讲义，组织课程实施和评价。

（二）师资配备及素养提升

在课程开发与实施方案确定之后，受聘教师要根据自身的专业特长，广泛搜集生态教育的相关资料，认真编拟课程方案，精心组织课程的实施。专业教师、教研人员，甚至家长、社区相关人员要通力合作，有时还可以聘请专家进行指导，以确保课程开发的质量。

（三）课程保障措施

1. 领导组织保障：各学校成立自然生态课程开发的组织领导机构，做到人员落实、职责分

明、团结协作。

2. 管理制度保障:建立并完善相应的管理制度,主要包括制定课程实施方案、课程纲要审议制度、课程评价制度、激励制度等。各类人员要严格执行各项管理制度,定期检查制度的执行情况。加强督查考核,把教师的生态教育课程建设纳入绩效考核,给予相应的物质或精神奖励。

3. 人员队伍保障:加强教师的进修培训,建立课程群教研联合体。通过理论学习、专题研讨、重点培训、实地考察、定期交流等多种形式,对教师进行全员培训,不断提高对生态教育课程的认识,促进课程顺利发展。

4. 经费保障制度:对课程开发与建设中必需的设备、经费、器材、时间、场地、服务等资源,应进行合理的分析与评估,统一调配,提供保障,充分利用。配套经费要专款专用,满足课程开发的经费需求。

《户外生活》课程指南(试行)

为深入贯彻《上海市中长期教育改革和发展规划纲要》《上海市中小学生生命教育指导纲要(试行)》和《杨浦区中小学生生命教育指导纲要(试行)》等文件精神,作为上海基础教育创新试验区,杨浦区试图通过构筑大中小学相衔接的户外生活课程指南,帮助广大中小学教师、教育行政管理人员、学生家长和社会其他人员理解和实施户外生活课程,立足学生的生命需求、遵循学生身心发展的规律、注重学生的实践与感悟、丰富学生的生命体验、实现促进学生终身发展的教育价值。

一、课程理念

(一)贯彻落实《上海市中小学生生命教育指导纲要(试行)》的要求

《上海市中小学生生命教育指导纲要(试行)》强调要引导学生在实践中自觉学会关心生命、珍惜生命、尊重生命,提高生活技能。而实施生命教育的目的之一就是通过多种教育形式,使学生学习并掌握必要的生活技能。户外生活实践课程的开发与实施既需立足于学生的生命需求,引导学生在校外实践中认识生命的意义,又引导学生实现对已有生活状态的不断超越,从而不断扩展自我的生命意义与生命空间,让学生明白人的生命只有一次,不可再来,应倍加珍惜。

(二)构筑小学、初中、高中、大学相衔接的户外生活课程

本课程充分挖掘校外实践的资源,立足于学生的现实生活,针对不同学段学生的年龄特点和所处的生活情境、认知水平,设计不同层次的户外生活课程。小学阶段开展"城市行走"活动,旨在了解并掌握城市中辨明方向的方法,完成安全行走;初中阶段开展"营地穿梭"活动,旨在掌握营地或公园内穿梭时所需的自主自救技能,了解户外生活所需的基础装备;高中阶段开展"野外奔跑"活动,旨在了解掌握在地形地貌较为复杂的野外所需要的生活技能;大学阶段开展"定向赛事"活动,旨在让学生能综合运用户外生活的知识与技能,提升心理、体能等各方面的素质。

(三)注重体现户外生活课程的技能性与实践性

本课程既要对学生进行生活技能知识方面的先导传授,锻炼学生的体格、发展生活技能,也要注重发展运用自助自救的基本常识解决实践问题的能力,引导学生在实践中融知、情、

意、行为一体,获得生命体验,提高社会适应力和应对挑战的能力。

二、课程目标

(一)总目标

整个课程贯穿小学、初中、高中和大学,通过户外生活课程的实践,使学生在不同情境与状况下能掌握生活技能,提升生活能力,感受生命的力量,培养责任意识和创新意识,并且学会分享、学会合作,形成积极进取的个性品质和良好的团队精神。

(二)学段目标

1. 小学四年级

概念与原理:了解并掌握在城市行走中,能辨别方向,并制定相关路线。

判断与决策:搜集相关信息确定方位,有辨别方向、制定公共交通路线的方法。

探究与行动:在城市中设定目的地,在同伴互助、家校协作,使用手机导航、建筑地标等多种方式辨识方位,制定路线安全到达目的地。

态度与责任:培养学生团结合作互帮互助精神,逐步能够具有独立判断处理的能力,掌握一定的人际沟通能力,了解城市公共交通设施,增加热爱城市的情感,做文明少年。

2. 初中八年级

概念与原理:了解户外生活所需的基础装备,掌握在营地穿梭自助自救的基本技能。

判断与决策:在营地遇到缺水、没火、需要求救和庇护等情况时,能够准确判断形势并及时处理问题。

探究与行动:能采取合适方法进行自护和求助,学会观察周围环境,充分利用一切可利用资源,在不破坏生态环境的情况下,学会户外生活的基本技能。

态度与责任:培养勇于面对困难、克服困难的心理品质,形成合作意识、参与意识,提高自我保护意识。

3. 高中二年级

概念与原理:初步了解并掌握在地形、地貌较为复杂的户外场所开展定向越野所需的生活技能及方法;掌握在野外奔跑过程中自护、自救及求救的基本方法。

判断与决策:综合运用各种策略,达成既定目标。在野外奔跑中遇到受伤、迷路、自然灾害等突发意外时,能根据情况做出准确判断,并采取正确的自救或求救措施。

探究与行动:设计、运用科学化、多样化的野外活动项目对体能、心理及其他素质的训练。

态度与责任：增强团队协作、沟通的能力；提升抗压、抗挫能力；学会心理调适等，培养高中生迈向成人阶段、独立踏入社会的基本生存能力。

4. 大学

概念与原理：了解并掌握在地形、地貌复杂的野外所需的生活技能及方法；熟练掌握在户外定向赛事过程中自护、自救及求救的基本方法。

探究与行动：设计具有挑战性的活动项目对体能、心理及其他素质的训练。

态度与责任：在参加定向运动比赛的同时，培养其竞争意识、对外界事物的观察力、管理事物的能力、独立分析判断问题的能力和处理问题的果断性。感悟生命的可贵；在相互鼓励、克服困难的过程中培养吃苦耐劳、勇敢顽强的意志品质，以满足他们不断挑战自我、挑战极限的人生追求。

三、课程内容

（一）小学四年级：城市行走——辨识方向

根据小学生的年龄特点和实际生活情况，小学四年级开展"城市行走"活动，即在学生只携带手机、水、交通卡这三样物品的情况下，在规定时间内达到城市中的某个目的地。在这一过程中，学生需完成以下内容：

1. 独自或与伙伴结伴前往目的地时，能事先在网上搜索，制定最方便的出行路线。

2. 行走前，能借助手机的地图 APP 和导航软件，或者根据地标建筑、路牌等辨识方位，确定公交线路前往目的地。

3. 行走时，能正确选择地铁或公交车，懂得换乘方式，会正确使用公共交通。

4. 行走中，根据指示方向、建筑地标，及路名路牌，遵守交通规则，不乱穿马路，注意交通安全。

5. 与同伴间能相互照应，有保护自我的基本能力，遇突发事件不慌张，能通过拨打电话（如 110）寻求帮助。

（二）初中八年级：营地穿梭——自助自救

根据初中生的年龄特点，遵循学生身心发展规律，以学生掌握户外生活自助自救基本常识与技能为目的，在户外限定区域内（公园或营地）开展活动。活动过程注重培育团队合作、集体主义精神，培养学生勇敢、坚强的性格，提升自我保护意识。

课程具体包括以下内容：

1. 营地取水:在规定时间内,通过团队合作,克服各种障碍,取得"救命水",并且利用沙子、蓬松棉、活性炭制作简易净水装置,将水进行初步净化。

2. 营地庇护:学会选择合适的地点作为营地,掌握简易帐篷的搭建方法,具备基本的判断意识和熟记安全事项。

3. 食物辨别和获取:能够辨别户外哪些食物可以食用,并通过亲手操作,掌握获取食物的一些方法。例如:会操作户外简易鱼竿、鱼叉来成功获取鱼。

4. 打绳结:了解户外生活中各种绳结的用途,掌握普鲁士抓结、八字套结、双套结、平结、双渔人结、八字结、缩短结、称人结八种打结方法。

5. 生火野炊:了解火的重要性和野外取火的方法,能充分观察并利用周围环境,找到合适的取火材料,尝试用打火石取火、生火,并能够动手操作选菜、择菜、洗菜、切菜、做菜、做饭等一系列流程。

6. 营地求救:掌握遇险求救的方法,包括学会用身体摆出"SOS",学会用木棒、石头搭建地对空信号,会使用旗语信号。

(三)高中二年级:野外奔跑——高峰体验

高中阶段是青少年成长发育的重要时期,也是为人生发展奠定基础的重要阶段。在这一时期,学生将要为进入大学,迈入成人阶段做好准备。这一阶段,学生精力充沛、思维活跃,自我意识增强。结合这些特点,高二年级的课程内容以通过野外定向运动项目夯实生存技能,培养核心素养为目的,在地形、地貌较为复杂的限定区域内(如佘山风景区、崇明阡陌小道等)开展活动。活动过程注重培养学生团队意识、沟通能力、抗压抗挫能力及心理调适能力。

课程具体包括以下内容:

1. 野外奔跑的理论知识。了解野外定向的概念、意义及价值,掌握野外奔跑中必要的法律法规,增强法治观念与环保意识。

2. 野外奔跑的基本装备。了解野外定向所需的基本工具,熟练掌握常用的仪器设备(如:对讲机、指北针等),学会天气观测的基本方法,能准确地读图、识图,能制作简单的野外生存工具。

3. 野外奔跑体能训练。通过趣味性的活动项目,对学生的定力、耐力、柔韧性、协调性等进行训练,提升学生身体素质。

4. 野外奔跑定向活动。在范围较广、地形地貌较为复杂的区域或森林中,设置若干个任务点,以团队合作的方式,依靠地图,借助指北针,依次完成任务。

(1) 团队意识:①生死电网:组员依次穿过与地面垂直的"电网"(绳网),网上的一个洞就是一条生路。通过的身体的任何部分都不许碰到其边缘,每条生路只能使用一次。②防线墙:所有成员需想办法翻过三米高墙,不依靠其他器械,不能落下一个人。③人梯摘果:团队所有成员想办法摘到放置在高处或树上的果子(或物品,依条件定)。

(2) 心理素质:①信任背摔:轮流站在一定高度的背摔台上,团队其他成员在其身后用双手做保护,接住倒下的成员;②快球:利用高尔夫球及特制"瓦片",团队成员在让球不停留、不出轨、不回滚的情况下依次接递小球,使小球顺利通过;③红外线:团队成员手拉手在规定时间内同时穿过一道防线,全程不能松手。增强抗压能力及预判决策能力。

(3) 沟通能力:①盲阵:在看不见的情况下,团队成员找到绳子,依次拉成六边形;②阡陌寻宝:团队成员根据地图寻找埋在阡陌中的宝贝,即任务卡,卡上有下一个地点"独木桥"的号码(按照小组的数量备有独木桥,每个小组要通过的独木桥只能是自己小组挖到宝藏箱中任务卡上的相应号码的独木桥)和标识方向;③同心鼓:组员同时合力颠一个球,培养分工协作意识,学会宽容。

(4) 适应能力:①徒步独木桥:每小组可以互助通过狭窄晃动的独木桥,全部队员通过后将自己小组的任务卡贴在独木桥的尽头端;②空中抓杠:在 8 米高的圆柱顶端有一个圆盘,圆盘小的仅能容纳人的双脚,而且晃动不止,必须站到上面,然后跃出去抓住悬在头顶上的单杠。

(四) 大学:定向赛事——攻城略地

在野外基地中,将设置若干个任务点,无序分布在各个隐蔽的位置,每个任务点都将设置一个任务。队员们将被分成若干个小组,依靠标地图并借助指北针,依次寻找各个任务点,到达任务点以后需完成该任务,之后方可继续寻找下一个任务点,最终完成任务最多并且用时最短的小组获胜。

1. 扎筏泅渡——培养学生决策能力与动手能力;提高学生的学习兴趣及协作能力;在特殊环境下,增强团队凝聚力。

2. 速降——克服恐惧,勇往直前,挑战自我,激发潜能;以积极心态去迎接挑战;培养团队意识和面对困难时的互助精神。

3. 红黑商战——竞争的目的是发展自己,而不是打败对手;真正的敌人是自己;不谋大局者,不足以谋一隅;退一步海阔天空;加强沟通,打破悖论。(注意安全,遇突发状况紧急呼叫110 呼救,120 医疗救助。)

四、课程实施

（一）课程实施的基本策略

根据户外生活课程的特点,制定"第三方介入""集中与分散相结合"的策略,来引领和推进课程。

1. 第三方介入策略

由于本课程实施地点主要在校外,为了保障活动顺利安全地开展,需要第三方与学校进行协调配合,提供专业活动场地。

2. 集中与分散相结合策略

本课程课时安排为每学年 2 次,时间和内容相对而言比较固定,每个学段设置相关年级实施本活动课程,实施过程中,也可以在课程内容基础上创新活动形式与内容,实现课程的进一步发展和完善。

（二）课程实施的基本原则

1. 计划性

基于户外活动安全的重要性,本课程在实施过程中针对每次活动都会有安全预案和计划,以应对可能出现的突发紧急情况,保障每位师生的安全,确保户外活动的有序推进。

2. 体验性

通过情境模拟和创设,注重在活动过程中获得真实的体验与经历,在身临其境中感受生命的可贵。

3. 实践性

本课程注重将已学的知识化为行动,通过实际操作、亲身实践,掌握户外生活的技能。

（三）课程实施的途径与组织形式

户外生活课程的实施途径可以通过先导课程和活动课程两部分相结合来实施。先导课程可邀请专业人员在正式活动之前对户外生活和安全知识进行讲解和分析。活动课程则在具体情境中以团队合作形式来实施,活动教材可根据校本特色进行自主选择。

五、课程评价

户外生活课程是无法完全通过标准化的文化考试记录学生生命成长的足迹或评价学生生命潜能的发挥状况的。只能通过创设具有现实意义的实践情境,让学生运用自己所学习的生命知识和掌握的生命技能解决与现实情境相似的真实任务,并在实践活动中设计实施针对学生生命素养的课程评价。教师可以通过观察、项目学习模块等第测评以及过程性考查等方式,就学生在解决具体问题过程中的表现,开展与学习过程一致的情境化评价。

（一）描述性评价

观察学生在实践活动过程中所表现出来的情感、态度、能力和行为,运用检核表或影像记录等方式记录学生的活动过程,并通过行为记录分析和影像回顾等方式考查学生相关知识技能掌握情况以及生命成长历程。

（二）等第性评价

以"新手、练级、达人"等灵活多样、学生喜闻乐见的等第评价方式,针对不同的课程模块,通过比赛、情境测验、学习单等,考查学生户外生活相关知识技能的掌握情况。

六、课程管理

（一）第三方共同开发机制

户外生活课程的实施有赖于学校与第三方共同开发,即找到适合的基地,创设不同的真实情境,建立各类生命教育实训场馆或基地,强化管理协调与资源统配,为推进生命教育课程建设提供强有力的资源支持。

（二）教育行政部门的推进机制

教育行政部门依照本指南的精神,需要整体规划户外生活课程,在经费投入、条件创设、资源配置等方面进行统筹安排,例如:建立户外生活课程开发的培育激励机制,推进区校联动的"户外生活课程"共享机制等。

（三）联合研训基地学校层面的推进机制

学校作为户外生活课程开发的实际承担机构,需要整体推进课程的设计、实施与评价工作。在实践中,各基地学校要以下列机制的建设为重点寻求课程建设的突破:一是建立课程开发的激励机制;二是建立基地学校持续开展户外生活课程行动研究机制。保证教师通过"开发—实施—观察—反思—再开发"的循环过程,不断解决课程开发所面临的实际问题。

《家庭生命指导》课程指南(试行)

开展生命教育是整体提升国民素质的基本要求,是社会环境发展变化的迫切需要,是促进青少年身心健康成长的必要条件,是家庭教育的重要职责,是现代学校教育发展的必然要求。因此,学校生命教育的开展必须与家庭教育相结合,深入贯彻《上海市中长期教育改革和发展规划纲要》《上海市中小学生生命教育指导纲要(试行)》的精神,体现教育本原价值,积极发挥家庭教育在少年儿童成长过程中的重要作用。为构筑大中小学相衔接的家庭教育指导课程,帮助学生家长理解和实施生命教育课程,促进学生生命成长,培养学生健全人格,特制定本指南。

一、课程理念

贯彻落实《上海市中小学生生命教育指导纲要(试行)》和《上海市中长期教育改革和发展规划纲要》的相关文件精神,生命教育课程的设置是对原有学校生命教育活动的继承、规范与发展。家庭生命教育课程,即是在学校开展生命教育课程及相关活动的基础上,充分发挥家庭的作用,通过提升家长开展生命教育的意识与能力,促进生命教育在家庭中的落实,进一步完善生命教育的形式与内容。

课程设置体现1—12年级的系统化思考和序列化设计。生命教育课程从完整的人的意义上建立"生命与自我""生命与自然""生命与社会"的和谐关系。人的一生是一个对生命不断追求、不断探索、不断领悟和不断前进的过程,因此,家庭生命指导课程的开发与实施关注生命的持续性与创造性,关注儿童在1—12年级不同的生命阶段对于"生命与自我""生命与自然""生命与社会"的思考和所面临的问题。

建设家校生命教育沟通的桥梁。学生的生活过程即是其生命成长的过程,因而,生命教育不能脱离学生的生活。只有融入学生的生活实践,才能为学生的生命成长提供广阔的空间。通过家庭生命指导课程,为学生的生命教育构成一个完整的生活领域,可以使生命教育得到更全面的开展。

二、课程目标

根据心理学的研究,家庭在人的人格及个性的形成过程中,起着非常重要的作用。一个孩子的成长经历,直接影响他对自我、对他人和对社会的核心信念的形成。所以,家庭教育在生命教育中的作用是至关重要的。家长要形成对待生命教育的正确态度,承担对孩子开展生命教育的责任,并不断提高自身素质,重视以身作则和言传身教,时时处处给孩子做榜样,以自身健康形象帮助孩子形成对生命的正确认识。同时,家长还要学会如何与学校、社会不断有机融合,形成合力,共同开展生命教育。要不断拓展家庭教育的空间,抓住家庭生活中的教育契机,在家庭中开展有效生命教育,提升孩子在成长过程中出现的与生命教育有关问题的处理能力。基于此,家庭生命指导课程的学段目标如下:

(一)1—2年级课程目标

1. 形成对待生命教育的正确认识,承担对孩子开展生命教育的责任。

2. 不断拓展家庭教育的空间,借助各种社会资源进行教育。

3. 帮助孩子了解自己的身体结构,懂得自我保护的重要性和相应的自我保护方法。

4. 引导孩子树立各项规则意识,鼓励孩子走进自然、保护自然,多参加社会实践。

(二)3—5年级课程目标

1. 了解生命教育的重要性,掌握在家庭中开展生命教育的基本要求与内容,提升生命教育的能力。

2. 帮助孩子树立环保意识,指导孩子形成有利于保护自然环境的观念;了解导致意外发生的环境因素,掌握一定的防范处理技能。

3. 帮助孩子增强性别意识,学会接纳自己的性别特征。

4. 帮助孩子了解家庭角色的义务和责任,懂得在家庭生活和社会生活中关心他人。

5. 帮助孩子形成良好的心态,缓解学习压力,从容面对学习中遇到的问题。

(三)初中学段课程目标

1. 提高自身素质,重视言传身教,给孩子做榜样,以自身的健康形象帮助孩子形成对生命的正确认识。

2. 了解学校生命教育的内容,接受并认同在家庭中开展生命教育的重要性,承担对孩子开展生命教育的责任。

3. 在提升孩子生存技能、提高生存质量方面采取积极的行动,建立孩子与社会的链接,组织以"关爱生命"为主要内容的家庭教育活动,提升家庭生命教育的有效性。

4. 了解初中阶段孩子的心理特点和发展需要,改善在亲子沟通、处理突发事件方面的家庭教育方法,发展优质的亲子关系。

5. 帮助孩子尽快适应初中阶段的学习要求,掌握适合自己的学习方法,提高学习效率。

（四）高中学段课程目标

1. 和孩子共同学习生态危机及伦理的相关知识,帮助孩子了解可持续发展观的内涵及重要意义,了解人与环境和睦相处的重要性。

2. 引导孩子知道爱情和婚姻的基本要素,指导孩子掌握处理人际冲突的合理方法,以主人翁的姿态参与到社区生活中。

3. 引导孩子正确看待他人对自己的评价,增强积极的自我认同感。

4. 引导孩子了解职业对自我发展的影响,在充分尊重孩子意愿的基础上,帮助孩子确立适切的学习目标,进行合理的生涯规划。

三、课程内容

家庭生命指导课程结合区生命教育课程纲要的内容,考虑如何在家庭中开展生命教育,以实现学生生命教育的要求。其课程内容的组织主要围绕"生命与自然"的关系、"生命与社会"的关系、"生命与自我"的关系三条线索展开。

学段	主题	单元内容
1—2年级	生命与自然	认识自然我最行:帮助孩子在生活中认识一些常见的植物和动物,知道它们的习性和特点。引导孩子关注全球自然问题,了解重要的自然现象。 保护自然我知道:帮助孩子知道保护大自然的重要性。
	生命与社会	我最受欢迎:经常带孩子参与各种社交活动,帮助孩子识别判断自己的个人行为是否符合家庭礼仪、学校制度和社会秩序的规范要求。 保护我自己:为孩子创设集体活动的机会,教会孩子正确的沟通交流方式。借助对一些安全事件的分析,指导孩子了解各类安全隐患,初步了解一些重要的基本防护和急救措施。
	生命与自我	我的身体我了解:借助对童趣书籍的阅读,帮助孩子了解自己的身体结构。 我的情绪我管理:帮助孩子懂得控制和管理好自己情绪的重要性。 良好习惯我养成:家长通过榜样作用,帮助孩子养成良好的个人学习、生活、卫生、作息习惯。

学段	主题	单元内容
3—5年级	生命与自然	生态原则我知道：带着孩子走进大自然，帮助孩子了解基本的生态原则，了解人与大自然和谐共生的关系。 环保行动我了解：帮助孩子辨识人们的行为是否有利于保护大自然。家长在保护环境的行动中给孩子起到表率作用，在日常生活中做出有利于保护自然环境的力所能及的行动。
	生命与社会	我是家庭小主人：帮助孩子理解家庭成员角色和责任，为孩子设计一些力所能及的家务劳动，让孩子能主动、愉快地承担作为家庭成员的义务。 我是热心好伙伴：帮助孩子在集体生活中学会关心他人，懂得在他人需要帮助时予以力所能及的帮助。 保护自己要重视：了解在社会环境中导致意外发生的危险因素，掌握一定的防范和处理的技能。
	生命与自我	我是男(女)孩我骄傲：帮助孩子接受正确的性别观念，帮助孩子增强性别意识，认识性别差异，认识不同性别的优势，学会接纳自己的性别。 健康生活最重要：帮助孩子了解健康的一般含义，培养科学的健康观念。帮助孩子形成健康的生活方式。 每天进步一点点：帮助孩子形成良好的心态，缓解学习压力，从容面对学习。
初中学段	生命与自然	环境资源我知道：和孩子一起进行社会调查，了解上海的地理特点以及环境、资源分布情况。 环保理念要培养：通过鼓励孩子参与环保公益活动，帮助孩子树立环保意识，积极宣传生态文明、绿色环保、健康生活、可持续发展等理念。
	生命与社会	我是守法小公民：帮助孩子遵守道德、法律规范，培养正确的行为规范意识，懂得对自己的行为负责。 我是魅力小伙伴：帮助孩子提高对人际交往的认知，学会妥善处理人际交往中出现的问题，让孩子成为一个受欢迎的人。 我是社区小主人：鼓励孩子积极参加社区服务，让孩子意识到对社会的责任。
	生命与自我	走进青春期：了解青春期孩子的生理、心理特点，关注青春期孩子的体相烦恼，能正确开展青春期孩子的性教育。 理解青春情：知道异性交往的需要是青春期孩子的正常需求，能正确开展青春期两性情感教育。 撑起保护伞：培养孩子的自我保护意识，并教会孩子如何自我保护，防止性骚扰。 学习我最行：帮助孩子尽快适应初中阶段的学习要求，掌握适合自己的学习方法，提高学习效率。

（续表）

学段	主题	单元内容
高中学段	生命与自然	环保知识知多少：帮助孩子了解引发生态危机与伦理问题的做法及引发全球人口、粮食、资源、环境、能源五大生态危机的原因及解决途径。 环保达人在行动：鼓励孩子将环保低碳生活切实应用到实际生活，和孩子一起开展环保行动，进一步加深珍惜人类资源的重要性。 环保责任我担当：和孩子一起开展研究性专题学习，来探索反思人类生活、生产方式对环境的影响，树立积极参与环保的责任感。
	生命与社会	爱情是什么：帮助孩子了解爱情与婚姻的区别和联系，明确爱情的三要素内涵，并憧憬一下未来的爱情和婚姻。 我是好公民：帮助孩子了解公民的概念、意义及其权利和义务，并了解日常生活中与人权有关的基本问题（如选举区域人大代表、业委会代表）。 邻里一家亲：鼓励孩子寒暑假参与社区活动，关注并积极参与有关公共事务的讨论和行动。鼓励孩子协助家长处理家庭、邻里矛盾，营造和谐家庭氛围、邻里关系（调解或协助调解家庭/邻里矛盾）。
	生命与自我	了解我自己：帮助孩子探究自我，分析自我评价和他人评价，在和谐友好的家庭氛围中能形成对自我的正确看法。 发展我自己：帮助孩子分析自己的特质，确立适切的学习目标，了解职业兴趣，交流未来的职业理想，规划职业生涯发展，为将来的升学就业做好充分的准备。

四、课程实施

（一）组建严谨合理的组织架构，建立并完善家庭教育课程管理制度

学校成立家庭教育工作领导小组，建立合理的组织管理架构，完善家庭教育的各种管理制度，邀请家庭教育方面的专家和家长代表担任顾问。定期召开相关会议，研究家庭教育中的重点、难点、热点问题，集思广益，有针对性地开展家庭生命指导。成立家长学校，使家庭教育工作得到切实的指导。根据《家庭教育指导纲要》，制订符合本校实际及家长需要的家庭教育课程计划，并定期做好检查、反馈工作。

（二）通过丰富多样的教育途径，不断拓展家庭教育课程的内容和形式

生命教育内容的广泛性、综合性、生活化决定生命教育课程的实施途径必然是多元的。

通过家长学校,根据在校学生家长不同情况,有针对性地举办各种讲座,开展各类活动。帮助家长树立正确的教育观念,创设良好的家教环境,学习科学的教育方法。通过召开各种类型的家长会,定期向家长介绍工作计划,交流教育经验。探讨生命教育方法,听取家长意见。编写《关护成长—家长指导手册》,有的放矢地进行分类指导。多渠道地开展家校联系,通过家校联系册、校园网、家长接待日及家访等形式,及时了解学生在校与在家的生活、学习、健康情况,形成一致的教育目标,参与目标的落实、环境的创设,提高家校合作的教育效果。举办各种类型的开放日活动,让家长正确了解教育内容、方法,并了解自己孩子在校的各方面情况,从而提高家长科学教育的水平。充分利用家长的资源,激发家长参与课程开发、研究等探索活动。

（三）开展课题研究,解决家庭教育课程实施过程中的问题

坚持问题导向,通过家庭教育研究课题,解决家庭教育过程中的实际问题。重视家庭教育理论研究和家庭教育课程建设,探索建立具有学校特色的家庭教育理论体系和家庭教育实施途径,不断提升生命教育的质量。

五、课程评价

（一）评价内容

家庭生命指导的评价内容包括课程实施程度、课程教育目标的达成度以及课程的实施所取得的成绩。通过这些评价来判定课程设计的效果,并且在此基础上做出改进。家庭教育课程的受众是家长,因此无法完全通过标准化的测试来反映课程实施情况,只能通过记录家长的参与程度、家长分享收获体会等方式,进行过程性的评价。同时,通过测试学生在生命成长方面的发展作为课程有效性的结果性评价。

（二）评价方法

1. 过程性评价

通过搜集和整理家长在家庭教育课程中的活动、反思、心得和感悟等,记录其在家庭中开展生命教育的成效,并及时总结经验、改进行为。

2. 效果式评价

设计问卷,对学生进行测评,了解学生在生命成长方面取得的进步,通过孩子的发展来评价家长开展家庭生命指导课程的有效性。邀请家长对课程的有效性进行评价,并要求课程实施的学校对课程的开展进行过程性的自评与互评。

3. 研讨式评价

家长自行记录、观察和分析自己家庭生命指导的开展情况,并直面自己在教育过程中遇到的问题,和其他家长展开生命教育议题的探讨,辨明对孩子开展生命指导的正确态度,从而形成正确的教育理念。促进家长对评价活动的主动参与,增强家长开展家庭生命指导的责任感。

六、课程管理

家庭生命指导课程的实施有赖于教育行政部门、教育研究机构、学校、社区和家庭等各方的协作配合。因而,需要建立民主健全、多方协同的课程推进机制,以保障和促进家庭生命指导课程的有效落实。

(一) 教育行政部门的推进机制

教育行政部门依照本纲要的精神,需要整体规划区域家庭生命指导课程,在经费投入、条件创设、资源配置等方面进行统筹安排,围绕下列机制的建设开展工作:

一是建立家庭生命指导课程开发的培育激励机制,支持各基地学校,遵循课程纲要的要求,开展家庭生命教育课程的开发。二是推进区、校联动的"家庭生命指导课程"共享机制,建立网络共享平台,遴选各学校开发的优秀家庭生命指导课程上传至网络平台,供区内其他学校选择借鉴,以节约课程开发成本,推进区域教育均衡发展。三是建立家庭生命指导课程师资培训机制,以家庭生命指导课程开发者为主体,同时引入专业团队,建立较为稳定的师资培训队伍和培训基地,不断提升家庭生命指导的质量。四是强化区域家庭生命指导课程资源的整合机制。充分挖掘各校在家庭生命指导方面的特色,结合现有的经验与成果,进行区域课程资源整合,强化管理协调与资源统配,为区域推进家庭生命指导课程建设提供强有力的资源支撑。

(二) 学校层面的推进机制

学校作为家庭生命指导课程开发的实际承担机构,需要整体推进课程的设计、实施与评价工作。在实践中,各学校要将家庭生命指导课程开发工作纳入整个学校教书育人工作的整体框架中,组建合理的领导组织架构,完善各种课程开发管理制度,以保证家庭生命指导课程的顺利实施。同时成立专门团队,开展课程计划、实施与评价工作,在课程实施过程中及时总结经验和教训,不断整改,并以问题为导向,开展有针对性的课题研究,不断提升家庭生命指导课程的质量。切实做好《关护成长——家长指导手册》的使用和推广工作,通过家长学校等方式开展培训,帮助家长更有效使用手册,并及时总结《关护成长——家长指导手册》在使用过程中的经验。

后　记

作为上海市教育综合改革项目"大中小学德育内容和工作体系一体化"的重要组成部分,杨浦区"生命教育一体化项目"试点工作于 2014 年正式启动。2015 年全国教育部重点课题"区域推进'生命教育'大中小学衔接的实践研究"正式立项。

几年来,我们把"构建大中小学一体化的生命教育体系"作为核心项目融入杨浦区教育综合改革,努力实现"呵护的生命教育、珍爱的生命教育、青春的生命教育、活力的生命教育"大中小学衔接的教育内涵。我们聚焦"一体化",将原来各学段、各学校自发的、散乱的碎片化教育,改变为符合生命成长规律、体现不同学段教育重点的系统化教育。为此,我们和华东师范大学课程与教学研究所合作,以"道德教育理论""核心素养理论""生命教育理论"为依据,研发了《杨浦区生命教育课程指导纲要》,确立了"立足学生生命需求,发展学生不断超越自我的生命意识与能力;面向学生完整生活领域,提供学生生命成长的开放空间;注重学生生命体验、实践与感悟,促进学生生命素养的养成"的课程理念,为教育的智慧实施定位。

本书用"生命教育衔接:一个亟须重新审视的课题""生命教育衔接载体:凸显贯通性的生命教育课程开发""生命教育衔接保障:多维举措与衔接机制""生命教育衔接策略:三位一体的区域联动""生命教育发展空间:关于衔接悬而待议的问题"五个章节呈现了我们的探索与实践。收录了《杨浦区"学校生命教育区域试点"三年(2014—2016)行动计划》《杨浦区生命教育的实施现状与课程建设需求调研报告》《杨浦区生命教育课程指导纲要》《杨浦区生命教育课程指南集》等,全面展现了全国教育科学"十二五"规划教育部重点课题"区域推进'生命教育'大中小学衔接的实践研究"的研究成果。

编写过程中区生命教育联合研训基地提供了大量的实践案例,上海教育出版社责任编辑邹楠为本书的出版付出了大量劳动,在此一并表示诚挚的感谢!

同时,囿于时间和编者水平,本书在内容和形式上还存在诸多的不足和有待改进的方面,谨请广大读者提出宝贵的意见与建议。

编者
2017 年 11 月 6 日

图书在版编目（CIP）数据

区域推进"生命教育"大中小学衔接的实践研究　/区域推进"生命教育"大中小学衔接的实践研究项目组著. -- 上海：上海教育出版社, 2017.12

ISBN 978-7-5444-6832-9

Ⅰ.①区… Ⅱ.①区… Ⅲ.①生命哲学—教学研究Ⅳ.①B083

中国版本图书馆CIP数据核字(2017)第329733号

责任编辑　邹　南
封面设计　毛结平

区域推进"生命教育"大中小学衔接的实践研究
区域推进"生命教育"大中小学衔接的实践研究项目组　著

出版发行　上海教育出版社有限公司
官　　网　www.seph.com.cn
地　　址　上海市永福路123号
邮　　编　200031
印　　刷　上海展强印刷有限公司
开　　本　700×1000　1/16　印张 18　插页 1
字　　数　238 千字
版　　次　2018年7月第1版
印　　次　2018年7月第1次印刷
书　　号　ISBN 978-7-5444-6832-9/G·5638
定　　价　68.00 元

如发现质量问题，读者可向本社调换　电话：021-64377165